纪念国家独立50周年

# 赤道几内亚
# 如何走出当前的经济危机

## 19项原因和43项旨在摆脱危机的新主张

〔赤几〕爱斯坦尼斯劳·唐·马拉沃◎著
新丝路◎译

世界知识出版社

谨以此书献给：

奥比昂·恩圭马·姆巴索戈总统阁下，感谢您在过去十五年期间为经济繁荣所作的巨大贡献，您主持建设的重要基本经济基础设施，在次区域层面将赤道几内亚置于令人羡慕的地位。

耶稣·努顿·布恩迪，比西奥族，赤道几内亚国家独立后首位经济学家及第一任中央银行行长。

以及我的家人。

# 摘 要

采用新的方式，经济危机往往成为回顾历史、开启新征程和重塑未来的难得机会，但也经常会出现假预言家，他们会许诺建立一个连自己都无法到达的不存在的天堂。

得益于石油的发现，赤道几内亚自2000年中期以来经历的经济繁荣毫无疑问是其独立50年来经济增长最快、最繁荣的时期，其特点是经济巨大转型、重大基础设施建设投入以及取得众多社会进步成就。

自2014年起，因石油价格下跌引发至当前的经济衰退减缓了这种积极转变态势，导致经济萎缩、国家收入减少、企业关闭潮、数以千计失业者，还有社会贫困。

为了摆脱危机、重拾信心面对未来，必须了解过去几年促进经济发展的19种内在原因及外在原因。这些原因分析必须严谨、客观，不能盲目乐观。否则，就像医生在没有先确诊的情况下给病情严重的病人治疗。

除了政府与国际货币基金组织达成的方案之外，本书提出了43项新措施和“新思路”，以摆脱危机、重振经济、恢复经济包容性增长和实现共同繁荣。采用这些措施不应简单援引理论、思想或假设，而应当基于对可靠经验数据认真研究的结果，从其他国家最佳范例以及全球化进程中获得启发，向全世界和我们自己展示：石油是给赤道几内亚的“恩赐而不是诅咒”。

爱斯坦尼斯劳·唐·马拉沃

（Estanislao DON MALAVO）

# 前　言

在决定写此书时，我很清楚自己所冒的风险和即将面对的倾向性言论。许多人可能会问我，你为什么选择在离开政府后才写此书？然而，我的理由是充分而明显的。

首先，无论形势看起来多么严峻，总有一些积极的方向值得我们去努力。我很久前就打算写书，但由于先前就职政府责任众多，无暇顾及。在最初开始写作时，我怀着一个坚定的信念，即经济危机导致部分失业或前途无望的人感到焦虑、沮丧甚至绝望并非必然。因此，我认为决策者有责任稳定民心，为公民规划未来蓝图，以保证他们不丧失希望，并让他们坚信：虽然目前存在问题和困难，但在采取适当的经济措施后情况会有所好转。这就是我决定写此书的初衷：证明通过我提出的主张，有可能摆脱当前的经济危机，并重新走上经济增长的道路。

其次，作为一个公民，我像其他每个人一样倾听大众的声音。面对当前经济危机所造成的不利影响，一些人会在私下抒发不满、批评和埋怨的情绪，一些人选择通过社交网络发出谴责，另有一些人则只会怨天尤人，对国家社会全盘否定，却不能提出任何具体的解决方案，仿佛认为只靠怼天怼地就能将国家从危机中解救出来。显然，人们寄希望于奇迹的出现和油价的上涨，使国家经济重新恢复增长。

再次，我写此书的意图并非证明我比其他人懂得更多，我只是认为，得益于过于14年来我就职政府期间，通过参加国际货币基金组织（FMI）、世界银行、非洲开发银行（BAD）、中部非洲经济与货币共同体（CEMAC）和法郎区在华盛顿、纽约、巴黎、马德里、伦敦、雅温得、利伯维尔、约翰内斯堡、利雅得、卡塔尔或迪拜等地组织召开的国际性和次区域性会议所积累的有限知识和经验，我亲眼见证了赤道几内亚在过去15年间的经济发展情况，了解我国是如何一步步陷入当前的经济危机的。

第四，我想要通过此书来表明，尽管这场危机是所有中部非洲经济与货币共同体国家一同经历的，但由于其固有的内生特征，危机对赤道几内亚的影响方式是非常特殊的。出于这一原因，为保持分析的连贯性，我提出了17+2个因素的诊断，在我看来，上述因素是导致危机的原因，包括历史原因和殖民遗留问题（1），以及17个前因或直接因素。同时，我认为2014年起油价的下跌是危机爆发的导火索（1）。经济危机就像一位病人：在开始治疗之前，医生必须首先做出诊断并开出处方，而非根据假设和推测来治疗。如果我们不了解造成一个国家当前经济危机的真正原因，我们不仅会面临重蹈覆辙的风险，也无法采取恰当的应对措施。我们不应过度自信，而应通过严格的分析，基于实证数据来采取应对措施。

第五，我必须诚实地承认，经济繁荣期是赤道几内亚独立半个世纪以来最大的经济增长期，在此期间实现的社会进展以不可思议的方式改变了我们的国家，促进其积极发展，并将其从几十年前的殖民深渊中解救出来。然而，毫无疑问的是，上述成果不应只惠及少数人，而应使绝大多数人口受益。

第六，与那些只会预言国家即将走向灭亡，自己却什么都不做的人正好相反，我提出了43项旨在摆脱危机的“新主张”，其出发点是振兴经济，创造数千个直接和间接就业机会，为国家创造新的收入。

十多年的经济加速增长期后，沉浸于发展热情中的国民从未想象到，由于在我国经济中占据重要地位的石油资源的价格变动，我国陷入了一场深刻的经济危机。石油产业是我国近年来经济增长、创造就业和收入再分配的主要原动力，但2014年起，由于石油价格的下跌，国家收入骤减，加速了中央银行和商业银行财政储备的枯竭，并导致公共工程的瘫痪。为摆脱这场危机，应在公共行政机构中推行深刻的结构改革。我们需要与时俱进，以创新的思路来取代陈旧的运作体制和社会经济组织结构。我们现在处于“脸书”（Facebook）“瓦茨莱”（WhatsApp）、“推特”（Twitter）和“照片墙”（Instagram）盛行的21世纪，通过传真、电报和传呼机发送信息的时代已经不复存在。危机的出现同时也为开展回顾性分析创造巨大的机会，督促我们去发现漫长而艰苦的经济发展进程中是否存在错误以及如何修正。这一过程的目的并非寻找过错方，而是认识到人类的工作并不完美，从而加以完善。

赤道几内亚拥有我们自己都不曾意识到的巨大潜力。过去15年中建成的基本基础设施是重要的可延续资产，应成为国家实现经济复苏和高水平发展的基础。因此，我并不认同当下流行的“民族悲观主义”或宿命论。世界上没有任何一个国家在经历了一段强劲增长后没有经历过经济危机。关键是懂得如何以技巧和信心摆脱危机。

第七，也是最后一点，我不希望此书成为政治分歧的滋生来源，也不希望人们因此而质疑赤道几内亚政府在过去15年间为建设急需的基本经济基础设施而作出的巨大贡献。通过此书，我仅希望能够以一位公民的身份贡献自己卑微的一份力量，并作为一位观察员提出若干“新主张”，以期引发一场关于赤道几内亚经济前景的辩论。同时，赤道几内亚共和国总统在第六届议会常务会议上发言中的真挚情感深切鼓舞了我，会议于2017年7月4日至7日在巴塔区恩戈洛国会宫举行，会议主题为“持续性经济复兴的实现”。在国家总统的发言中，批判了表里不一的永恒奉承者，即在公共场合始终支持和赞美政府，私下的想法和言论却正好相反的一类人；与此同时，鼓励人们面对现实，真诚地提出建设性的批评，以寻求紧迫社会问题的解决方案。

从这一意义上来讲，我想指出，无论是在公共活动或是私人活动的范畴内，一个社会可能面临的风险之一即为单调、自满和不思进取，具体表现为顽固地阻碍创新，总是年复一年地做着同样的事，始终重复过去的方案，表现出同样的举止和行为，认为自己是完美的，绝对不会犯错。而明智的做法是即便工作已完成得很好，也应学会质疑自己并时时自我评估。我们不应刻意回避，而是都应该意识到：如果这场经济危机持续较长时间，它可能会削弱和破坏我国在过去15年中作出的巨大努力。毫无疑问，当前的危机也源于全球经济危机，而这场危机对各国的影响不尽相同。因此，每个国家都需要采取最适当的经济战略和政策，以保持所取得的成就，并乐观地迈向更加繁荣的未来。

我并不希望此书的读者仅局限于对经济问题有所了解的专业人士，我期望普通大众甚至高中生均能够无障碍地阅读此书，以唤起大家作为一个公民应有的好奇和关心，使大家认同我们都是这一人类社会活动的参与者，旨在发展赤道几内亚的整体经济，造福所有人，不论种族、世俗、区域、性别或宗教出身。在表达主张的过程中，我会尽可能少地使用繁杂的术语和经济技术专业词汇。

您现在所阅读的这本书并非一本政治著作，也不是一本历史书，虽然书中会不时出现一些摘自其他作品的历史段落，但这是长达一年的编纂工作的成果，资料主要来源于维基百科，以及针对过去15年的经济活动中最相关内容的检索和分析。此书的撰写基于我在政府任职的14年间整理的个人笔记，各部委特别是财政、经济和规划部编制并提交议会的公共报告中涉及的公共领域数据，中非国家银行公布的数据，以及在其协定第四条“磋商”的框架下，国际货币基金组织和世界银行的年度出版物中公布的数据。

我认为，观察一个国家经济轨迹的最佳方式是从时间角度纵观，因为国家总体预算在某一年中的执行仅能作为片面的代表，但无法展示其整体变动情况。

此外，我还需要说明，尽管我在一定程度上肯定了政府的明显成就，此书并非政府的宣传材料，因为并没有人指示我这样去写，我的意图仅为展示政府在石油资源开采方面取得的进展。

如果目前的危机持续下去，从独立50年来发展最为迅速的经济繁荣期（2005—2013年）中萌生人民福祉的希望可能会破灭。从中长期的发展来看，经济危机的持续可能成为一颗定时炸弹，所以我们必须推行适当的经济政策来拆除这一炸弹，以恢复和促进包容性增长。如若不采取有效措施，将给诋毁者以可乘之机，使其利用公民的敏感性和易煽动性来打击政府。政治是一种忘恩负义的交易，因为人们很快就会忘记曾经的功绩。

世界不断进步发展，我们努力送到国外学习和深造的年轻人和我们的孩子们正在返回祖国。他们所拥有的知识和见识远远超过他们的父辈，每一年他们进入劳动力市场时的要求和抱负也要高于他们的父辈。如果我们无法针对他们的多重需求和担忧做出回应，我们可能很快就会面临代际冲突。我们绝不能继续以与30年前相同的心态来运作，现在我们已经处于21世纪，我们的心态必须发展和进步。

我国无疑是所在次区域内拥有最优秀基础设施的国家之一，但我们还不是一个发达国家。赤道几内亚近年来所为人熟知的经济增长中，构成其基础和主要收入来源的是石油的开发，然而，正如上文所述，这一经济结构所产生的是压榨式的投机经济和快速致富的欲望。我们的目标应该是建立一个更广泛的“中产阶级”，并将大多数人口纳入其中。

简而言之，我写下这本书的目的是证明赤道几内亚的未来并不是没有出路的。我们是一个拥有千万种可能性克服当前经济危机的国家，我们会为自己和子孙后代创造一个充满希望和光明的未来。如果我们想要实现这一崇高目标，就必须提出“新主张”，并以新的思路推行适当的经济政策，同时消除加剧的民族主义，像其他国家一样以开放的姿态迎接全球化和现代化。国人必须在适用的政策方面达成共识，方能团结一致共同努力。

# 目　录

# 第一章

# 赤道几内亚经济产生的根源及发展的演变

## 一、危机的历史起源

### 1. 前殖民时期

在白人抵达非洲和几内亚湾之前，并不存在一个被称为赤道几内亚的实体。如今的赤道几内亚国所在地在当时是一片巨大的赤道丛林，广阔的土地上居住着不同的民族，而细分下的不同种族属于共同的氏族：班图。居住在这里的大多为游牧民族以及半游牧民族，他们为了寻找更优的作物、可耕地、水源和牲畜而不断迁徙，以图生存。这些民族中的大多数都不知道其他民族的存在。例如，巴萨卡托的布比斯人并不知道马通多地区比西奥人的存在，米科米森的芳族人也从不知道安诺本人的存在，反之亦然。每个民族都建立了自卫防御机制，以抵御凶猛的动物袭击或敌对部落的入侵。卫生保健服务由了解药材的治疗师和先知提供，自地球上出现人类起，他们就是祖先文明和千年智慧的守护者，通过口头传授将其代代相传。一些人声称自己是大约5000年前古埃及法老的后裔，因而证实了塞内加尔历史学家、人类学家、核物理学家和泛非主义政治家谢赫·安塔·迪奥普（Cheikh Anta Diop）在他的作品《非洲文明的起源：神话或现实》中的理论，在该著作中，他提及非洲黑人的辉煌时代，并指出法老是黑人出身。其他人，如主张“黑人精神”的马提尼克作家和政治家艾梅·塞泽尔（Aimé Césaire），单纯地强调我们古代社会的简单性，认为古代社会并非以技术或科学为传统的社会。他声称我们的祖先没有发明火药或指南针，没有探索天空或海洋，也没有建造塔楼或大教堂，而是与自然完美地共生。

无论如何，对于与我们关系最为亲近的祖先而言，司法管理是通过惯例、习俗和传统的形式实现的，以维护社会的和平与秩序。当时尚未出现监狱或拘留机关这样的概念，当出现通奸、盗窃等犯罪行为时，通过补偿性赔偿进行处罚。教育制度的基础是口头传授，向青少年灌输荣誉、预防和解决冲突、人类共存、尊重老人、家庭、崇拜祖先等价值观，其内在和精神上与生物学相关。上述所有知识均不是在设有课桌、教师、黑板或粉笔的教室里传授的，对儿童的教育是全体族人的集体责任，族人通过讲述史诗般的寓言和故事传播知识和智慧，并从中渗透道德观。维持生计的经济体系，基于以物易物。富足的概念并不以财富或物资的积累作为评判标准，生育最多子女和后代的人被视为富人，这既保证了部族的自卫，也满足了保障家庭生计和集体经济发展的劳动力的需求。我们并未参与全球市场，或是国际商品和服务贸易。在父系氏族的背景下，儿子们保证氏族或族裔的连续性，而女儿们通过与其他部落联姻可以巩固部落联盟，以维护不同民族之间的和睦相处。所有这一切都与自然和谐共生，完美平衡，自然被尊为人类之母。宗教的基础是坚信一个或多个有形的或无形的、至高无上的造物者的存在，并且相信有资格的人能够作为一个媒介或联系人，在真实世界和神的世界之间传递信息，能够警告人类社会近期和远期将出现的危险。物理边界是划定每个人类群体、族裔或氏族的基本栖息地的边界，人们在各自的栖息地开展活动并维持生计。其中一些民族为游牧民族，他们为了寻求更优的生存条件而不断迁徙；其他则为定居民族或半游牧民族，他们驯养牲畜并尊敬死亡。有些民族也可被视为无人约束，因为不存在一个统一的机构或首领来管理他们。而部分民族已建立等级制度，并设有国王（如邦科罗国王、乌干达国王、马拉博国王等），能够在子民和下属面前建立一定的权威。因此在当时，虽不能说存在严格意义上的国家，但也许可以将其称为“微观国家”；当时尚未出现一支军队，用于捍卫领土的完整，保卫人民和物资；不存在一个能够统治各族人民的中央政府；也没有一种共同语言作为不同族裔和部落之间的交流手段，每个民族的每个人都在拼凑着自己的母语和方言进行交流。在这个混乱的时代中，拥有火药、大炮和大规模杀伤性武器力量的西方人很容易征服和支配我们的祖先，这是不难理解的。

正是在这种背景下，白人抵达我们的领土，采取“先分化后征服”的策略笼络一些部族用以统治其他部族。他们手握《圣经》和“鞭子”，以“传福音”为借口，为他们所谓的“异教徒”带来“文明”。

我们今天所知的赤道几内亚共和国当时并不存在，这一国家纯粹是由白人创造的，先是葡萄牙人，紧随其后的便是西班牙人。可以说，赤道几内亚纯粹是由西方创造的。首先，在1886年的柏林会议上，当时的欧洲列强决定把非洲像一个奖品一样瓜分。随后，在西班牙和法国于1900年签订的《巴黎条约》中划分了几内亚的领土，该条约确定了现赤道几内亚，即前西班牙殖民统治下的几内亚的领土边界。

感谢为赤道几内亚国家独立奋斗的先驱们，为了国家和民族的独立，他们失去了宝贵的生命，离开了珍贵的家人。是他们让我们捍卫自由和国家主权的集体意识觉醒，让我们意识到我们是一个统一的民族，我们必须组织起一个自由和独立的国家，一个不受制于种族、部落血统和区域限制的国家。

### 2. 奴隶贸易

赤道几内亚的经济发展受到若干标志性事件的影响，其整体可通过明确的标志性日期进行划分：葡萄牙的殖民统治，荷兰的入侵，英国的介入，以及西班牙的实际殖民化。从葡萄牙于1471年发现安诺本岛，直至1886年西班牙及其殖民地最终废除奴隶制，这一长达四个世纪的漫长时期以可怕的奴隶贸易为特征。

葡萄牙的殖民统治（1471—1778年）：307年

正是在上述情况下，西方和我们的祖先之间建立了首次联系。15世纪中叶，葡萄牙探险家巡视几内亚湾的海岸，航海家佩德罗·埃斯科瓦尔（Pedro Escobar）和胡安·德·桑塔雷姆（Juan de Santarem）于1471年1月1日“发现”了无人居住的安诺本岛。1472年，另一位葡萄牙人费诺·多·波（Fernao do Poo）“发现”了如今被称为比奥科的岛屿。尽管后者的实际殖民化直至120年后的1592年才发生。

自1492年克里斯托弗·哥伦布（Cristóbal Colón）“发现”美洲之后，葡萄牙长达三个世纪的殖民统治时期（1471—1777/1778年）以奴隶贸易为特征。据估计，在1713年至1753年的40年，葡萄牙向法国贩卖了约49,000名几内亚奴隶，其中不包括卖至西班牙和英国的奴隶。上述奴隶贸易并非是用于开发所侵占领土的投资，而是违背被贩卖奴隶的意愿，将其运输至“新世界”的种植园。奴隶贸易造成整个村庄空无一人的局面，摧毁家庭，并破坏未来几内亚国家的人口平衡。奴隶制经济破坏了社会的稳定，迫使当地居民陷入游牧状态，始终处于逃亡中，以免被抓捕并贩卖。

荷兰入侵（1641—1648年）：7年

1641年至 1648年，荷兰印度公司临时在比奥科岛成立，并在未事先征得葡萄牙授权的情况下在几内亚湾建立了奴隶贸易基地，而当时上述领土的权利尚归葡萄牙所有。1648年，葡萄牙人取代荷兰人，夺回了比奥科岛，并在科里斯科建立了自己的奴隶公司。

英国的介入（1826—1843年）：17年

英国于1807年率先废除了奴隶贸易，随后，其他欧洲国家于1815年维也纳会议上废除了奴隶贸易。在此次会议上，西班牙向英国承诺，将于1817年废除在西班牙领土上的奴隶贸易，并取缔奴隶贩运船。然而，西班牙在之后的若干年内继续非法贩运奴隶，并为此设立了两个联合委员会，一个委员会设于弗里敦（塞拉利昂），另一个设于哈瓦那（古巴）。但事实上，废奴主义在时隔多年后才得以在西班牙推行。1880年2月13日，西班牙颁布废除奴隶制的法律，理论上取缔古巴境内的奴隶制，但仍保留一个被称为“庇护所”的法律集会对其进行管辖。1886年，“庇护所”被明确禁止，从而永久性地取缔了西班牙及其殖民地的奴隶制。

为打击奴隶贸易、抓获黑船和追踪奴隶贩运商，应英帝国的要求，1827年10月，欧文（Owen）上尉登陆比奥科岛，并在此设立弗里敦联合委员会总部。欧文上尉建立了克拉伦斯城，即后来的圣伊莎贝拉城，现命名为马拉博。1839年，在伊莎贝拉二世统治时期，英国向西班牙提出以6万英镑为交换购买比奥科岛，该提议于1840年被参议院所接受，1841年被法院和众议院驳回。上述提议被驳回，加之法国于1843年在加蓬驻军，持续对西班牙构成威胁，无疑是迫使西班牙决定对其在几内亚湾的领土（即如今的赤道几内亚国）推行实际殖民化的主要原因。

### 3. 西班牙的剥削式殖民化（1777—1968年）：190年

根据葡萄牙与西班牙签订的《圣伊尔德丰索条约》（1777年10月1日签订）和《埃尔帕尔多条约》（1778年3月11日签订），现今属于赤道几内亚境内的领土，包括陆地和岛屿在内，被划归为西班牙所有。基于上述条约，葡萄牙将萨克拉门托（今乌拉圭南部）和安诺本岛、科里斯科岛、费尔南多波岛（及其邻近岛屿）的殖民地让给西班牙，西班牙则同意从巴西南海岸的圣卡塔利纳岛撤出，并授予葡萄牙在尼日尔河（尼日利亚）和奥古埃河（加蓬）之间的陆地区域内进行奴隶贸易和自由贸易的权利。

科里斯科岛和安诺本岛成为一个重要的奴隶贸易中转区，奴隶被集结在此，然后被运往大西洋彼岸的新世界。西班牙人是新世界内第一批在古巴岛和伊斯帕尼奥拉岛（现为多米尼加共和国和海地境内的岛屿）使用非洲奴隶的欧洲人，第一批奴隶于1551年被贩运至伊斯帕尼奥拉岛。

值得铭记的是，为获得奴隶，赤道几内亚的若干沿海城镇被残酷地洗劫一空，居住在那里的人被运至新世界，以满足甘蔗种植园和其他作物种植园对无偿劳动力的需求，维护奴隶主的利益。那些无法忍受长途旅程的人在途中死去，他们毫无生气的躯体被丢进大海。奴隶们被运至拉丁美洲的各地，包括古巴、伊斯帕尼奥拉（今多米尼加共和国和海地）、巴西、哥伦比亚、秘鲁在内。他们的子孙后代重复着同样的命运，因此，他们不记得自己来自哪里，他们原本的非洲名字也被改为基督教圣徒的名字。

赤道几内亚政府应要求西班牙、葡萄牙和英国政府公布西班牙殖民地时期涉及的前几内亚境内奴隶贸易的相关数据，说明涉及人数以及相应的贩运目的地。在我国应设立一个纪念碑，建立一个类似塞内加尔圣路易的奴隶后裔朝圣之地，以纪念我们被奴役的祖先。

柏林会议（1884—1885年）

为瓜分非洲大陆，柏林会议召开，15个欧洲国家和美国参加，会议参与国分为两类：在非洲具有重大领土利益的国家（大英帝国、德意志帝国、法兰西第三共和国、葡萄牙帝国、国际刚果协会和荷兰殖民帝国），以及在非洲无重大领土利益的国家（奥匈帝国、比利时王国、丹麦王国、意大利王国、西班牙帝国、俄罗斯帝国、瑞典—挪威、奥斯曼帝国和美利坚合众国）。西班牙针对几内亚湾沿岸的唯一要求是其殖民统治下的几内亚沿海地区，以及从奥古埃河（今加蓬境内）到尼日尔河（尼日利亚）的广阔沿海领土的所有权。西班牙的主张在其与法国签订的《巴黎条约》（1900年）中实现，该条约划定了今赤道几内亚国的边界，该地区于1885年成为保护地，1900年成为西班牙殖民地。

《巴黎条约》（1900年签订）和剥削式殖民化的开始

正如上文所述，1885年，赤道几内亚的现有领土成为西班牙的保护地。经过两年艰难的谈判，1900年6月27日，《巴黎条约》签订，该条约于1901年3月30日公布，其全称为《西班牙和法国关于划定两国在撒哈拉和几内亚湾沿海地区领土所有权的公约》。该条约由西班牙摄政王，哈布斯堡—洛雷纳家族的玛丽亚·克里斯蒂娜王后，即阿方索十三世国王的母亲、已故国王阿方索十二世的妻子签署。

面对奴隶制的废除，在《巴黎条约》（1900年）签署以及《埃尔帕尔多条约》（1778年）赋予西班牙几内亚湾领土权利约122年之后，西班牙的实际殖民化揭开了序幕。从理论上讲，存在两种类型的殖民化：剥削和定居。西班牙选择了第一种，即殖民者的实际驻扎，上述殖民者构成一个白人少数群体，统治着非本国的土地，剥削当地的人力资源和自然资源为自己谋利益，代价是损害当地人的利益。在这一体制下，当地人口被视为“土著人”，而政府则位于马德里的大都市区，由一位省长作为代表。殖民统治并非旨在发展殖民社会，而是最大限度地开发和利用海洋、土地和矿产资源，以造福于西班牙，以最少的资本和人力资源投资为代价，最大限度地增加其利润。殖民模式创造了两个经济体：外围经济，用于生产自然资源（可可、咖啡、木材等），以及大都市经济，即改造土地，用以创造财富、就业和附加值。通过这种方式，赤道几内亚作为原材料供应国和商品进口国加入了世界市场。

另一种殖民化方式即定居，例如发生在安哥拉或南非的殖民化，葡萄牙人和英国人分别在殖民地定居，强迫被殖民者接受其体制、文化、生活方式和经济生产模式，多次驱逐并取代当地人以占领最优质的土地。定居通常通过两种方式实现：第一，占领无人居住的、并无已知所有者的地区；第二，通过强制占领，将当地人从其原本的居住地驱逐并侵占其土地。在这两种情况下，当地人均屈服于侵占者的权力。不难看出，罗安达拥有比里斯本更好的建筑，因为葡萄牙人作为占领者和殖民者决定在此定居，因此更加用心。

### 4. 殖民地经济的遗留问题

正如上文中所述，赤道几内亚并非一个定居式殖民地，而是一个剥削式殖民地。在这一经济体制下，殖民者操控着一切，从生产方式和土地改造所需的技术，到成品和半成品的运输、分销和贸易。他们只关注西班牙市场的利益，他们限制殖民地人口生产和消费西班牙市场所需的咖啡、可可和木材，而对本地人口消费的产品，如竹子、花生或野生肉类（羚羊肉、豪猪肉、鲶鱼肉等）不感兴趣；相反地，殖民者强制灌输给当地人他们的消费习惯，强迫当地人消费他们甚至不知道如何生产的产品，如奶酪、牛奶、盐、精制糖、黄油、果酱、火腿、培根、橄榄油、阿兹皮利库塔葡萄酒、威士忌、白兰地、西方服装等。以这种方式，殖民者通过出口原材料赚取资金或外汇，而原材料的价格由伦敦、巴黎或马德里的殖民统治者确定，他们有权根据自己的意愿降低或升高其价格；同时，外围区域的居民进口殖民者的制成品。显而易见，西班牙人并不希望殖民地掌握他们的生产技术，以避免与生产者产生竞争。为生产上述任何制成品，如牛奶、黄油、鞋子等，需要就生产技术、控制措施、卫生、安全和可追溯性等开展专门的培训，同时还需要对工作充满热情的劳动力、生产合作社形式的组织、融资的提供、政府政策的支持和商业文化的创建。如果不存在上述条件，则必须灌输相应文化，学习和掌握现有的最佳实践经验。事实上，当时一项科学研究声称几内亚人不适合接受大学教育。

在实现独立前，赤道几内亚的经济主要依赖于自给农业和大型半工业化种植园。1962年的农业生产数据显示：65,797公顷土地用于种植咖啡，53,391公顷土地用于种植可可，3,900公顷土地用于种植棕榈。同年，可可的产量达到30,740吨，咖啡、木薯、香蕉、棕榈油、棕榈、椰子、蕉麻或香蕉纤维以及菠萝的产量分别为6,361吨、5,700吨、4,000吨、3,209吨、2,900吨、1,230吨、520吨和20吨。

**表A　农业产量（1962年）**

| | 农作物种类 | 吨数 |
|---|---|---|
| 1 | 可可 | 30 740 |
| 2 | 咖啡 | 6361 |
| 3 | 木薯 | 5700 |
| 4 | 香蕉 | 4000 |
| 5 | 棕榈油 | 3209 |
| 6 | 棕榈 | 2900 |
| 7 | 椰子 | 1230 |
| 8 | 蕉麻（或香蕉纤维） | 520 |
| 9 | 菠萝 | 20 |
| | 总　计 | 54 680 |

数据来源：何塞·安东尼奥·德·伊图里亚加·巴贝伦。

**表B　畜牧业产量（1962年）**

| | 牲畜种类 | 头（只）数 |
|---|---|---|
| 1 | 牛 | 2672 |
| 2 | 绵羊 | 30 474 |
| 3 | 山羊 | 2075 |
| 4 | 猪 | 4772 |
| 5 | 鸡 | 84 363 |
| 6 | 鸭 | 26 509 |
| | 总　计 | 150 865 |

数据来源：何塞·安东尼奥·德·伊图里亚加·巴贝伦。

上文中表A和表B的数据摘自作家何塞·安东尼奥·德·伊图里亚加·巴贝伦（José Antonio de Yturriaga Barberán）最新出版的《赤道几内亚：独立五十年》（2018版）一书，其中说明了1962年赤道几内亚的农业和畜牧业生产情况。

在工业部门方面，存在若干生产花生油、椰子油、棕榈油和棕榈、肥皂的公司，以及一些通过甘蔗蒸馏工艺制造烈酒的公司。此外，橡胶种植园出产一种白色的结晶，可被转化为橡胶，用于制造汽车行业所需的轮胎。

上述所有活动在殖民者撤离后便不复存在，因为上述公司是属于西班牙人的，而非当地人的。这表明，与植根于我国宗教文化中的天主教不同，西班牙的生产和管理模式并未渗透到社会内部。天主教举行圣餐、婚姻仪式、葬礼仪式、守护神节日和为圣徒赐名的洗礼仪式的习惯被延续下来，而被殖民者并没有时间吸收知识或技术来开发本国的资源。因此，随着西班牙人的撤离，农业产量和贸易量均大幅下降。从那时起，我国的必需消费品便依赖于外部的供应，这种情况一直延续至国家独立50年后的今天。

在基础设施方面，何塞·安东尼奥·德·伊图里亚加·巴贝伦指出，1962年时，比奥科岛上只有56.5公里的道路；陆地上共有1015公里道路，其中168公里为铺面道路。当时的大陆上并不存在名副其实的港口。在木比尼有一个船坞，但并未满足被视为港口的条件。巴塔的旧港口太浅，船不得不停泊在公海上。

在教育方面，1962—1963年，只有18名学生就读于大学或高等技术学校；只有15人研究了各类专业报告，另外53人学习了教学、商业、地方行政管理或新闻专业。显而易见，无论是1962年的基础设施，还是当年入学的大学生，数量都很少，均不足以将赤道几内亚转变为一个发达国家。

正如肯尼亚籍教授阿里·A. 马祖瑞（Ali A. Mazrui）所说，对于非洲人来说，西方的殖民化对撒哈拉以南的非洲，特别是西班牙在赤道几内亚的殖民地的影响仅停留于表面，具有过渡性和易摧毁性。事实上，转移到赤道几内亚的资本主义模式同样停留于表面。由于消费永远比生产容易，西班牙的消费模式比西方的生产技术更容易被吸收和渗透，学会西班牙的品味比学会西班牙的技能和能力要快得多；人们对物质资产和利润的积累充满兴趣，却没有掌握企业家擅长的有效计算；早在资本主义制度被内化之前，资本主义的贪婪就已经渗透在几内亚人的集体精神中。虽然人们普遍认为西班牙对赤道几内亚的殖民统治持续了200年，从1778年通过签订《埃尔帕尔多条约》，葡萄牙将其在几内亚湾的领土让与西班牙起，到1968年实现独立为止。但实际上，西班牙对几内亚，特别是对陆地区域实行的有效殖民化直到1900年签订《巴黎条约》之后才开始。这意味着木尼河流域殖民化的持续时间只有68年，而非两个世纪，在相对较短的时间内，所谓的"土著人"没有足够的时间完成西班牙生产模式的同化。

在《几内亚的西班牙：建筑艺术的碰撞（1778—1968年）》一书中，作家马里亚诺·德·卡斯特罗·安托伦（Mariano L. de Castro Antolín）在"一个帝国的追随者（1778—1900年）"一章中（第1—105页），更为贴切地描述了这一现实：

西班牙在19世纪对几内亚湾财产进行殖民化的历史可以被定义为失败、无能和无作为的。18世纪和19世纪，西班牙意图遵循类似于16世纪的体制来进行殖民化，当然是不会有成效的。只有当西班牙政治稳定，资产阶级拥有安全感和多余精力时，方可开始殖民进程，但直至19世纪最后几十年才满足上述条件。因此，步比（bubi）社会和西班牙社会几乎没有相互碰撞和渗透也是不难理解的：一些西班牙人的缺乏信任和另外一些西班牙人的冷漠不作为构成了社会渗透的阻碍，但促成了费尔南迪诺斯人的发展。虽然西班牙人与科里斯科的本吉斯、埃洛比和卡波圣胡安的关系更加充满信任，但由于西班牙人出现的频率不高，阻碍了上述关系的进一步加深。与安诺本人的接触则更少，可以说直至19世纪末才勉强可以视为出现交流。陆地上城镇和村庄的情况也是如此，因为在19世纪，木尼河流域仅被视为剥削的对象，西班牙人并未试图加深与该地区的联系。

这表明，尽管西班牙在赤道几内亚的殖民期通常被视为两个世纪，但推行实际殖民化所持续的时间很短。然而，西班牙宗教统治则可以追溯到更早之前，西班牙通过天主教传教士（传教会会众、慈幼会和福音会）执行“传递福音和文明”的任务。如相关史料中所述，从1900年6月27日签订《巴黎条约》开始，即从法国和西班牙确定赤道几内亚目前边界的划分开始，赤道几内亚的陆地部分实际上已被侵占，直至1926—1935年，西班牙当局最终占领陆地区域的所有领土，完成对几内亚全部领土的最终侵占，并建立了如今被大众所熟知的各行政分区。而对于岛屿来说，西方人的出现则要早得多，葡萄牙人、荷兰人、英国人和西班牙人都曾相继抵达过几内亚的岛屿地区。

1945年第二次世界大战结束时，一些非洲国家开始爆发民族主义情绪。讽刺的是，民族主义的激发正是源自非洲的宗主国，如法国和英国等殖民大国，这些国家在“二战”中曾联合起来抵抗德国希特勒的法西斯主义，以捍卫本国的主权。上述反殖民情绪的冲击同样波及赤道几内亚人民，1948—1951年，即佛朗哥政权统治期间，赤道几内亚出现了第一批反对殖民、支持独立的思潮。因此，我们如今可以证实，殖民者和土著居民之间的磨合和融入时间相对较短，自1900年签订《巴黎条约》起至1948年，仅持续了约50年；且双方之间存在长期的不信任，土著居民没有条件吸收殖民者强制推行和控制的经济制度中所涉及的知识、技能和生产技术。殖民时期定居者和土著居民之间的极少互动，以及对殖民地进行的有限投资同样也不利于向土著居民转让技术和知识。

1904年，“土著人庇护所”被创建。“土著人”一词源于两个拉丁语单词：inde，意为“来自那个地方”，以及gens，意为“居民”。因此，土著人指的是某一地区或领土的本地居民。作为几内亚领土的本地居民，土著人的地位被视为低于白种人，并受到与未成年人相同的待遇，因为土著居民的一切行为均在政府的掌控之下，且无法行使自己应有的权利。有关建立土著人庇护所的殖民规定，应该是受到了奴隶制时期美国的种族主义和种族隔离法的启发，上述法律将黑人划分为区别于白人的第五类人，认为黑人不得享有选举权。此后，在1928年，西方人创造了以下两个人种或社会阶级的划分，并自认为此举是出于对黑人的公正："解放者"（细分为完全解放者和半解放者）和"非解放者"。解放者是殖民法律所尊崇的人，他们有能力独立运作和管理其货物，并有权消费诸如食用橄榄油和酒精饮料等。例如，他们有权进入巴塔的中央酒吧喝一杯威士忌或打开一瓶葡萄酒享用，阿兹皮利库塔是最珍贵的葡萄酒品牌之一。解放者还有权从事关键性的经济交易和贸易活动，如采购及销售、收款及汇款、发放贷款及债券，将罪犯绳之以法等。然而，如果他们被发现滥用自己的地位和权限，则有可能失去解放者的身份。非解放者则被禁止享有解放者的所有权利。有趣的是，分属上述两个社会阶级的人可能是同一个家庭的成员：如哥哥被归类于解放者，而弟弟却不是。

总而言之，对于土著居民来说，伴有种族隔离制度的殖民经济将绝大多数非解放者隔绝在外，剥夺了其开展维系生存的活动的机会，将其边缘化，并且只允许屈指可数的一部分人拥有接触知识和掌握技能的机会。从1904年土著人庇护所建立时起，直至50年代末期，这一生存模式持续了近50年，其间西班牙始终承受着对赤道几内亚领土非殖民化的国际压力。难怪当地居民奋起反抗殖民制度，并将像弗朗西斯科·马西亚斯（Francisco Macías）这样的民粹主义煽动者推向了历史舞台的前沿。

如果正如历史学家所陈述的，在1935年，西班牙最终征服了几内亚的全部领土，并通过行政区域的划分（与如今的行政区域一致）实现对陆地区域的有效控制。而十年后，即从1945年起，在第二次世界大战结束后，出于对不公平待遇的不满，当地人已经开始显露支持独立和民族主义的情绪。那么问题来了，生活在陆地区域的土著居民有多长时间可以用于学习和吸收农业、渔业、畜牧业、采矿业的现代技术，以及世界贸易、经济管理和全球化的知识和技能？我们甚至可以确定，由于当地居民和殖民者之间缺乏互动和交流，部分陆地区域实际上并未被殖民化。作家何塞·安东尼奥·德·伊图里亚加·巴贝伦在他的著作《赤道几内亚：独立50年》中指出：

尽管西班牙通过1900年签订的《巴黎条约》，实质性地占有了几内亚的陆地区域，但其殖民统治实际上只对沿海地区和一些偏僻的陆地地区有效，因此，政府认为有必要保证西班牙人在整个殖民地的存在。为此，1905年7月5日至28日，巴塔副省长路易斯·拉莫斯·伊斯基耶多（Luis Ramos Izquierdo）进行了一次远征，抵达了距海岸约30公里的贝松格村，并设法迫使居住在这一地区的芳族、布哈瓦族（bujebas）、萨曼贡族（samangones）和萨班加族（sabangas）部落屈服于西班牙当局的殖民统治。

当然，在殖民期间曾存在一些基本的社会服务设施，如地上公共交通中被称为“阿瓦瓦（awawa）”的公共汽车，在巴塔设有一个中心公共汽车站，涵盖国内的若干线路和站点。赤道几内亚独立后，由于西班牙人掌控的维护服务和备件供应中断，上述所有设施都陷入瘫痪。

从经济技术情报的角度来看，殖民者也很清楚教育和培训有助于人类思想和精神的解放，从而可能对其构成威胁，所以殖民者不愿土著居民接受教育和培训也是完全可以理解的。因此，在实现独立时，赤道几内亚的专业人员很少，无论律师、经济学家、医生、建筑师、农学家、工程师等。可以说，在赤道几内亚独立之时，受过大学教育的人数还不及教士人数多。

## 5. 殖民时期的西班牙

一个国家的历史涵盖过去、现在和未来，过去和现在的经历会制约未来的发展。我的观点可能与一些人正好相反，我认为赤道几内亚的经济和政治历史与西班牙的经济和政治历史密切相关，原因有很多。首先，因为我国从起源上看是由西班牙创建的，西班牙的决策影响我国目前的地理边界及人口的种族构成。第二，因为在西班牙发生的一切事件直接影响到其殖民地的发展方向。第三，我认为，如果我们想要了解我国的历史进程，最好也了解一些西班牙的当代史，最重要的是，了解西班牙是如何影响和塑造我们的文化和特质的，因为这是已经融入我们血液中的一部分。因此，如果我们愿意花些时间来分析殖民时期西班牙的历史及其与赤道几内亚的联系，我们只需重点关注伊莎贝拉二世（1830—1904年）、阿方索十二世（1874—1885年）和他的儿子——波旁王朝的阿方索十三世（1922—1931年）的统治，后者因其与非洲的联系而被称为非洲君主。后两位君主的统治时期恰逢西班牙对几内亚湾领土进行征服、控制以及建立行政管理和经济结构的时期。此外，正如我们所知，哈布斯堡—洛雷纳家族的摄政王后玛丽亚·克里斯蒂娜（阿方索十三世的母亲和阿方索十二世国王的妻子）于1900年签订了西班牙和法国之间的《巴黎条约》。我们有必要知道殖民时期的西班牙统治者是谁，以及如何治理当时的西班牙，以了解在殖民化初期被征服的领土上实行的政策的起因和意图。不容置疑的是，上述政策对我国的发展造成的潜移默化的影响，直至今日仍在延续。

伊莎贝拉二世女王的统治（1830—1904年）

1830年10月10日，伊莎贝拉二世在马德里出生，1904年4月9日在巴黎逝世。伊莎贝拉二世三岁时便登上王位，她的统治期从1833年开始，至1868年结束，持续了大约35年。她是斐迪南七世和玛丽亚·克里斯蒂娜·德·波旁-两西西里的女儿。她的父亲斐迪南七世由于没有男性子嗣，在他死前颁布了国事诏书，废除了禁止女性继承王位的《萨利克继承法》，这一做法激起了斐迪南七世的弟弟卡洛斯·玛丽亚·伊西德罗·德·波旁的暴怒和叛乱，因为在废除继承法之前他曾是事实上的合法王位继承人。叛乱始终伴随着伊莎贝拉二世的统治，引发了三次所谓的卡洛斯战争，因为专制主义者拥戴女王的叔叔卡洛斯·玛丽亚为王。女王伊莎贝拉二世的家庭和亲密生活受到无数爱情丑闻的困扰，这些丑闻引起了西班牙公众的强烈批评。她曾怀孕十二次，其中三个孩子的父亲不详，其他孩子则是女王与她的各色情人们所生。女王曾经历两次流产，还有五个孩子一出生便没能存活。据说，受她所接受的教育所限，伊莎贝拉二世缺乏统治西班牙的才能。伊莎贝拉二世统治时期内存在两个摄政王：她的母亲玛丽亚·克里斯蒂娜·德·波旁–两西西里（1833—1840年）和埃斯帕特罗将军（1840—1843年）。伊莎贝拉二世的实际统治期是从1843年开始，至1868年9月28日结束，当时由于一场军事政变推翻了政府，女王和儿女共同逃往巴黎。

伊莎贝拉二世在法国逃亡期间，努力为她的儿子阿方索十二世夺回王位而斡旋，直至1874年阿方索十二世即位。女王伊莎贝拉二世于1904年4月9日在巴黎逝世。

伊莎贝拉二世女王的统治对赤道几内亚来说至关重要，因为1839年，在女王的母亲玛丽亚·克里斯蒂娜·德·波旁–两西西里（1833—1840年）摄政期间，大英帝国提出以约6万英镑的价格购买费尔南多·波岛（今比奥科岛）。1840年4月，摄政政府接受了这一提议，但遭到法院和西班牙公众的拒绝。如果当时出售，比奥科岛肯定不会成为如今赤道几内亚的一部分。我们也可以确定，正是在伊莎贝拉二世统治时期，面对西班牙政府的冷漠和无动于衷，法国、英国和德国开始染指西班牙在几内亚湾的领地。此外，我们还应该注意，正是在伊莎贝拉二世女王的统治期间，可可和咖啡种子于1866年首次从古巴运来，后来成为赤道几内亚的主要经济来源。

阿方索十二世国王的统治（1857—1885年）

阿方索十二世国王生于1857年11月28日，1885年逝世，享年27岁。1868年，在他年仅11岁时，他的母亲伊莎贝拉二世女王被1868年革命（又称“光荣革命”）推翻了，西班牙王室被迫流亡法国，后流亡瑞士。王室在欧洲流亡的六年中，西班牙出现过不同类型的临时政府、民主政府和政变，直至1874年恢复君主制，宣布阿方索十二世为西班牙国王。他的统治只持续了十年（1874—1885年），其主要特点是民主的“复兴”，在此期间通过了1876年宪法，决定在西班牙建立英国式的议会君主制，并遵循王室（国王）与法院（或议会）共享统治权的原则，使国王成为政治生活的最终“仲裁者和调节者”；国王有权解散法院，并可在议会多数支持的基础上组建政府并任命官员。在此期间，举行了几次欺诈性选举，使议会多数党得以形成，并在法院内提出多重限制。因此，权力行使的交替（所谓的“轮换”）并非来自底层的决策，而是源于贵族阶级的政治精英，且在多数情况下获得国王本人的批准。从理论上讲，议会君主制实际上是一种寡头政治，一种主导西班牙政治、经济和社会生活的教宗制度。主导权由两个相互联系的群体组成：第一，由拥有大量土地的所有者构成的“地主贵族”；第二，“高级金融资产阶级”，控制所有与采矿、制糖、农业、殖民地贸易、铁路、航运公司、银行等有关的业务，且所有业务均与家族息息相关。也可以说，阿方索十二世的统治特点是总体上贸易的扩大和经济的增长，这标志着西班牙经济的现代化。

上述贵族模式一直持续至他的儿子阿方索十三世的统治时期。我不太确定西班牙统治者在殖民地创造两个阶层“解放者”和“非解放者”并赋予每个阶层相应的权利，是否是因为西班牙统治者意图在殖民地复制这一制度。

阿方索十三世国王的统治（1886—1941年）

阿方索十三世于1886年5月出生，此时他的父亲阿方索十二世已于五个月前死于肺结核。由于其尚未成年，她的母亲哈布斯堡—洛雷纳家族的玛丽亚·克里斯蒂娜作为摄政王承担国家元首的职责，直至阿方索十三世在16岁时，通过1876年宪法宣誓而开始他的统治，直至1931年4月，西班牙第二共和国宣告成立，阿方索十三世被迫流亡。应当说明，第二共和国于1939年4

月1日结束，即西班牙内战结束之日，这标志着佛朗哥独裁政权的开始。

阿方索十三世的统治可以分为如下几个阶段。首先，正如上文所述，他的母亲摄政期间（1885—1902年），其特征是在古巴和波多黎各独立战争期间（1895—1898年），西班牙在军事战争上被美国击溃，丧失了包括菲律宾（1898年）在内的殖民地。1898年12月10日，《巴黎条约》签订，西班牙承认古巴独立，并同意将波多黎各、菲律宾和马里亚纳群岛的关岛割让给美国。第二年，即1899年，西班牙以2500万美元的价格向德国出售了其在太平洋、卡罗来纳岛和帕劳群岛的剩余殖民地。奇怪的是，西班牙失去殖民地所有权的时期，正是其他欧洲列强努力建立自己的殖民帝国的时期。当时，在所谓的1898年大灾难之后，面对西班牙社会“复兴”的需求，阿方索十三世采取了包括税收改革在内的一系列措施，以解决西班牙当时所处的财政困境，而这一困境源于战争造成的公共开支增加，上述措施同时旨在遏制比塞塔贬值和物价上涨。

阿方索十三世统治的第二阶段（1902—1923年）的特征是国王的积极干预，正如在他父亲阿方索十二世统治期间所发生的那样，国王积极干预政治生活和军事问题，而不是局限于1876年宪法中规定的象征性和礼仪性的君主，这一举措阻碍了西班牙建立真正的议会君主制。第三阶段，米格尔·普里莫·德·里韦拉将军的独裁统治（1923—1930年），他在推翻现行自由政权后上台，从而成为政府首脑和军事主席，而国王对此并没有反对。由于无法建立独裁政权，普里莫·德·里韦拉将军于1930年被迫辞职，使君主制处于非常微妙的境地。第四阶段，是指达马索·贝伦古尔将军所谓的“软性独裁政体”（1930—1931年），但这一政体无法遏制共和主义的思潮（反君主制），导致在他接管政府首相职位仅仅一年后，1931年4月14日，第二共和国宣布成立。面对此形势，阿方索十三世国王和他的祖母伊莎贝拉二世一样，被迫走上流亡之路。西班牙现任国王费利佩六世是阿方索十三世的曾孙，其祖父胡安·德·波旁–巴滕贝格（即前国王胡安·卡洛斯·德·波旁一世的父亲）是阿方索十三世的第三子。

上述简短的历史概述表明，当签订《巴黎条约》后，西班牙在1900年代初决定对赤道几内亚进行实际的殖民化时，它刚刚在几年前丧失其在拉丁美洲和菲律宾群岛庞大的殖民体系。因此，作家马里亚诺·德·卡斯特罗·安托伦认为“西班牙在19世纪对几内亚湾财产进行殖民化的历史可以被定义为失败、无能和无作为的”是十分贴切的。此后，阿方索十二世和他的儿子阿方索十三世的君主制，成为了在不稳定中妄图持续的政治制度，首先是米格尔·普里莫·德·里韦拉将军的独裁统治（1923—1930年），紧随其后的是达马索·贝伦古尔将军的“软性独裁政体”（1930—1931年），胡安·包蒂斯塔·阿斯纳尔·卡巴尼亚斯上将（1931—1932年）的统治，尼斯托·阿尔卡莱·萨莫拉政府（1932—1936年），西班牙内战（1936-1939年）和弗朗西斯科·佛朗哥将军（1939—1975年）的独裁政权，政权的不断更迭导致西班牙成为欧洲最为落后的国家之一，无论是在经济、工业、政治甚至外交方面。以下史实可以证实这一观点，西班牙未能成为构建了欧洲经济共同体（CEE）或欧洲“共同市场”的《罗马条约》（1957年）的创始成员国，也未能成为1945年联合国的创始成员国，以及世界银行（1944年）和国际货币基金组织（1945年）的创始成员国。西班牙在解决了所谓“西班牙问题”后，于1986年1月1日加入欧盟，于1955年（联合国成立十年后）加入联合国。在1945—1955年，考虑到西班牙的地缘政治和外交条件，联合国组织拒绝西班牙的加入，因为佛朗哥政权同情在第二次世界大战中战败的轴心国法西斯势力。

在20世纪的大部分时间里，尽管对几内亚人来说，西班牙是外部世界中最大的国家，西班牙却因其国内局势而被视为国际社会的一个“弃儿”，其经济体系独立于国际社会之外。这就是对我们进行殖民化的国家—西班牙，它在欧洲或世界上并不具有代表性，尽管受到来自国际上的压力，西班牙却始终犹犹豫豫，不愿同意我们的独立。

1968年10月12日，赤道几内亚宣布独立，其后控制着殖民经济所有命脉的西班牙人撤离，切断了与赤道几内亚的一切经济联系，造成了整个经济体系，包括生产、分配、营销和融资在内的崩溃，使得赤道几内亚完全处于被抛弃的境地。正如海梅·德·派恩斯和鲁比奥（Jaime de Pines y Rubio）在《联合国内的西班牙非殖民化》一书中所说，西班牙外交官对联合国声称，推迟赤道几内亚独立的原因之一是"如果西班牙撤离几内亚，将导致经济、贸易和农业的倒退"。1960年9月23日，苏联领导人赫鲁晓夫在大会全体会议上反驳道"在那里你能听到工头抽打鞭子的声音和行刑者用斧头砍头的声音……"，在关于殖民主题的同一段发言中，这位苏联领导人还说道，"可耻的殖民政权必须被埋葬。因为西班牙人自己知道他们没有教授几内亚人技能或生产技术。他们只想让殖民地永远依赖于大都市。"

众多非洲主义分析家曾经提出以下问题：严格意义上来说，在前殖民时期没有被配置为国家的社会，怎么可能在缺乏足够政治经验和经济管理基本知识，缺乏专业人才和稳定的企业家阶层，甚至完全不了解国际贸易和生产性经济的运作的情况下，继承后殖民国家的特征呢？这与其他被殖民后独立的地区不同。我国民族独立的先驱们唯一经历过的是臭名昭著的阿亚拉上尉的残暴，西班牙国民警卫队的棍子，几内亚同胞的背叛，以及西班牙经济和殖民主义体系的贪婪。正是在上述条件和背景下，赤道几内亚在半个世纪前从西班牙获得独立。因此，弗朗西斯科·马西亚斯第一共和国政权（1968—1979年）在社会政治、经济和文化方面毫无建树也就不足为奇了。

简而言之，殖民经济体系遗留下来的问题促成了当前的经济危机，因为一个简单的事实，即赤道几内亚与殖民地时期一样，仍然是一个原材料的外围出口国，而其消费的几乎所有物资和服务都依赖于进口，因为不懂得如何生产。因此，石油经济产生的利润大量流向国外，以支持消费品的进口，导致国外生产国的日益富裕和本国财富的侵蚀。长此以往，经济繁荣只在一些经济部门和服务业产生乘数效应，而生产部门则停滞不前。如果赤道几内亚无法摆脱这一殖民遗留问题，另一场经济繁荣依然会演变为另一场经济危机。

## 二、半个世纪的独立之路

### 1. 第一共和国

迷失的十年

由于缺乏政治和经济管理经验的积累，而且被西班牙殖民，赤道几内亚这一经历了历史变迁的国家的经济模式和政治模式既不属于欧洲，也不属于世界。几个世纪以来，赤道几内亚国内的政局一直处于不稳定的状态，在经历了悲惨的内战（1936—1939年）之后，这一国家终于在1968年10月12日获得独立。国内没有基础设施，如道路、桥梁、港口、机场、水力发电厂，也没有足够的社会住房，仅存在联合国声称赤道几内亚已经是西班牙的一个下属省级行政区后，在自治时期（1964—1968年）建造的少数住房。由于缺乏技术人才，且不存在本地的企业家阶层（在比奥科岛从事可可种植业的费尔南迪诺人或克里奥尔人除外），在未能掌握西班牙的生产模式和生产技术并将其为己所用的情况下，较早地吸收了西方的消费模式，独立后的赤道几内亚继续依赖于外部，以求生存。由于为独立而战的国家政治人物对权力的野心和缺乏经验，加之殖民势力的破坏和操纵，赤道几内亚在独立不到一年内便陷入混乱。1969年3月5日，在宣布独立仅仅五个月之后，在西班牙某些派别的共谋和推动下，就发生了针对当选总统弗朗西斯科·马西亚斯的未遂政变。西班牙人期待几内亚新共和国的无政府状态，仿佛这是对几内亚宣布独立的一种惩罚。这一事件是赤道几内亚在第一共和国存在的11年间经历的所有不幸和苦难的导火索。随之而来的是针对政治相关人物的杀戮、任意囚禁、迫害、流放、监禁、动摇、恐怖威胁、诬告、有计划的权利侵犯、集体间谍活动等。教堂被关闭并成为政府的仓库，众多牧师被监禁。集体背叛主义的气氛已经显现：学生们谴责他们的老师，邻居们互相监视对方。例如，禁止与外籍人士交谈；学校不再以教授学术科目为主，而是对“唯一的奇迹”或“赤道几内亚史无前例的钢铁领袖”进行人格崇拜，并为其获得的荣耀和荣誉而欢呼；各个年龄段的人还组织群众游行，制作印有“伟大领袖”弗朗西斯科·马西亚斯肖像的宣传板，不能画出领袖马西亚斯面孔的学生会受到惩罚。恩戈洛国会宫的毗邻地区是政治犯和少数在殖民时期幸存下来的政客的所在地。世界上没有人能够理解从前因受到白人虐待而宣布独立的非洲人，现在在对自己的同胞做着同样的甚至更恶劣的事，这简直是人生的悖论。尽管在殖民时期同样受到虐待，还是有许多人甚至开始怀念殖民时期。

殖民时期生活在赤道几内亚的少数外国人和企业家完全抛弃了这个国家。由于可可、咖啡、木材、棕榈油等生产方面的商业活动停止，国家经济面临崩溃。

20世纪70年代中期，与在比奥科岛可可庄园工作的尼日利亚工作人员签订的雇佣合同终止，导致了经济的最终崩溃。随后政府尝试强制派遣陆地区域的几内亚人来到庄园拯救作物和收成，但徒劳无益，因为当地人既没有可可种植所需的经验，也没有胜任可可种植工作所需的知识储备。

在当地人缺乏经验的情况下，正如殖民者所预测的那样，由于作为主要出口和外汇来源的可可和咖啡生产的崩溃，农业部门也随之崩溃。根据西班牙和大英帝国于1942年签署的关于招聘尼日利亚农业工人的劳工协议，据估计，1963年，比奥科岛上的可可农场雇用了大约22,549名工人，另有14,000名工人在岛上定居。该合同在70年代中期被马西亚斯废除。为了“挽救收成”

和重振农业，在与尼日利亚工人的雇佣合同被废除之后，马西亚斯实施了一项颇有争议且未取得成效的计划，其中包括在陆地区域的街道和村庄内以“流浪汉和暴徒”的名义任意拘留男子，并违背其意愿将其送到前往比奥科岛可可种植园的阿卡西奥·马埃号船上。我们需要注意，马西亚斯的这一自相矛盾的举措是受到西班牙《流浪汉和罪犯法》（一项刑事秩序法）的启发，该法于1933年8月4日经第二共和国法院批准，同年8月5日在《公报》上公布。马西亚斯主导建立的这一体制让我们想起了奴隶贸易的时代，奴隶主带着他们的船来到我们的海岸，强制逮捕了男人和女人，并违背他们的意愿，以军事化的方式将其运输至“新世界”的甘蔗和棉花种植园，造成整个村庄和城镇空无一人的局面。

显而易见，这些来自陆地区域，被迫在种植园劳作的工人绝大多数没有尼日利亚工人几十年来积累的种植经验和知识。许多几内亚工人离开了种植园，一些人选择留在岛上从事其他活动，另一些人则想尽一切办法与亲人一起返回木尼河流域或陆地区域。

马西亚斯所忽视的是，即使在“奴隶制经济”中，也需要一个运行非常有效的组织系统。因为即使奴隶主并不尊重奴隶的人性，他也了解奴隶饿了必须吃饭，生病了必须接受治疗，而且必须有一个可以休息的庇护所，这样才能有足够的力气来工作，从而提高庄园的产出。这意味着，如果工人得不到良好的待遇，甚至最低需求都没有被满足，则无法指望他们辛勤工作以获得更高的产出。

面对这种可悲的局势，数以千计的几内亚人流亡到邻国，特别是加蓬、喀麦隆、尼日利亚和西班牙，从而减少了本国宝贵的劳动力，以及商品和服务的消费。在这一自我毁灭的进程中，赤道几内亚即便没有成为当时非洲最贫穷的国家，也是非洲大陆最悲惨的国家之一。西班牙人所留下的本就所剩无几，现在更是全被摧毁了，仅剩下对“光荣时代”的记忆，迫使几内亚人怀念被“独立之父”所否定的殖民时代。

经济形势恶化得如此严重，以至于当地货币埃奎勒（ekuele）变得不可兑换，这使得任何倡议都变得不可行。一方面，没有向外国投资者提供无法收回资本时的担保；另一方面，马西亚斯政权建立的反资本主义和反帝国主义制度令投资者望而却步，使国家彻底崩溃。如果在一个经济体系中，政府可以印刷货币，但商品和服务的产出无法证明流通货币的增加是合理的，那么货币就会贬值。为了获得消费品，政府利用通过出口可可、咖啡和木材获得有限的、日益减少的外汇，从中国进口商品，从而勉强满足人民的基本需求。以这种方式，我国进口了大米、牛奶、保鲜品、糖、砍刀、斧头、石灰、衣服、织物、拖鞋等，在所谓的“国营商店”以配给的方式售卖给公众，政府成为主要贸易商，完全取代了资本不足的私营部门。

因祸得福的是，出于各种原因，众多逃亡国外的几内亚人学会了各自的专业技能，包括泥瓦匠、厨师、木匠、电工、锁匠、铁匠、机械师、水管工、司机、“职员”等，而在几内亚国内，由于缺乏相应的资源，很难获得此类的专业培训。他们在各自的技术领域内积极参与了2000年中期赤道几内亚基础设施建设的热潮，这一点我们会在后文中再次提及。

## 2. 第二共和国

### 自由政变

正是在这种灾难性的状态下，1979年8月3日，在一位名为特奥多罗·奥比昂·恩圭马·姆巴索戈的年轻中校的领导下，发动了“自由政变”，推翻了弗朗西斯科·马西亚斯政府。对于马西亚斯的追随者和反对者来说，这一天成为了一个分水岭。毫无疑问，这一天将成为赤道几内亚历史中不可磨灭的印记。对于没有经历过由马西亚斯领导的第一共和国的政局和大事件的年轻人来说，这一天可能毫无意义；但对于已经生活在马西亚斯独裁统治下11年，有着切身体验的人来说，1979年8月3日是一个喘息的机会，就像一场夺去许多生命并留下众多寡妇和孤儿的噩梦的结束。创伤是如此的严重，以至于许多流亡国外的几内亚公民再未返回本国，他们宁愿加入其他国籍并在其他国家建立家庭。加蓬的情况就是如此，因为如今的加蓬人中，有许多来自几内亚，如边境区域的阿库雷南、科戈、木比尼和科里斯科等。

我们可以把第二共和国时期划分为四个不同的阶段：困难时期，石油发现期，经济繁荣期，以及当前的经济危机。

困难时期

1980年至1990年可以被定义为困难时期。从马西亚斯时代遗留下来的经济问题依然存在。国家的国库空虚，没有资金可以用于国家的重建，而资金捐助者并未履行承诺。一切项目都需要资金：建设学校、大学、医院、道路、机场、港口、桥梁、社会住房、自来水管道、电气化、基本社会服务，开设新大使馆，培训人力资源和发展经济，特别是改善社会福利状况。然而，没有健全的资源和可靠的担保，任何金融机构都不可能借钱给一个贫穷的国家，外国投资者也不会将资金投放于基础设施或专业人才资源匮乏的国家。因此，赤道几内亚在自由政变之后的第一个十年里步履维艰地存活了下来，直到1991年，一家小型美国公司——沃尔特国际公司在其管辖水域首次发现石油。

成千上万的流亡者返回本国，希冀过上更好的生活，这为赤道几内亚开拓了新的视野。这个国家又开始以开放的姿态面向世界。但是，多年的经济停滞和人力物力资源的缺乏，阻碍了国家经济的发展和腾飞，以及人民生活质量的改变，因为没有任何的外国援助。这一时期我们所获得的教训是，没有任何一种外国援助足以使一个国家摆脱苦难。这是一段艰难的时期，工资微薄，各种物资匮乏，没有超市、商店、餐馆、酒店、干洗店、出租车、电、水、住房、商业公司、外国投资……自由政变后怀着憧憬回国的几内亚人作为经济难民，开始重新返回加蓬和西班牙寻找就业机会，社会上开始出现不满和沮丧的氛围，部分人群表现出激进的政治情绪。

我们还应注意，由于缺乏财政资金，赤道几内亚无法组织大规模的人力资源培训，导致经济建设繁荣期专业人才和技术性劳动力的不足，这一点在后文中我们将会再次提及。

*石油发现期*

1980年，赤道几内亚政府授予西班牙在赤道几内亚领水进行石油勘探的特许权，因为加蓬和尼日利亚等邻国均已发现石油，因此，特别成立了一个赤道几内亚—西班牙合资企业（Gepsa）来执行这一任务。赤道几内亚的年轻人被派往西班牙学习与石油开采相关的专业知识，尽管没过几年，西班牙便决定放弃合作并终止此项合作范围内涵盖的培训。11年后的1991年，西班牙单方面决定放弃这一特许权，理由是赤道几内亚即便存在石油，也是不可交易的。

在我们回顾历史时，我们应注意这一点，1980年，几内亚政府给予前殖民国家石油开采特许权时，西班牙是一个刚刚摆脱佛朗哥时代的国家，国内仍存在政治问题，刚刚开始艰难的民主过渡。同时，1981年，阿道弗·苏亚雷斯担任首相期间，西班牙的军方人士在国会会议厅里试图发动政变，后被平息。在此期间，西班牙经济实际上属于第三世界，缺乏尖端技术，同时也依赖国际援助，特别是来自美国和其他欧洲国家的援助。1984年，加蓬的人均收入（4,407美元）几乎与西班牙（4,477美元）相同，而赤道几内亚的人均收入为148美元。在这种情况下，等待西班牙在1980年解决赤道几内亚的问题实际是不可能的。西班牙本身是美国经济援助的五大接受国之一，仅次于以色列、土耳其和埃及；同时也受益于美国政府的富布赖特奖学金计划，正如赤道几内亚期待来自西班牙的奖学金一样。当然，对几内亚人来说，西班牙仍是一个殖民经济强国。

1980—1990年被称为“迷失的十年”，主要是由于西班牙缺乏发现和开采赤道几内亚石油的技术。如果情况并非如此，赤道几内亚目前的发展情况将在20世纪90年代出现。幸运的是，一家小型美国公司——沃尔特国际公司在西班牙放弃石油特许权一年后，于1991年发现了石油，最初的产量为每天7,000桶。这是石油开采期的开端，并且无疑标志着向之后的经济繁荣期迈进的一大步。

经济繁荣期：2005—2014年

1991年赤道几内亚发现石油后，几家大型石油跨国公司对赤道几内亚产生了兴趣，并投入堪称天文数字的资金，用于加强石油行业的勘探和开发。其中包括埃克森美孚——世界上最大的石油公司，诺布尔能源公司，赫斯公司，马拉松石油公司，阿莫科公司，卡梅隆国际，德文能源公司，哈里伯顿公司，阿特兰蒂斯公司等。起初，在将近十年（1991—2001年）的时间内，上述公司决定先收回百万美元的投资，然后再开始向政府支付特许权使用费和相应的利润份额。因此，从2000年年中开始，随着石油产量的增加和世界市场上油价的利好，赤道几内亚政府开始年复一年地收到不断增长的石油收入。一夜之间，赤道几内亚奇迹般地成为撒哈拉以南非洲第三大产油国，仅次于尼日利亚和安哥拉，取代了该次区域的前产油国加蓬和刚果（布）。据估计，2008年，赤道几内亚拥有约46%的中非国家银行（BEAC）的储备和中部非洲经济与货币共同体 [由加蓬、喀麦隆、刚果（布）、乍得、中非共和国和赤道几内亚构成] 的商业银行存款。不得不说这真是一个奇迹。

如表1和图1所示，据估计，从2005年至2018年（预测），赤道几内亚政府将获得约29.7万亿中非法郎（约合452.41亿欧元），其中26.4万亿（89.06%）为石油收入，而剩余3.2万亿（10.94%）中非法郎为非石油收入。2018年的数据来源于该财政年度的修正预算。2018年全年收入可能高于预期，因为尽管原油（降低14.7%）和天然气（降低10.6%）的产量逐年降低，但得益于油价上涨，截至6月30日的实际收入（7,836.83亿中非法郎）已超过预期（5,766.06

亿中非法郎)。上述数据来源于财政、经济和规划部的相应报告。

表1和图1的数据还显示，在研究所涉及的14年中，2012年是经济繁荣期的“高峰”，当年收入和支出水平最高，总收入达到31,947.09亿中非法郎，相当于48.7亿欧元。赤道几内亚的经济从未在一年内达到如此高的收入水平。2012年可被视为一个参考年份，因为石油收入大幅增加，达到约28525.37亿中非法郎，这是单一财年收入水平迄今的最高纪录。这也是整个研究期间非石油收入最高(3421.72亿中非法郎)的一年。在支出水平上，2012年支出总额达到40219.84亿中非法郎，包括32080.68亿的投资费用和8,139.16亿的运营费用。

从图表中可以看出，国家收入随着石油收入的增加和回落表现而时有起伏，而石油收入又随着国际市场原油价格的变化而变化。

**表1 按来源分列的国家收入(百万中非法郎)**

| 财政年度(年) | 收入总计 | 石油收入 | 非石油收入 |
|---|---|---|---|
| 2005 | 1,410,189 | 1,307,545 | 102,644 |
| 2006 | 1,991,178 | 1,850,181 | 140,997 |
| 2007 | 2,172,123 | 1,960,955 | 211,168 |
| 2008 | 2,883,842 | 2,713,504 | 170,338 |
| 2009 | 2,270,689 | 2,091,086 | 179,604 |
| 2010 | 2,080,825 | 1,868,396 | 212,429 |
| 2011 | 2,849,018 | 2,639,439 | 209,588 |
| 2012 | 3,194,709 | 2,852,537 | 342,172 |
| 2013 | 2,694,475 | 2,446,589 | 247,885 |
| 2014 | 2,583,416 | 2,302,403 | 281,014 |
| 2015 | 2,070,737 | 1,731.109 | 339,628 |
| 2016 | 1,129,133 | 860,399 | 268,734 |
| 2017 | 1,238,347 | 988,078 | 250,270 |
| LFR 2018* | 1,153,213 | 859,485 | 293,728 |
| 总　计 | 29,721,905 | 26,471,706 | 3,250,199 |
| % | 100% | 89.06% | 10.94% |

数据来源：财政和预算、经济和规划及公共投资部；中非国家银行（BEAC）和国际货币基金组织（FMI）。

*LFR =《财政法》（2018年修正预算）。

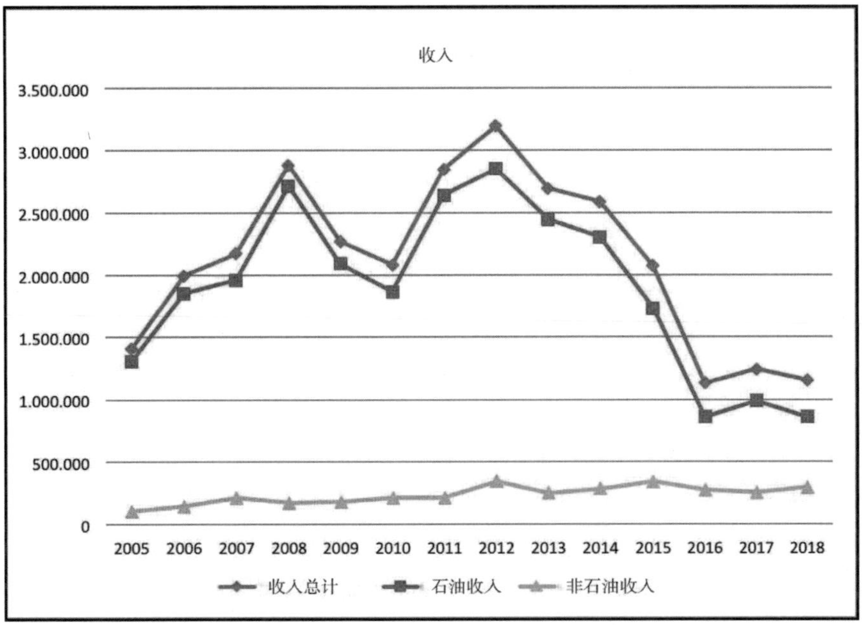


**图1　按来源分列的国家收入总计：石油和非石油（百万中非法郎）**

另外，我们对过去14年政府的公共支出进行分析，详见表2及图2。从2005年起至2018年（预测），赤道几内亚政府的公共支出约为294,464.37亿中非法郎（相当于448.91亿欧元），其中219,198.51亿中非法郎（相当于334.16亿欧元，占比74.43%），已被用于经济基础设施融资的投资支出；其余75,265.86亿中非法郎（相当于114.74亿欧元，占比25.57%），为目前用于公共行政运作、赠款和各类转账的经常性支出。如果没有外国的援助，为基础设施（公路、港口、桥梁、社会住房等）的建设提供如此大规模的支出是不可能实现的。2012年也是整个研究期间公共支出最高的财政年度，公共支出达到创纪录的40,219.84亿中非法郎（61.31亿欧元），其中32,080.68亿中非法郎（约48.90亿欧元）对应于资本或投资支出。上述所有这些公共支出始终是经济繁荣时期经济增长的主要来源。请注意，自2016年起，经常性支出首次超过投资支出。赤道几内亚所在次区域内没有其他任何一个国家在如此短的时间内为基础设施投入如此多的资金。即使在长达两个世纪的殖民时期中，殖民者也未曾在赤道几内亚投入如此多的资金。

**表2　公共支出（百万中非法郎）**

| 财政年度（年） | 公共支出总计 | 资本支出或投资 | 经常性支出 |
|---|---|---|---|
| 2005 | 609,483 | 446,003 | 163,480 |
| 2006 | 954,248 | 759,837 | 194,411 |
| 2007 | 1,233,482 | 1,016,846 | 214,636 |
| 2008 | 1,759,282 | 1,391,510 | 367,772 |
| 2009 | 2,827,522 | 2,482,257 | 345,265 |
| 2010 | 2,516,116 | 2,062,928 | 453,188 |
| 2011 | 2,766,219 | 2,266,437 | 499,782 |
| 2012 | 4,021,984 | 3,208,068 | 813,916 |
| 2013 | 3,329,059 | 2,457,203 | 871,856 |
| 2014 | 3,102,123 | 2,338,336 | 763,787 |
| 2015 | 2,329,512 | 1,646,859 | 682,653 |
| 2016 | 1,397,805 | 684,052 | 713,753 |
| 2017 | 1,387,913 | 655,515 | 732,398 |
| LRF 2018* | 1,211,689 | 502,000 | 709,689 |
| 总　计 | 29,446,437 | 21,919,851 | 7,526,586 |
| % | 100% | 74.43% | 25.57% |

数据来源：财政和预算、经济和规划及公共投资部；中非国家银行（BEAC）和国际货币基金组织（FMI）。

*LFR =《财政法》（2018年修正预算）。

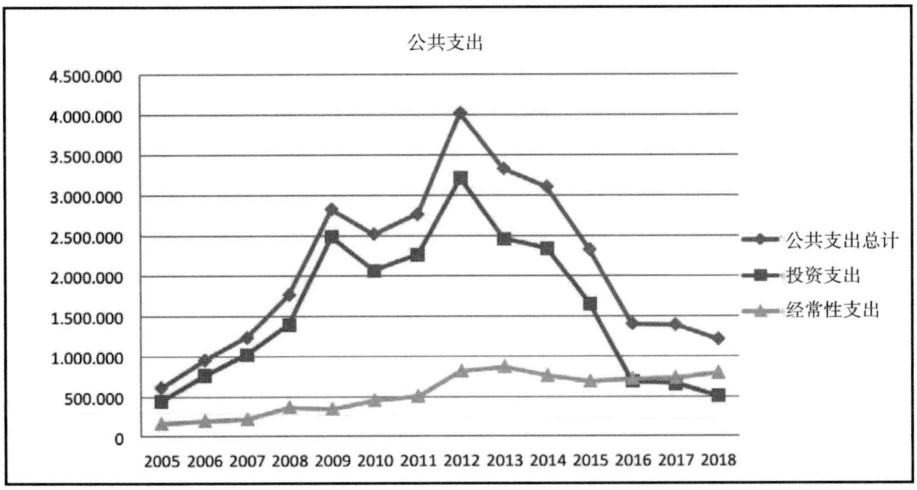


**图2　公共支出、资金支出或投资，以及经常性支出总计（百万中非法郎）**

请注意，自2016年以来，经常性支出超过了投资支出。

社会进步的若干表现

经济繁荣极大地促进了国家的物质和社会进步。事实上，人类发展指数（HDI）数据表明：赤道几内亚的贫困人口已经减少；自来水、电力的供应和健康服务均有所改善，预期寿命和教育水平也有所提高，尽管健康服务和教育的质量依然有待加强，但教师人数和教室均有所增加；儿童死亡率和妇女在分娩期间的死亡率均有下降。可以说，经济繁荣减少了贫困。随着水库于2018年11月启用，吉布劳水电站的容量将大为增加，从而确保陆地区域在旱季（六月、七月和八月）的正常电力供应。当然，对于那些依旧生活在不稳定和贫困中的公民来说，上述积极的数据听起来就像与他们毫无关系的一首天籁之歌。然而，这不应掩盖石油发现后国家经济取得的巨大进展。

从社会层面来看，当我们见到一个未成年男孩或女孩在本应上学的年纪，头顶一个盆贩卖瓶装水、甜甜圈或水果，或是背着很多食品饮料，试图赚些钱贴补家用以求生存时，我们不应视而不见。同样地，作为一个社会人，面对一个没有工作或手艺傍身，每日醒来都在为儿女的三餐和学费的支付而发愁的单身母亲，我们不应无动于衷。

几内亚人拥有团结一致的精神，无论是在不幸的时刻（死亡或疾病）还是喜悦的时刻（洗礼、婚礼和分娩），他们都会慷慨地与家人和朋友共同承担或分享。作为一个国家，赤道几内亚也向其他民族慷慨解囊，帮助美国的路易斯安那州、古巴甚至海地的卡特里娜飓风受害者，这是一种人性和博爱的表现，而非像某些言论中所阐述的那样，是出于骄傲和傲慢的姿态。我们会接受别人的帮助，也会帮助别人。因此，消除贫困的斗争不应仅仅是一个口号，而应作为一项真正的承诺和优先的政治议程。一个国家的发展水平可以用其社会的团结程度来衡量。

自从发现石油以来，特别是启动石油的开采之后，我国经济出现了令国内外均感讶异的惊人发展。在过去的15年中，赤道几内亚在基础设施水平上据说实现了超过殖民时期200年的发展。但是，这一发展主要侧重于基础设施的建设，从而创造了数以千计的不稳定的短期和中期就业岗位，但上述就业岗位仅存在于工程施工期间。任何在国外生活多年的几内亚人，包括第一次踏上几内亚大陆的外国人，都会对现有基础设施的水平和质量感到惊讶。例如，就在几年前，从巴塔区到木比尼区途经森杰桥，需要花费近半天的时间。而如今，存在三种途径可以到达木比尼区：通过森杰桥、博隆多或巴塔港。最后一条途径最短，只需不到30分钟即可到达。同样，从巴塔区到蒙戈莫区，我们拥有一条与第一世界国家同等水平的四通八达的公路，将上述地区与尼芳、埃维纳永、阿库雷南、阿希索克或埃比贝因等其他地区连接起来。从前，从巴塔到里奥坎波旅行，或是步行数天，或是乘坐皮艇出海，但乘坐皮艇出海的失事率很高。而如今，这段约一百公里的旅程只需不到一小时即可完成。岛屿地区的情况也是如此。关于社会住房，这是继博尼法西奥·翁德·埃德自治政府（1964—1968年）之后，第一次如此大规模地建造住房。尽管房主们对楼梯、电梯等物业设施的维护较差，公共空间和绿地也无人清扫，这意味着上述房屋在短时间内将会变得脏乱差，但住房的建造仍是一项社会进步。大家都知道此类住房在欧洲的成本是多少，房主通常要依靠20到30年的工作来支付抵押贷款。本国现在共建有七个港口，分别为马拉博、巴塔、多斯恩科戈、安诺本和卢巴自由港，而科里斯科岛正在建设第八个港口。目前存在五个机场，分别位于马拉博、巴塔、门戈梅因、安诺本和科里斯科。正如上文所述，上述所有基础设施都花费了国家数十亿欧元，它们必须能够产生经济利益，才会有利于国家经济的发展。

经济繁荣引发了民众对社会福祉前所未有的期望，这已成为一种既得权利。许多出于各种原因居住在国外的几内亚人怀着对更美好生活的憧憬返回本国：有些人找到了更好的工作，有些人甚至放弃了原有的工作选择回国。最近，许多几内亚人在去邻国旅游时都有过被尊称为“赤道几内亚美元大佬”或“赤道几内亚石油大佬”的类似经历，几内亚人从前不得不承受的蔑视现在转变为了羡慕。

经济繁荣的另一个重要体现是这一时期创造的就业机会数量，这不仅吸引了生活在其他国家的数千名赤道几内亚人，也吸引了成千上万寻找工作和更优生活条件的外国人。

根据劳动和社会保障部2011年11月的数据，我们可以看出，国家私营部门共有50,498名员工，其中包括34,336名本国员工（68%）和16,162名外籍员工（32%），涉及2,596家企业，所涉及的部门大到石油行业，小到街区附近的杂货店。建筑行业容纳的员工最多，总计28,508名（56.47%），其中较为突出的是ARG公司（4,444名）、Ecocsa公司（3,607名）、FIMAC Services公司（2,527名）、Somagec公司（2,953名）、Seguibat公司（2,072名）、Arab

Contractors公司（1,488名）、Sogeco公司（1,304名）、Zagope公司（1,242名）、Bouygues Batiment公司（1,196名）和Piccini公司（732名）。几年后，上述公司拥有了更多的员工，如Somagec公司拥有约5000名员工，Arab Contractors公司也是如此。

此外，我们通常称之为“非正式”的行业容纳了约10,448名员工（20.68%），涉及2,115家小企业，包括杂货店、酒吧、咖啡馆、商店、中国药店和诊所、新闻编辑室、机械车间、理发店、裁缝店、木工店、五金店、洗衣店、电器修理店、摄影工作室、锯木厂或洗车行；其中包括本国员工（5,946人，占比56.91%）和外籍员工（4,502人，占比43.09%）。石油部门尽管是产生收入最多的部门，但仅容纳4,329名员工（占比8.7%），因为该部门是一个高度专业化和技术性的部门，需要高资质的专业人员，并非普通劳动力可以胜任。上述数据不包括公共部门的官员或产生的间接就业机会。

**表3　建筑行业的员工人数**

| 序号 | 公司 | 本国员工 | 外籍员工 | 员工总计 |
|---|---|---|---|---|
| 1 | A.C.S.A. | 19 | 0 | 19 |
| 2 | ARG | 2,685 | 1,759 | 4,444 |
| 3 | ARAB CONTRACTORS | 822 | 666 | 1,488 |
| 4 | BKP | 12 | 6 | 18 |
| 5 | BESIX GE | 329 | 110 | 439 |
| 6 | BOUYGUES BATIMENT | 970 | 226 | 1,196 |
| 7 | BUETAS URCOLA | — | — | — |
| 8 | BUREAU VERITAS | 4 | 7 | 11 |
| 9 | CIGESA | 66 | 16 | 82 |
| 10 | CADDEL CONSTRUCT. | 1 | 69 | 70 |
| 11 | CAMIGESA | 19 | 12 | 31 |
| 12 | CHINA DALIAN | — | — | — |
| 13 | CHINA GHESUBA | 4 | 96 | 100 |
| 14 | CHINA ROAD | 338 | 216 | 554 |

续表

| 序号 | 公司 | 本国员工 | 外籍员工 | 员工总计 |
|---|---|---|---|---|
| 15 | CHINA STATE CONSTR. | 2 | 90 | 92 |
| 16 | CORORASA GE | 47 | 33 | 80 |
| 17 | DIWIDAG | 200 | 43 | 243 |
| 18 | ECOCSA | 2,894 | 713 | 3,607 |
| 19 | ECUALU | 31 | 40 | 71 |
| 20 | EGECOP | 40 | 22 | 62 |
| 21 | ETEN MAC | — | — | — |
| 22 | FIMAC SERVICES | 2,207 | 320 | 2,527 |
| 23 | GENERAL WORK | 179 | 100 | 279 |
| 24 | GRUPO PROCONGE | 12 | 3 | 15 |
| 25 | GRUPO RUGESA | 12 | 0 | 12 |
| 26 | GUINEA ROTH | — | — | — |
| 27 | HONG SHU LIN CONST. | 0 | 95 | 95 |
| 28 | HORIZON CONSTRUCT. | 49 | 21 | 70 |
| 29 | HYUNDAI | 86 | 50 | 136 |
| 30 | ICSA | 22 | 5 | 27 |
| 31 | IMOTEC, S.A. | — | — | — |
| 32 | MSF | 646 | 116 | 762 |
| 33 | MAGS | — | — | — |
| 34 | MAKINEN | 136 | 23 | 159 |
| 35 | MATASA | — | — | — |
| 36 | OBRAS GUINEA | 65 | 82 | 147 |
| 37 | OTONDONG | 16 | 6 | 22 |
| 38 | PAC INTERNACIONAL | 90 | 27 | 117 |
| 39 | PICCINI | 463 | 269 | 732 |
| 40 | RAZEL | 197 | 39 | 236 |
| 41 | SATRAM GE | 19 | 19 | 38 |
| 42 | SEGIF | — | — | — |
| 43 | SEGUIBAT | 1,766 | 306 | 2,072 |
| 44 | SETRACO | 325 | 66 | 391 |
| 45 | SHAHAF | 242 | 58 | 300 |
| 46 | SICSA | — | — | — |
| 47 | SINOHIDRO | — | — | — |

续表

| 序号 | 公司 | 本国员工 | 外籍员工 | 员工总计 |
|---|---|---|---|---|
| 48 | SOBAT GE | — | — | — |
| 49 | SOFMAL | 115 | 35 | 150 |
| 50 | SOGEA | 233 | 157 | 390 |
| 51 | SOGECO | 1,058 | 246 | 1,304 |
| 52 | SOMAGEC | 1,772 | 1,181 | 2,953 |
| 53 | TECNO HOLDING | 128 | 84 | 212 |
| 54 | TECNOBAT GE | 4 | 3 | 7 |
| 55 | UNICON | 279 | 286 | 565 |
| 56 | YUNNAN CHINA CONST. | — | — | — |
| 57 | ZACOPE | 551 | 691 | 1242 |
| 58 | PREGUISA | 65 | 76 | 141 |
| 59 | AFROM SERVICES | 27 | 6 | 33 |
| 60 | AFROM GUINEA | 6 | 0 | 6 |
| 61 | EKUT COP | 8 | 0 | 8 |
| 62 | TAENKYUNG | 11 | 9 | 20 |
| 63 | DALMAU | 2 | 1 | 3 |
| 64 | OTONGMENDJIM | 42 | 13 | 55 |
| 65 | S.F. | 1 | 5 | 6 |
| 66 | TIMBERLAND | 96 | 44 | 140 |
| 67 | R.M.T. | 2 | 1 | 3 |
| 68 | ANDOGA | 18 | 3 | 21 |
| 69 | APSOGESA | 12 | 5 | 17 |
| 70 | ROCISA | 4 | 3 | 7 |
| 71 | SINOMACH | 15 | 0 | 15 |
| 72 | TRISTAR CONSTRUC. | 30 | 12 | 42 |
| 73 | OLUBAT | 39 | 17 | 56 |
| 74 | I.M.S. CONSTRUCCION | 6 | 5 | 11 |
| 75 | CSYOGE | 24 | 9 | 33 |
| 76 | CHINA WI YICO | 24 | 55 | 79 |
| 77 | TECNO CONSTRUCCION | 6 | 5 | 11 |
| 78 | FERREGE | 7 | 0 | 7 |
| 79 | MAC SERVICES | 1 | 3 | 4 |
| 80 | MARTARAL, S.L. | 6 | 2 | 8 |

续表

| 序号 | 公司 | 本国员工 | 外籍员工 | 员工总计 |
|---|---|---|---|---|
| 81 | CEGIF | 50 | 6 | 56 |
| 82 | CONGESA | 8 | 8 | 16 |
| 83 | BATI SERVICES | 69 | 18 | 87 |
| | 总　计 | 19,734<br>（69.22%） | 8,774<br>（30.78%） | 28,508<br>（100%） |

数据来源：劳动和社会保障部，2011年11月数据。

**表4　石油部门的公司和员工**

| 公司数量 | 本国员工 | 外籍员工 | 员工总计 |
|---|---|---|---|
| 89 | 3,055<br>（70.57%） | 1,274<br>（29.43%） | 4,329<br>（100%） |

数据来源：劳动和社会保障部，2011年11月数据。

**表5　贸易、航空、酒店和林业部门的公司和员工**

| 公司数量 | 本国员工 | 外籍员工 | 员工总计 |
|---|---|---|---|
| 285 | 4,722<br>（73.89%） | 1,668<br>（26.11%） | 6,390<br>（100%） |

数据来源：劳动和社会保障部，2011年11月数据。

**表6　非正式部门（微型企业）的公司和员工**

| 公司数量 | 本国员工 | 外籍员工 | 员工总计 |
|---|---|---|---|
| 2,115 | 5,946<br>（57%） | 4,506<br>（33%） | 10,448<br>（100%） |

数据来源：劳动和社会保障部，2011年11月数据。

**表7　私营培训中心和员工（教育部门）**

| 公司数量 | 本国员工 | 外籍员工 | 员工总计 |
|---|---|---|---|
| 11 | 136<br>（93.10%） | 10<br>（6.9%） | 146<br>（100%） |

数据来源：劳动和社会保障部，2011年11月数据。

上述就业岗位的出现拉动了商品和服务的消费，对国家经济产生了乘数效应。许多公民买了自己的第一辆车，建造了自己的住房，另有一些人选择送子女到西班牙、法国、美国、马来西亚、加纳、贝宁、喀麦隆、塞内加尔等国留学，特别是学习语言。

简而言之，经济繁荣创造了赤道几内亚自独立以来从未有过的欢欣鼓舞和幸福气氛。几内亚人的外貌开始改变，开始出现明显由于过度消费而超重的人群。

另一个重要的经济进展是第二次承办非洲国家杯足球赛（CAN）。非洲国家杯足球赛于2015年1月17日至2月8日在赤道几内亚举办，其筹备工作仅在两个月内完成，原因是原承办国摩洛哥因埃博拉病毒所引起的疾病传播而退出，如此短暂的筹备时间是前所未有的。2012年，赤道几内亚首次与加蓬共同承办了非洲国家杯。经过几年的筹备，2018年11月，非洲足球联合会（CAF）撤销了我们的邻—喀麦隆对原定于2019年6月举办的泛非足球锦标赛的承办权。原因很简单，喀麦隆国内缺乏必要的体育基础设施。最终，将由埃及承办2019年非洲国家杯。

**表8　收支总差额（百万中非法郎）**

| 财政年度（年） | 收入总计 | 公共支出总计 | 总余额 |
|---|---|---|---|
| 2005 | 1,410,189 | 609,483 | 800,706 |
| 2006 | 1,991,178 | 954,248 | 1,036,930 |
| 2007 | 2,172,123 | 1,233,482 | 938,641 |
| 2008 | 2,883,842 | 1,759,282 | 1,124,560 |
| 2009 | 2,270,689 | 2,827,522 | -556,832 |
| 2010 | 2,080,825 | 2,516,116 | -435,292 |
| 2011 | 2,849,018 | 2,766,219 | 82,809 |
| 2012 | 3,194,709 | 4,021,984 | -827,275 |
| 2013 | 2,694,475 | 3,329,059 | -634,585 |
| 2014 | 2,583,416 | 3,102,123 | -518,707 |

续表

| 财政年度（年） | 收入总计 | 公共支出总计 | 总余额 |
|---|---|---|---|
| 2015 | 2,070,737 | 2,329,512 | -258,775 |
| 2016 | 1,129,133 | 1,397,805 | -268,672 |
| 2017 | 1,238,347 | 1,387,913 | -149,566 |
| LFR 2018* | 1,153,213 | 1,211,689 | -58,476 |
| 总计 | 29,721,905 | 29,446,437 | +275,468 |

数据来源：财政和预算、经济和规划及公共投资部；中非国家银行（BEAC）和国际货币基金组织（FMI）。

*LFR =《财政法》（2018年修正预算）。

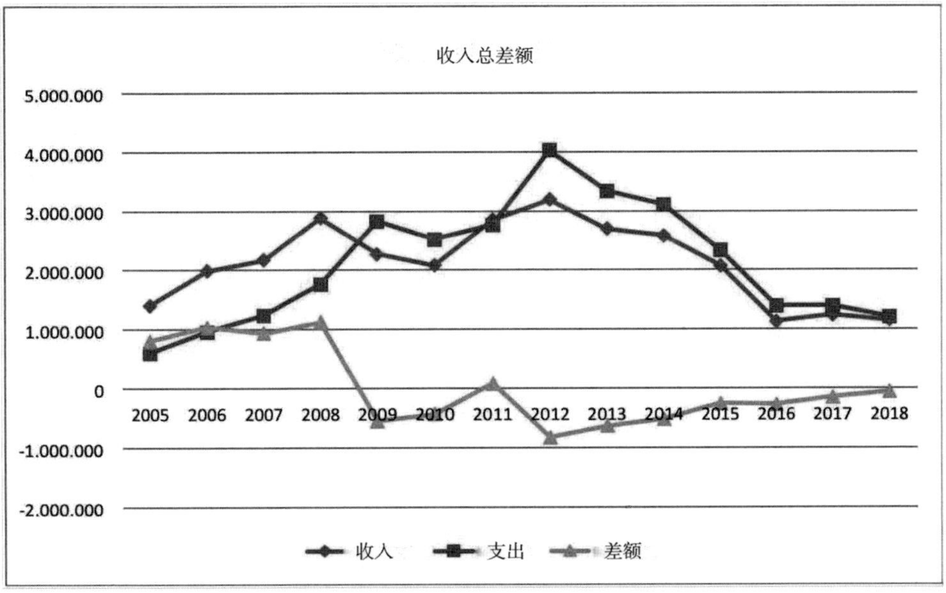


图3　综合差额或收支总差额（百万中非法郎）

**表9　基本财政盈余（百万中非法郎）**

| 财政年度（年） | 非石油收入 | 经常性支出 | 基本财政盈余 |
|---|---|---|---|
| 2005 | 102,644 | 163,480 | -60,836 |
| 2006 | 140,997 | 194,411 | -53,414 |
| 2007 | 211,168 | 214,636 | -3468 |
| 2008 | 170,338 | 367,772 | -197,434 |
| 2009 | 179,604 | 345,265 | -165,661 |
| 2010 | 212,429 | 453,188 | -240,759 |
| 2011 | 209,588 | 499,782 | -290,194 |
| 2012 | 342,173 | 813,916 | -471,743 |
| 2013 | 247,885 | 871,856 | -623,971 |
| 2014 | 281,014 | 763,787 | -482,773 |
| 2015 | 339,628 | 682,653 | -343,025 |
| 2016 | 268,734 | 713,753 | -445,019 |
| 2017 | 250,270 | 732,398 | -482,128 |
| LFR 2018* | 293,728 | 709,689 | -415,961 |
| 总计 | 3,250,200 | 7,526,586 | -4,276,386 |

数据来源：财政和预算、经济和规划及公共投资部；中非国家银行（BEAC）和国际货币基金组织（FMI）。

*LFR =《财政法》（2018年修正预算）。

**图4　基本财政盈余**

尽管赤道几内亚政府采取了政策，即非石油收入将用于国家的经常性支出，而石油收入则为资本或投资支出提供资金，但事实证明这一政策无法实现，因为在我们所分析的14年中，基本财政收支始终处于赤字状态。换言之，由于实体经济或生产性经济疲软（在这里我们所谈论的是商品和服务的生产、分销和消费），非石油收入没有一年能够足以支付政府的运营费用。这意味着，在研究所涉期间的44.53亿欧元赤字完全是通过石油收入来弥补的。

# 第二章

# 当前的经济危机：2014—2018年

## 一、诊断

一个国家的经济就像人类健康一样，当一个人生病并去医院看病时，医生在提出治疗方案之前，首先要进行诊断或要求病人做检查，以了解疾病的真正原因。在治疗中，需要指定药物、剂量和服用时间，而误诊会导致治疗不当，身体会持续生病甚至死亡。一个国家的经济也正是如此。在危机时期，应建立一个详尽的诊断，以客观的态度确定危机的根源，从而得以采取最恰当的措施以摆脱危机。如果没有在前期进行严谨的分析，不了解病人的生命体征，则将采取的措施可能是无效的，因为这些措施可能是盲目的，就像蒙着眼睛走路，不借助指南针或全球定位系统（GPS）飞翔一样。

委内瑞拉的经济危机是采取不合时宜的经济措施的一个明显例子，这些措施不应在经济危机期间实施，因为会适得其反。与大多数中部非洲经济与货币共同体国家一样，委内瑞拉经济从根本上依赖于石油资源，2014年原油价格的下跌产生了两个后果：第一，国家收入锐减；第二，石油产量下降，从2017年的每天约300万桶降至2018年上半年的每天约150万桶，导致公共财政严重失衡。以上为与中部非洲经济与货币共同体国家的比较。

例如，在缺乏流动性和收入减少的情况下，委内瑞拉采取了一些适得其反的措施，与赤道几内亚政府相反。首先，大量印钞，导致恶性通货膨胀。根据国际货币基金组织的预测，到2018年年底，委内瑞拉的通胀率将达到

1000,000%。货币（玻利瓦尔）极端贬值导致贸易商、进口商，以及货物和服务生产商已停止向国内市场供应基本必需品，超市货架上食品严重短缺，整个国家均无药品上架。其次，委内瑞拉在未考虑价格迅速和持续上升的不良影响的前提下，实行外汇管制，以防止货币外流，并限定基本必需品的价格，这一举措同样适得其反。再次，委内瑞拉政府还采取了征收水泥、咖啡和糖等生产企业的政策，而目前上述产品均已停产。最后，成立了地方供应和生产委员会（CLAP），然而这些委员会却无法履行其使命。此外，国际制裁，特别是来自联合国、欧盟和美国的制裁，如禁止收购委内瑞拉的债务和资产，只会使局势变得更糟。

尽管能源信息管理局称，委内瑞拉的石油储量约为2,980亿桶，高于沙特阿拉伯、伊朗、美国和俄罗斯，也无法改变这种现状。2018年，在10个国家中，委内瑞拉的人均石油财富水平排名世界第五，如以下数据中所示：卡塔尔（人均601万美元，人均国内生产总值：102,800美元）；科威特（人均414万美元，人均国内生产总值：43,800美元）；阿拉伯联合酋长国（人均163万美元，人均国内生产总值：49,000美元）；土库曼斯坦（人均154万美元，人均国内生产总值：8,500美元）；委内瑞拉（人均114万美元，人均国内生产总值：13,200美元）；沙特阿拉伯（人均112万美元，人均国内生产总值：25,000美元）；利比亚（人均861,101美元，人均国内生产总值：13,300美元）；加拿大（人均565,049美元，人均国内生产总值：41,500美元）；文莱（人均521,000美元，人均国内生产总值：50,000美元）；伊拉克（人均515,384美元，人均国内生产总值：4,600美元）。

民众绝望和危机加剧的时刻往往是假先知和传教士出现的有利时机，即便他们面对危机束手无策，他们也会宣称上帝已做出承诺。

在提出旨在摆脱危机的解决方案之前，请允许我先做出诊断，或者说，先确定造成赤道几内亚目前经济危机的内部和外部原因。我将之分为两类：

本书第二部分中所述的历史因素和前因。

## 二、赤道几内亚危机的明显症状

赤道几内亚当前经济危机的症状是多方面的。仅举几例：（一）由于经济活动大幅减少导致经济萎缩，2014年起出现经济负增长，企业被迫关闭，减少了数以千计的直接和间接就业机会；（二）国内生产总值（PIB）下降，人均收入减少；（三）由于经济活动减少和低税收，导致国家收入减少；（四）政府对建筑公司的公共债务或拖欠付款的积累；（五）双重赤字，即预算赤字和国际收支赤字；（六）由于多次信贷、风险透支和回款困难，国家银行系统面临崩溃；（七）中部非洲国家银行（BEAC）国家储备金或公共储蓄金的枯竭；（八）商业银行的外币短缺，对进口和留学费用的支付造成不利影响；（九）社会不平等现象的出现等。

客观地说，虽然赤道几内亚政府正面临着这场经济危机，但我们拥有可观的前期资产，包括令人羡慕的公路网络、高端酒店、港口、桥梁、机场、体育场、社会住房、公共建筑、水电站、饮用水、电气化设施等，都曾花费了巨额资金，所以应优先考虑上述设施的盈利能力。撒哈拉沙漠以南非洲的许多国家在世界各地寻找能够为其项目提供融资的金主，然而赤道几内亚现有的基础设施水平是他们无法企及的。

在我看来，迄今为止采取的措施不足以振兴经济，因为这些措施只会减少国内财政支出，并使公共支出合理化。因此，要启动经济引擎，就需要大胆改革，因为特殊情况需要采取特殊措施。

无论与国际货币基金组织共同确定的建议和方案如何，都必须研究和分析宏观经济形势，以便通过一种新的经济模式实施旨在应对危机的战略，这一战略可被称为“国家经济复兴计划”或“国家工业计划”，能够激发民众的热情和乐观，重新注入希望，以创造数以千计的就业机会，特别是为年轻人提供就业岗位，并产生新的国家收入来源。

上述改革的实施需要制定具体的政策和行动时间表，并设立一个经济改革委员会，以监测其在规定时间内的执行情况。

根据国际货币基金组织发布的全球经济展望报告，赤道几内亚将会是2018年全球经济增长最低的国家，而世界经济中国内生产总值将增长3.7%。世界上所有其他国家，包括中部非洲经济与货币共同体国家在内，都将在2018年实现经济增长，而在180个国家中只有6个国家将陷入衰退，其排名依次为：赤道几内亚（-7.8%），其次是委内瑞拉（-6%）、瑙鲁（-3.9%）、南苏丹（-3.4%）、波多黎各（-2.5%）和斯威士兰（-0.9%）。此外，正如国际货币基金组织在2019年1月于瑞士达沃斯举行的世界经济论坛（国际货币基金组织）会议上所揭示的那样，由于中美之间的商业战争无疑将对其他经济体产生负面影响，2019年全球经济增长前景将不及2018年。

然而，应谨慎对待上述数据，因为过去国际货币基金组织曾受到专家批评，认为其在预测全球经济增长时存在错误，即全球经济增长是基于全球原材料价格的变化，基于工业产品的市场需求，不可靠的统计数据以及非正规部门在发展中国家的主导地位。

然而，以下事实是无可反驳的：如果这场危机持续存在并恶化，可能会导致不可预测的社会后果，尤其是对于年轻人而言，因为在过去十年的强劲增长和经济繁荣中，他们已经开始相信未来充满希望。

表10　2018年国内（地区）生产总值年度变化（百分比）——发达国家（地区）

| 序号 | 国家（地区） | 2018年增长率（百分比） |
|---|---|---|
| 1 | 马耳他 | 4.3 |
| 2 | 拉脱维亚 | 3.9 |
| 3 | 爱沙尼亚 | 3.7 |
| 4 | 斯洛伐克 | 3.7 |
| 5 | 卢森堡 | 3.6 |
| 6 | 立陶宛 | 3.4 |
| 7 | 爱尔兰 | 3.3 |
| 8 | 以色列 | 3.3 |
| 9 | 冰岛 | 3.2 |
| 10 | 新西兰 | 3.0 |
| 11 | 韩国 | 2.9 |
| 12 | 澳大利亚 | 2.9 |
| 13 | 中国香港 | 2.6 |
| 14 | 希腊 | 2.6 |
| 15 | 新加坡 | 2.6 |
| 16 | 塞浦路斯 | 2.6 |
| 17 | 荷兰 | 2.5 |
| 18 | 捷克 | 2.5 |
| 19 | 斯洛文尼亚 | 2.5 |
| 20 | 西班牙 | 2.5 |
| 21 | 瑞典 | 2.3 |
| 22 | 美国 | 2.3 |
| 23 | 芬兰 | 2.3 |
| 24 | 加拿大 | 2.1 |
| 25 | 葡萄牙 | 2.0 |
| 26 | 中国台湾 | 1.8 |
| 27 | 奥地利 | 1.8 |
| 28 | 丹麦 | 1.8 |
| 29 | 德国 | 1.8 |
| 30 | 法国 | 1.7 |
| 31 | 比利时 | 1.6 |
| 32 | 挪威 | 1.6 |

续表

| 序号 | 国家（地区） | 2018年增长率（百分比） |
|---|---|---|
| 33 | 英国 | 1.4 |
| 34 | 瑞士 | 1.3 |
| 35 | 圣马力诺 | 1.3 |
| 36 | 意大利 | 1.1 |
| 37 | 日本 | 0.7 |
| 38 | 波多黎各 | - 2.5 |

数据来源：国际货币基金组织。

**表11　2018年国内（地区）生产总值年度变化（百分比）——发展中国家（地区）**

| 序号 | 国家（地区） | 2018年增长率（百分比） |
|---|---|---|
| 1 | 利比亚 | 31.1 |
| 2 | 不丹 | 11.2 |
| 3 | 加纳 | 8.9 |
| 4 | 也门 | 8.5 |
| 5 | 埃塞俄比亚 | 8.5 |
| 6 | 缅甸 | 7.6 |
| 7 | 科特迪瓦 | 7.4 |
| 8 | 印度 | 7.3 |
| 9 | 塞内加尔 | 7.0 |
| 10 | 孟加拉国 | 7.0 |
| 11 | 卢旺达 | 6.8 |
| 12 | 坦桑尼亚 | 6.8 |
| 13 | 柬埔寨 | 6.7 |
| 14 | 菲律宾 | 6.7 |
| 15 | 布基纳法索 | 6.5 |
| 16 | 中国 | 6.5 |
| 17 | 越南 | 6.3 |
| 18 | 乌兹别克斯坦 | 6.0 |
| 19 | 几内亚—科纳克里 | 5.7 |
| 20 | 巴拿马 | 5.6 |
| 21 | 巴基斯坦 | 5.5 |
| 22 | 肯尼亚 | 5.4 |
| 23 | 印度尼西亚 | 5.3 |

续表

| 序号 | 国家（地区） | 2018年增长率（百分比） |
|---|---|---|
| 24 | 莫桑比克 | 5.2 |
| 25 | 乌干达 | 5.2 |
| 26 | 中非共和国 | 5.0 |
| 27 | 几内亚比绍 | 5.0 |
| 28 | 马拉维 | 5.0 |
| 29 | 马里 | 5.0 |
| 30 | 尼泊尔 | 4.9 |
| 31 | 马来西亚 | 4.7 |
| 32 | 喀麦隆 | 4.6 |
| 33 | 埃及 | 4.4 |
| 34 | 罗马尼亚 | 4.3 |
| 35 | 尼加拉瓜 | 4.3 |
| 36 | 玻利维亚 | 4.0 |
| 37 | 巴拉圭 | 3.9 |
| 38 | 哥斯达黎加 | 3.8 |
| 39 | 秘鲁 | 3.7 |
| 40 | 土耳其 | 3.4 |
| 41 | 泰国 | 3.4 |
| 42 | 匈牙利 | 3.4 |
| 43 | 危地马拉 | 3.3 |
| 44 | 波兰 | 3.3 |
| 45 | 保加利亚 | 3.2 |
| 46 | 乌克兰 | 3.2 |
| 47 | 乌拉圭 | 3.1 |
| 48 | 摩洛哥 | 3.0 |
| 49 | 阿富汗 | 3.0 |
| 50 | 刚果（金） | 3.0 |
| 51 | 伊拉克 | 2.9 |
| 52 | 哥伦比亚 | 2.8 |
| 53 | 刚果（布） | 2.8 |
| 54 | 加蓬 | 2.7 |
| 55 | 克罗地亚 | 2.6 |
| 56 | 波斯尼亚和黑塞哥维那 | 2.6 |
| 57 | 阿根廷 | 2.5 |

续表

| 序号 | 国家（地区） | 2018年增长率（百分比） |
|---|---|---|
| 58 | 智利 | 2.5 |
| 59 | 乍得 | 2.4 |
| 60 | 尼日利亚 | 2.1 |
| 61 | 安哥拉 | 2.0 |
| 62 | 墨西哥 | 1.8 |
| 63 | 俄罗斯 | 1.5 |
| 64 | 巴西 | 1.4 |
| 65 | 沙特阿拉伯 | 1.1 |
| 66 | 南非 | 1.0 |
| 67 | 厄瓜多尔 | 0.5 |
| 68 | 布隆迪 | 0.1 |
| 69 | 斯威士兰 | - 0.98 |
| 70 | 南苏丹 | - 3.8 |
| 71 | 瑙鲁 | - 3.9 |
| 72 | 委内瑞拉 | - 6.0 |
| 73 | 赤道几内亚 | - 7.8 |

数据来源：国际货币基金组织。

## 三、危机的主要原因：触发因素

我们要非常明确地指出，除了历史原因或随之引起的“殖民遗留问题”（1）之外，当前的经济危机是由一系列逐渐作用并最终导致2014年起油价（1）下跌的前因（17）引起的，即我们在这里谈及的17+2个因素。

显然，在经济问题上，我国经济目前正在经历石油时代最大的危机，主要是由石油价格下跌所致。然而，本书的真正目标是提出过去15年中，年复一年地播下危机萌芽的前因。如果作为一个社会，我们无法识别上述因素，那么就存在再次引发危机的风险。这些因素中，有些是出于我们无法控制的外部环境，另一些则是出于我国自己的原因，在无意识的前提下引发。在我看来，可以确定的是，原油价格的下跌是危机的导火索，但并非唯一的原因。

## 四、侵蚀国家财富的因素

如何在赤道几内亚创造持久的财富？在进入下一章，具体说明当前经济危机的前因发展之前，为履行我不会深入讨论经济理论的承诺，我需要说明一下，根据亚当·斯密（被视为现代自由主义之父，著有《国富论》，于1776年出版）的观点，如果一个国家希望创造财富，需要着眼于土地（生产过程中所需的可支配自然资源）、工作（工人投身于生产的时间，以小时计）、资本（用于制造其他商品和服务的耐用品，如道路或机械）和技术（有助于解决问题、改善环境和适应环境的技术知识）。亚当·斯密认为，财富来源于工作，因此，一个促进自由贸易的强国可以通过"看不见的手"，制定并执行适当的经济政策，从而增加财富，保障自由和所有权，协调个人和集体的利益。

在我看来，若上述因素随着时间的推移而改善，则国家的财富也随之增加。因此，真正的政策是有利于增加财富，努力减少贫困的政策，而不是减少财富的政策。此外，我们需要的是一个具有连续性的，旨在摆脱危机的模式、计划或战略，通过助力创造持久的财富、就业和社会福利，重新走上增长的道路。

我对亚当·斯密理论的阐释是，为了确保国家财富的持久性，必须采用"保护"机制，创造能够产生更多财富的活动，如提高生产力，以及促进国民储蓄和银行业务（即资金存入银行），避免任何意味着快速侵蚀财富的活动，打击投机和追求非工作途径的快速致富。当一个国家的资金掌握在当地人和/或外国人手中，被用于投资并创造乘数效应时，这是一件好事。然而，当国家的资金像泡沫一样消失，而并非用于产生国家利益时，我们可以将其视为集体损害，这不会增加财富，而是适得其反。

为保证一个国家的财富能够造福于今世和后代，并产生积极影响，必须予以保护，且财富必须是持久的而非短暂的。然而，当财富如此迅速地，像一颗彗星一样消逝，它就变成了一种单纯的幻影。

因此，我们在本节中的讨论是为了表明，尽管赤道几内亚在过去15年中取得了不可否认的令人瞩目的发展，但下文即将提及的，在很大程度上导致和加剧了当前的经济危机的若干前因，其特点是经济活动的大幅度减少，如果这一境况持续下去，将会减少我国的财富。因此，必须尽快扭转这一局面。

由于政府是国民经济中最大的客户、消费者和投资者，我们作为一个社会，必须始终扪心自问：政府每投资一百万中非法郎，其中有多少留在本国？通常认为，一个国家的货币必须在其境内流通，才能进行再投资并产生乘数效应。但是，每次政府拨出资金来用于公共支出，例如向承建公共工程的公司支付费用，这些资源就会立即离开国家，那么财富就会像我们在上文中所述，仅仅成为幻影，因为上述资金将会为其他国家产生利益，而将我们置于岌岌可危的状态。已经支付的资金从此无法再收回。如果要建造一座桥梁、一条道路或一个水电站，我们必须雇用一家外国公司，因为本国没有具备专业严谨性和技术能力的大型公司能够胜任此类工程的施工，这意味着，此类工程的投资资金极可能一去不返。如果政府官员和私营部门的员工每次领取工资后，立即将其用于购买进口商品，则意味着这笔资金无情地离开这个国家。上述所有行为均会侵蚀国家财富。

# 第三章
## 当前经济危机的前因

### 一、2007—2009年全球经济危机

赤道几内亚目前的经济危机是世界经济危机的一部分结果，这场危机始于2007年，当时我担任财政和预算部副部长，并一直持续到2009年，那时我已升任部长。事实上，全球金融危机（2007—2009年）对赤道几内亚，特别是整个中部非洲经济与货币共同体地区几乎没有产生直接影响，这是因为在银行系统监管机构（COBAC）实施的控制下，赤道几内亚及其所在次区域内的商业银行并未投资于高风险的抵押贷款或不良资产，因而与全球市场的联系非常有限。而中非国家发展银行的情况则并非如此，该银行投资了伯纳德·麦道夫的风险资产，造成了重大损失。2008年，银行家麦道夫被联邦调查局逮捕并指控其犯有欺诈罪。

然而，由于2009年春季油价跌至每桶35美元，与2008年的油价峰值相比，每桶下跌约100美元，金融危机造成的全球经济衰退确实对国民经济产生了不良影响。原本以每桶90美元的油价为基础编制的2009财政年度国家总预算必须加以修正。

需要注意的是，由所谓的"房地产泡沫"引起的，从美国无声地爆发并蔓延到世界各地的金融危机，起源于著名的高风险次级抵押贷款，即"次贷"，其借款人多为低收入、无担保的个人，借款后无力向银行偿还贷款。上述低信用贷款限制了银行的流动性，并导致一场波及美国经济其他领域的金

融危机，随后蔓延至世界各地。

由于缺乏流动性，加之信用不足，美国和欧洲的银行停止相互放贷，即银行间信贷减少，导致经济融资减少，引起全球性恐慌，最终导致全球经济收缩下滑，随之而来的是公司倒闭，失业率上升，对自然资源，特别是石油的需求下降，导致原油价格的下跌。

经济危机对每个国家的影响各不相同，面对如此严重的全球经济危机，赤道几内亚必须采取必要措施，尽量减少其影响，以免受到全球经济衰退的波及。

发达国家采取了救助措施（即英语中的Bailout，紧急财政援助）。巴拉克·奥巴马总统在首个任期内通过了一项银行和汽车业的救助计划，同时采取了其他措施，欧洲国家也随之采取了一系列类似的措施。

为了减轻全球经济衰退的不良影响，赤道几内亚实际上采取了一项扩张性财政政策，利用国家储备，在道路、桥梁、社会住房、电气化、饮用水管道、学校等基础设施的建设上大量投资，其唯一目标是通过增加总需求来刺激增长、创造就业和消费。

在内容为财政收支平衡或总体余额的表8和图3中，显示2009年（全球危机最严重时）首次执行预算时，财政赤字为5,568.32亿中非法郎。赤道几内亚政府通过国家专用储备金对赤字进行弥补，其目的正是为了避免几内亚经济受到全球经济衰退的波及。正因如此，在2007年至2009年，几内亚人并未感受到全球经济危机的影响。

## 二、扩张性财政政策

扩张性财政政策是当前经济危机的第二个前因。如上文所述，为避免几内亚经济受到2007—2009年全球经济衰退的波及，政府选择实施一项扩张性财政政策，即从2009年至2018年（2011年除外），连续八年利用国家专用储备金弥补预算赤字，从而消除了应对反周期的“财政缓冲”。在所述期间，动用-37081.80亿中非法郎的储备金用以弥补赤字（将表12中的所有赤字叠加），这显然是为必要基础设施的广泛建设提供融资。需要说明的是，2018年的数据以修正后的预算为准。

如表12所示，2008年间，在中部非洲国家银行和中部非洲经济与货币共同体地区的商业银行的所有公共存款中，财政和预算部（2008—2010年）所属的赤道几内亚政府持有比例为46.26%，达200.99万中非法郎（相当于30.64亿欧元），其次是刚果（布），为110.21万中非法郎（25.36%）；喀麦隆，59.41万中非法郎（13.67%）；乍得，33.38万中非法郎（7.68%）；加蓬，29.7万中非法郎（6.83%）和中非共和国，8千中非法郎（0.18%）。正是由于这一事实，赤道几内亚向其区域伙伴提出改革中部非洲经济与货币共同体、其专门机构和组织的必要性，因为我们无法认可拥有最多融资资源的国家——赤道几内亚在机构运作的相关决策中，既没有发言权，也不享有表决权。面对这一严峻而明显的现实，法国和中部非洲经济与货币共同体的其他成员国都必须接受拟议的改革计划，并同意赤道几内亚总统遵循“轮值主席制”担任轮值主席，以领导辖下各机构和组织。自2010年起，首次由一位赤道几内亚人担任中部非洲国家银行行长一职，任职七年。上述均为有重大意义的事件。

正如上文中所述，赤道几内亚政府从2009起开始利用上述可观的储备金，以应对2007—2009年全球经济下滑和随之而来的油价下跌造成的收入减少。

表 12 中部非洲经济与货币共同体地区中部非洲国家银行和商业银行的公共存款，2008 年

| 国　家 | 中部非洲经济与货币共同体地区中部非洲国家银行和商业银行的公共存款（以十亿中非法郎计） | 占总额百分比 | 占国内生产总值百分比 |
|---|---|---|---|
| 喀麦隆 | 594.1 | 13.67 | 5.7 |
| 中非共和国 | 8 | 0.18 | 0.9 |
| 乍得 | 333.8 | 7.68 | 8.9 |
| 刚果（布） | 1,102.1 | 25.36 | 23 |
| 赤道几内亚 | 2,009.9 | 46.26 | 24.2 |
| 加蓬 | 297 | 6.83 | 4.6 |
| 中部非洲经济与货币共同体总计 | 4,344.9 | 100 | 12.5 |

数据来源：国际货币基金组织服务部门。

扩张性财政政策的问题

我们需要说明的是，扩张性财政政策仅适合在短期内使用，但如果从2009年至2017年（2011年除外）连续九年使用（同时包括2018年的预测），则会给经济造成严重困难，例如由于需求增加导致物价上涨，从而产生预算赤字；在某些情况下，也可能造成通货膨胀。上述所有结果都会导致经济收缩，经济增长下降，特别是在赤道几内亚非多样化经济的情况下，会导致企业倒闭，就业岗位流失，财政收入减少，国内生产总值减少和国民财富的破坏，正如目前所发生的那样。

事实是，从理论上讲，扩张性财政政策可以通过以下两种方式执行：第一种，通过增加公共支出；第二种，通过减少个人所得税（IRPF）和企业所得税等税收，使公民和企业有能力消费，从而通过增加消费和国家需求来刺激经济的发展。在我看来，由于实体经济规模较小，第二种方式对赤道几内亚的作用很小。幸运的是，通货膨胀尚保持在可接受的水平，符合中部非洲经济与货币共同体的趋同标准。

其他国家的经验告诉我们，长期执行扩张性财政政策会导致公共债务（内部和外部）的增加，如下表所示。

**表13　公共债务状况（截至2017年4月30日）**

| 项　目 | 余额，以中非法郎计 | 余额（占国内生产总值的百分比） | （等值欧元） |
|---|---|---|---|
| 公共债务总计：外债+内债 | 2,769,708,489,041 | 44.6 | 4,222,116,599.14 |
| 外债 | 652,160,691,394 | 10.5 | 994,147,395.41 |
| 内债：公司+中部非洲国家银行 | 2,117,547,797,647 | 34.1 | 3,227,969,203.73 |
| 建筑公司 | 1,507,191,297,647 | 24.3 | 2,297,547,709.82 |
| 中部非洲国家银行 | 610,356,500,000 | 9.8 | 中非法郎 |

数据来源：财政和预算部。

**表14　公共债务结构（截至2017年4月30日）**

| 项　目 | 余额，以中非法郎计 | 结构（百分比） | （等值欧元） |
|---|---|---|---|
| 内债 | 2,117,547,797,647 | 76.5 | 3,227,969,203.73 |
| 外债 | 652,160,691,394 | 23.5 | 994,147,395.41 |
| 内债（建筑公司，不含中部非洲国家银行） | 1,507,191,297,647 | 54.4 | 2,297,547,709.82 |

数据来源：财政和预算部。

我们可以看到，截至2017年4月30日，政府的公共债务余额已高达2,769,708,489,041（占国内生产总值的44.6%），但仍处于中部非洲经济与货币共同体趋同标准所允许的范围内（限值为国内生产总值的70%），其中652,160,691,394中非法郎为外债（占国内生产总值的10.5%），2,117,547,797,647中非法郎为内债（占国内生产总值的34.1%）。内债由以下两部分构成：政府对建筑公司的债务，15,071.91亿中非法郎（相当于22,975.47亿欧元），占国内生产总值的24.3%；以及政府对中部非洲国家银行的债务，610,356,500,000中非法郎，相当于国内生产总值的9.8%。

## 三、劳动力数量和资质不足

我们已经证明，从2005年至2018年，赤道几内亚政府的收入约为29.7万亿中非法郎（相当于453.1亿欧元），且公共支出总计29.4万亿中非法郎（相当于448.9亿欧元）。这是一笔我们在从前甚至无法想象的巨款。

我们仍旧记得，在发现石油之前，赤道几内亚的经济处于完全停滞状态，国内百废待兴，公路、人行道、社会住房、电、水、学校、酒店、港口、桥梁、光纤、政府大楼、保健中心、干洗店、超市等基础设施匮乏，有些人将衣服带到喀麦隆去洗，还有些人则利用出国旅游从国外超市购买产品。国内缺少出租车服务或适当的交通工具。为数不多的几所驻外使馆设于与其不相称的建筑物之内，外交人员也未能得到妥善安置，国内大量需求没有得到满足。

面对如此多的需求，赤道几内亚政府选择利用石油收入，启动一项庞大的基础设施建设方案，以弥补赤道几内亚因独立较晚而与非洲大陆和所属次区域其他国家产生的差距，也是完全可以理解的。

同样可以理解的是，在经济困难之前的几十年间，在发现石油之前，国家没有能力组织大规模的各专业部门培训，例如基础设施建设和维护方面，因此在经济建设繁荣时期出现了熟练和有资质劳动力的短缺。而在上述时期，赤道几内亚政府对2,000—3,000个基础设施项目进行了投资，且上述项目几乎在全国范围内同时施工。

另一个涉及百万美元的问题是：赤道几内亚在数量和资质上拥有哪些人力资源来执行这一庞大的基础设施建设方案？有多少几内亚机械师被雇用来修理项目现场如采石场的卡车、拖拉机和其他机械？有多少桥梁和道路工程师？有多少水管工和电工、铁匠、工程监理、司机、机械师、会计师、秘书、厨师？有多少合格且有资质的泥瓦匠、木匠和家具师？直至今日，大多数几内亚人都有这样一个意识，当你需要水管工或电工来修理家里出现的故障时，需要联系一个喀麦隆人、布基纳法案人或贝宁移民，而不会想到联系一个几内亚人，因为几内亚人中这一工种是非常稀缺的。

在建筑公司的金字塔中，大多数几内亚工人的工资水平最低，因为他们的技术和专业水平低，大多从事无须专业水平的工作，如体力劳动者、警卫或清洁工，而外籍人士由于专业水平较高，则能获得较高的工资水平，即便有时外籍人士的专业优势相对于几内亚人来说并不总是那么明显，但也是切实存在的。大多数几内亚人找工作时的目标是“做任何工作”，因为他们之前没有工作或经验。面对如此缺乏资质和能力的本国员工，许多建筑公司必须选择引进外国人才，因为他们比本地员工的专业水平更高，经验更丰富。

因此，如果国家劳动力的资质较高，则其获得的报酬将高于一般工资，从而会为所属国家创造更多财富。

需要说明的是，公司招聘外籍员工的成本较高，因为外籍员工在工资、保险、旅行、假期、交通等方面会提出更高的条件要求。如果公司想要雇用一位有资质的，能够胜任复杂技术任务的人员，这是必须付出的代价。

我们之所以谈论建筑公司，是因为建筑部门是从公共开支中获益最多的部门，其所占比例如上文中所述，同时，建筑部门也是最近经济增长的主要因素。

因此，我们可以得出这样的结论：因为涉及工资和其他给予外籍人士的优惠，低资质低技能的本地劳动力意味着本国资金的大量流出，而这可以被认为是财富的缩水或减少。而上述资金流出可以通过以下方式被完全抵消：外籍人士的劳动力贡献，他们缴纳的税款，以及他们消费的国内商品和服务等，而上述所有方面均有利于经济增长。然而，这里需要提出另一个问题：在国内缺乏合格劳动力的严峻形势下，外籍人士的工资中有多少资金流出了本国？我在前一段中提及，排除错误或遗漏，在2011年，国家私营部门共有50,498名员工，其中34,336名为本国员工（68%），16,162名为外籍员工（32%），共涉及2,596家公司，所涉及的部门大到石油行业和建筑行业，小到街区附近的杂货店。

## 四、本国企业家的缺失

世界上没有任何一个新兴国家或发达国家的发展中仅涉及外国公司的参与，而没有本国私营部门的参与。但在赤道几内亚，即使是最简单的商业活动也掌控在外籍人士手中，如出售面包、牛奶、果汁等各类商品的街区杂货店，均是由外籍人士掌管；而机械车间、街区工厂、园艺服务、电子测量仪器和电子产品的进口则掌握在西非的移民手中，其中许多人是文盲或半文盲。如今，外汇兑换实际上由西非人控制，他们掌控了马拉博的平托区。从中小企业层面来看，建筑材料的分销和销售，港口货物的装卸和运输等部门同样掌控在外籍人士手中，而这并不是外籍人士的错，而是因为几内亚人的缺乏热情、缺乏经验，以及商业文化的缺失。几内亚人的典型行为是只找工作，而不考虑创建自己的公司。几内亚人自己控制的部门仅限于出售各类饮料的酒吧，以及出售食品饮料或废旧衣服的妇女。当然，相对于马里或塞内加尔等邻国来说，赤道几内亚酒吧分布的密度最大；同样地，据说西班牙的酒吧分布密度要大于整个欧盟的其他国家。难道这又是殖民地的遗留问题吗？

在殖民化期间，殖民者曾是企业、商店的所有者，负责向大都市区出口从外围开采的资源，如木材、可可、咖啡、棕榈油、椰子等；但也有例外，少数企业和商店的所有者是几内亚人，但多为来自圣伊莎贝尔岛（今比奥科岛）的克里奥尔人。

随着赤道几内亚实现国家独立和西班牙殖民者的被迫离开，殖民者带走了他们的企业和商业技术，导致赤道几内亚国内农业的衰退，以及赤道几内亚和世界市场之间贸易额的下降。

在国外学习的几内亚年轻人在选择职业时，多数时候会优先考虑担任高级行政职务，如法律、社会学、语言学、神学、政治学、医学、行政学、经济和金融学、海关等领域的公共职务，而非企业家。

大多数公民总是寄希望于外国公司的到来。然而，当几内亚人开始创业并开始赚钱时，他们会立即被财富的表象所迷惑，直至企业崩溃。几内亚人将所有积蓄都投资于他们眼中高贵的结婚仪式、生日派对、洗礼和第一次领受圣餐，而非用于投资开办企业。

我国的基本法非常明确地指出，"赤道几内亚共和国的经济制度以自由市场和自由企业的原则为基础"，并规定"赤道几内亚共和国的经济通过四个基本部门来运作，即：公共部门，由国营企业组成，其目标是开发为公共部门保留的资源和服务；混合经济部门，由公共资本和私人资本共同运作的公司组成；合作社部门，即由长期在合作社工作的人集体拥有和管理的部门性的专业人员群体；以及私营部门，由一个或多个自然人或法人私有的公司组成"。

基本法没有谈到一个部门相对于另一个部门的优先地位，也没有提及一个部门应该取代其他部门；在这方面，我们可以作如下理解：上文中列出的四个部门是互补的，因为每个部门对经济发展都起着特殊的作用。国家应确保每个部门的适当运作，并有针对性地做出规定，以规范每个部门的发展。

这场危机再次表明，我们绝不能将所有的希望寄于一种资源上，我们必须坚持减少对化石燃料的依赖，而必须注重经济的多样化，在多样化经济中，国民无论是以私营公司或是以部门性的专业人员群体参与其中，都应作为经济发展的驱动力量。我们完全相信，当国民赚到钱时，他们会把钱投资到国家。

合作社部门在创造财富和就业方面的重要性

合作社部门或部门性的专业人员群体是我国经济和社会发展中缺失的环节。其他国家的经验表明，合作社部门是实现国民经济、社会和文化发展的一条非常有效的途径，因为它可以通过促进增产提高生产力，有助于国家资源的节约和合理利用。国家应鼓励、促进和确保专业群体作为私营实体的自由发展和自主管理，因为它可以构成国民经济的一个重要部门。

此外，在目前的经济形势下，我建议加强合作社部门的发展，主要原因有二：第一，在国家发展的最初阶段，我国有过建设大量基础设施的经验，而外国公司是金额高达数百万美元的施工合同的受益者，并将其所有利润作为外汇转回所属国（一些政府要求建造的总部除外），这使我们相信，作为一项战略，我们应该优先考虑国家利益，促进地方创新和改革，因为如上所述，当国民赚钱时，他们会以各种方式投资本国。毋庸置疑的是，如果外国公司将从价值数百万美元的施工合同中获得的资金存入赤道几内亚国内的银行，我们的银行系统肯定会拥有足够的流动性来针对经济发展进行再融资。第二，在赤道几内亚经济危机的影响下，数以千计的直接和间接就业机会遭到破坏，而且公共部门无法成为吸收劳动力市场每年新增所有劳动力的灵丹妙药，此时，合作社部门或专业人员群体不仅是促进中小型企业发展的有力选择，也是创造大量就业机会的温床。

建立部门性专业人员群体的困难

对于在不同经济和生产部门孵化或创建专业群体或公会，存在若干会对其造成妨碍的困难，例如：监管框架混乱，缺乏关联文化，难以获得信贷，缺乏充足的培训，难以获得公共合同以及与极缺乏吸引力的营商环境相关的障碍。

混乱的监管框架

粮农组织最近的一项研究表明，赤道几内亚目前存在三项法律规定，针对国内合作社和（或）专业群体的活动做出了规范：第一项，于7月22日颁布的第6/1991号法令,《合作社总体规定》，其第9条将合作社界定为具有社会利益的私营实体，拥有自己的法人，其基础是连带关系，基本原则是自身做出努力开展非营利性经济和社会活动，以满足其成员个人和集体的需求。此项法令规定，合作社必须在劳动部登记。第二项，于1992年9月1日颁布的《合作社一般法》，将合作社界定为若干人同意在不追求任何利润的情况下，为共同活动并学习知识而创建的群体，并规定合作社必须在省政府登记。第三项，2010年《非洲商法组织（OHADA）统一法》根据适用于区域一级合作社的标准对合作社进行规范，且要求会员国必须执行。第四项，存在有关一系列术语定义的规定。从口语上讲,“群体、协会和合作社”三个词语可以无差别地互换使用，即使在实践中它们有不同的含义。我们重申，虽然在我国确实存在一个法律框架，旨在规范不以营利为目的的协会及合作社，但任何国家立法都没有具体涉及这方面的管制。因此，我们建议政府出台一项条文，以便于有所侧重地对合作社和群体进行规范。第五项，违反法律。在此应当说明,“合作社法令”规定合作社的登记是免费的；然而，事实并非如此。合作社的登记缺少一站式服务、行政手续繁杂，且档案合法化仅能够在巴塔和马拉博进行，这对居住在这两个城市以外的公民建立合作社构成了阻碍。最后，对《非洲商法组织统一法》中有关合作社规定的不了解，该法并未执行，因为是由法语编纂的，不存在西班牙语版本；同时，也缺少有关非洲商法组织标准应用的程序手册，以及合作社应“合作社法令”中的要求进行的唯一登记记录。

总而言之，不存在任何针对群体进行规范的规定，但确实存在针对非营利性协会和合作社的规定；在现有的法律框架下，不允许开展政府所期望的，旨在发展国民经济的群体活动，因为促进和创建企业所追求的主要目标是，使企业能够盈利，从而扩大规模和创造财富，正如《非洲商法组织统一法》中有关合作社的规定中所述。

缺乏关联文化

尽管殖民制度为世人所诟病，但在殖民时期，可可和咖啡部门曾存在有农业公会；不幸的是，如今，我们发现赤道几内亚人并不热衷于合作开展涉及共同利益的项目。这一境况可以通过在全国范围内开展提高认识运动来改善，以鼓励青年人参与合作生活，从而在生产部门和服务部门中建立群体，如农业、畜牧业、渔业、文化、旅游、林业、工业、商业、建筑等部门，以及石匠、木匠、水管工、电工、理发师群体等。每个群体都可以建立一家公司，并接受国家政府的培训和经济支持。

难以获得信贷

过去，由于信贷的申请往往要求提供保证金，而合作社成员无力提供保证金，通常难以获得商业银行信贷，因此创建群体的多次尝试都以失败告终。在这方面，我们必须称赞一些国内银行，如BANGE的创新举措，它们开发出一些新的途径并制定相应办法，以便提供小额贷款，特别是面向国内公共市场上的女性商人提供小额贷款。事实证明，女性商人是可靠的，她们完成了信用偿还。同样值得称赞的是第一夫人为提高女性商人的地位所作出的支持和努力。

政府有必要设立旨在促进各专业部门活动的基金，如促进渔业和水产养殖活动的基金或促进农业或畜牧业活动的基金，每年从国家总预算中拨出。

另一项举措是恢复设立国家担保基金，该基金将在商业银行设立，以便于专业公会和群体能够在优惠条件下获得融资。

缺乏适当的培训

由于缺乏针对生产、营销、分销、市场推广、客户服务等新技术的管理，以及企业管理和会计的基本概念的充分培训，上述群体的预期寿命非常短暂，这一点也加大了融资的难度。在另一节中，我们提出了创建一个企业家学院（EDEM）的迫切需要，以培养未来的商人，教授其构思、设计和发展他们的项目。

难以获得公共合同

中小型企业面临的问题之一是：在政府作为国民经济的主要投资者和消费者的经济环境中，中小企业难以获得国家合同。因此，为便于实现新兴专业群体向中小企业的转换，中小企业应能作为承包商或分包商获得公共合同。在这一方面，我们将针对第四章第35点，有关"如何摆脱危机的新主张"的内容中介绍的《伊戈尔·切洛蒂中小企业创造计划》进行进一步分析。

与缺乏吸引力的营商环境相关的障碍

正如我们在有关营商环境（以世界银行的分类为依据）的段落中所述，赤道几内亚在2017年排名第178位，2018年提升了5个排名，目前在总共190个国家中排名第173位。这明显意味着赤道几内亚的营商环境不利于开展业务，不仅对于外籍人士来说是如此，对于国人来说也是如此。究其原因，赤道几内亚的官僚体系庞大，行政手续复杂且收费较高。根据世界银行的指标，当开办企业时，需要获取建筑许可证和电力许可证、登记财产、获得信贷、保护少数投资者，均耗费大量成本；此外，纳税、支付跨境贸易手续费、合同履约保证金、破产清算以及劳动力市场监管和政府采购均需耗资。因此，如果我们期望促进公会的创立，就必须消除阻碍工会孵化和发展的现有障碍。

能够形成部门性专业人员群体的部门

赤道几内亚的大多数农业活动均采用简易的手工方式，并以家庭生计为目的，无法产生任何利润。举一个例子，在2016年沿海地区的1,250艘已审查的渔船中，有80%（约1,025艘非机动船只）从事自给性捕捞，而只有20%（225艘机动船只）从事以商业为目的的捕捞，其他生产部门也是如此。为确保粮食安全，政府应鼓励从以维持生计为目的的农业系统向有利于农村发展的商业目的的可持续生产系统过渡，利用现有新技术，并借鉴其他国家的成功经验，为农村的发展提供坚定的支持。致力于生产和加工的关键部门是众所周知的：农业、畜牧业、渔业、文化业、旅游业、林业和工业等。

近年来，全国已组建了约374个农业群体，并已在农业部登记，其地理分布如下表15所示。

表15 赤道几内亚农业群体数目

| 序号 | 地　区 | 农业群体数量 |
|---|---|---|
| 1 | 马拉博 | 26 |
| 2 | 巴尼 | 44 |
| 3 | 卢巴 | 53 |
| 4 | 里亚巴 | 25 |
| 5 | 安诺本 | 4 |
| 6 | 巴塔 | 8 |
| 7 | 木比尼 | 20 |
| 8 | 科戈 | 6 |
| 9 | 尼芳 | 40 |
| 10 | 埃维纳永 | 21 |
| 11 | 阿库雷南 | 21 |
| 12 | 阿伊索克 | 8 |
| 13 | 蒙科莫 | 6 |
| 14 | 阿科尼贝 | 5 |
| 15 | 恩索克 | 5 |
| 16 | 埃比贝因 | 48 |
| 17 | 米科米森 | 17 |
| 18 | 恩索克–索莫 | 18 |
|  | 总　计 | 374 |

数据来源：农业、林业和环境部。

同时，存在119个原始渔民群体，并已在渔业和水资源部登记，上述群体均使用初级渔具，其地理分布如表16所示：

**表16　原始渔民群体数量**

| 序号 | 地　区 | 渔民群体数量 |
|---|---|---|
| 1 | 马拉博 | 20 |
| 2 | 卢巴 | 10 |
| 3 | 巴尼 | 1 |
| 4 | 里亚巴 | 1 |
| 5 | 安诺本 | 22 |
| 6 | 巴塔 | 30 |
| 7 | 木比尼 | 13 |
| 8 | 科戈 | 22 |
| | 总　计 | 119 |

数据来源：渔业和水资源部。

上述原始渔民群体中，有许多由名字登记在册的至少6名成员组成，他们组成群体只为获取政府作为信贷分发的捕鱼用具，但分发至119个群体的捕鱼用具总额甚至达不到2亿中非法郎。如果我们将上述数据与邻国（如喀麦隆，该国拥有25,000多个渔民群体）进行比较，我们不难发现从事捕鱼活动的国民很少，因此，捕鱼活动的产量无法满足国内的需求，这必将导致市场上鱼类单价的提高。因此，必须增加原始渔民的数量，为他们提供更多的培训和捕鱼设备（渔网，舷外发动机等），以及养殖空间和处理渔获物的空间。

同时还应说明，许多群体为非正式性质的，因为其不符合现行合作社相关立法所要求的条件。这意味着，上述群体在章程、合伙人、股东大会、董事会、监督委员会、行政人员、银行账户、出资等方面并不满足相关法律的要求，也未在国家合作社登记册中登记。

另外，国内存在若干得到政府承认的文化和艺术协会，如赤道几内亚全国音乐家协会（ASNAMUGE）、赤道几内亚电影协会（ACIGE）、赤道几内亚雕塑家协会（FIDEGUI）和赤道几内亚专业塑料艺术家协会（APAPGE）。上述协会均已在内政部和地方政府注册，并得到文化部的承认。赤道几内亚作家协会的合法化尚未实现。

如果上述所有孵化机构（其中许多是非正式的）和其他即将创立的机构都能获得必要的物质、技术和经济支持，那么毫无疑问，它们很快能够转变为我国的企业和工业组织。

确立明确目标

如果政府打算建立一个国家商业阶层，就应当制定一个明确的目标，除配套措施外，还应为每年在不同部门和地域设立50或100家公司提供支持和鼓励政策。例如，去年布基纳法索拨款20亿中非法郎，用于为创业者提供企业管理培训，为期五年。

最后，我们应注意，任何经济危机都是回顾历史，以便更好地迈向未来的机会。我们所开发的基础设施是我们振兴经济的最优资产，我们应通过经济多样化来恢复经济增长，而合作社部门或部门性专业人员群体在促进中小企业发展中扮演重要角色。合作社部门是国民经济中缺少的一环，它能够促进自营职业、生产制度的进步，并确保粮食安全，同时能够维护妇女、青年、农村人口的利益，以便于战胜贫困。

为此，必须采取若干措施，例如设立一个部级部门，最好是劳工、就业促进和社会保障部，确定唯一的合作社登记册；设立一个针对各部门具体经济活动的帮扶基金；在商业银行设立国家担保基金，以便于专业公会和群体在优惠条件下获得融资；简化创建部门性专业人员群体和中小型企业的行政手续和程序；宣传和普及《非洲商法组织统一法》以及《合作社一般法》中有关合作社的规定；开展提高公众认知的宣传活动，使民众了解建立部门性专业人员群体的迫切需要；各省政府为每个活动部门建立专业中心，以确保为农业部门的发展提供熟练劳动力；并为合作社部门获得国家合同提供便利。

## 五、高额的生产成本

经济繁荣带来了由于对商品和服务需求的压力而增加的生产成本。租金和建筑材料的价格仿佛在一夜之间上涨；例如，一辆14吨的运沙卡车在陆地市场的价格从25,000中非法郎攀升至80,000中非法郎，增幅为320%；14吨砂石车的价格从18万中非法郎增长到30万中非法郎，增幅为166%；在马拉博，一袋50千克重的水泥售价为6,500中非法郎。在杜阿拉，同样大小的运沙卡车价格为65,000法郎，一袋50千克的水泥售价为4,300至4,500中非法郎，而一辆15吨砂石车的价格为25万中非法郎。例如，在蓬塔欧罗巴石油产区，一份披萨或汉堡的价格比马拉博市（7,000中非法郎）的任何中型餐厅（售价分别为7,000和4,000中非法郎）低一倍（售价分别为2,500和1,500中非法郎）。

正如我们在上文中已经分析的那样，几内亚经济的高生产成本是由石油因素造成的，石油使得赤道几内亚成为所在次区域生产成本最高的国家之一。马拉博与国外，特别是欧洲、亚洲和美洲之间的海运费用，以及往返机票费用，在整个世界上均属于较昂贵之列。对于一个从水泥、铁桶、水泥胶、涂料、各类家具，到电气和管道材料等所有物资和服务均依赖进口的，地方自身并无生产的，甚至连河沙都是通过租赁的船只从喀麦隆进口而来的地方经济中，再考虑到上述高昂的生产成本，公司，特别是建筑部门的公司，将高昂费用转嫁至项目预算中是正常的；尽管初看时会觉得项目成本过高，但分析后也是可以理解的。

为了应对这一境况，其他国家实施了各种战略。例如，加纳法律规定，所有土建工程和公共工程涉及的用品或材料中，至少40%必须为当地制造。这一举措减少了资本外逃，同时缓和了国际收支不平衡。

针对众多尚未完工的基础设施工程，赤道几内亚政府采取类似措施，支持和鼓励创建本国建筑材料（电气和管道材料、普通水泥和胶浆、涂料、家具、陶瓷等）工厂，以阻止资金因建筑材料的进口而流出本国。

## 六、资本外逃

资本外逃现象众所周知，许多国家正在坚持不懈地努力打击资本外逃现象。

当自然人或法人决定将资金和/或资产转移到国外时，就会发生资本外逃。通常来说，资本外逃（或称为资本流失）的发生可能出于多种原因。第一，当赤道几内亚国内运营的公司需要支付的税费高于其他国家，或存在资本税率即将提高的迹象或先兆时。第二，当一个国家未能履行其偿还国内外债务的义务，从而在国内和国际两个层面失去其信用和信誉时。第三，当通胀率上升至高于利率的水平时。第四，由于货币贬值或跌价，导致货币价值损失，正如委内瑞拉目前的情况一样。在这种情况下，公民选择抛售当地货币以换取外汇，并能够通过向国外投资赚取收入。毫无疑问，对中非法郎贬值的预测也会加剧资本外逃，因为当地货币持有者担心货物和投资失去其原本的价值。最后，我在此补充第五个理由：劳工侵扰、劳资冲突的气氛、长期的繁杂税务和不利于企业家的政策待遇，也会刺激企业家将资金撤出一个国家，而非用于再投资。应当说明的是，经济繁荣期间在赤道几内亚赚取大量利润的若干建筑公司近期均选择设立在赤道几内亚所属次区域内外的其他国家。

资本外逃的后果之一，恰恰是由于投资者的不作为，国家的财富和投资水平下降。多少资金是由于上述原因而从赤道几内亚流出？这是一个值得特别注意的问题，因为资本外逃就像是一次内部出血，能够使躯体内的血液排空；因此，各国正在与所谓的“避税天堂”作斗争，因为避税天堂的纳税制度对非居民特别有利，其优势包括部分或全部免税。此外，被视为避税天堂的国家拥有相应法律，不允许与其他国家交换有关税务事项的信息。因此，众所周知的避税天堂，如所罗门群岛、库克群岛、圣卢西亚、巴拿马、斐济和马恩岛，从国外吸引资金，以加强其自身经济发展，但以损害资本外逃受害国的利益为代价。出于上述原因，赤道几内亚应加入全球打击资本外逃和避税天堂的斗争。

赤道几内亚有关投资的立法中同意“外国投资者”回流在该国投资的资本以及获得的利润，如在石油部门的投资。然而，对于那些没有带来资本用于投资，而是利用政府的预付款和垫付款开始和开展活动的“外国企业家”来说，这一点并非十分明确。此外，上述“企业家”中有许多创立了受赤道几内亚法律管辖的几内亚公司。对于此类公司来说，企业家并未带来资本，又谈及什么资金回流呢？在我看来，一家几内亚籍的公司若通过上述方式赚到了钱，则应保护国内的资金和资源，积极纳税并努力促进乘数效应。因此，我的看法是，当一家几内亚籍的公司并非利用其自身所有的资金，而是利用国家预付款或垫付款来开展活动时，若其将资金撤出赤道几内亚，则不应被视为资本的回流，而是应当被视为资本外逃和逃税。

## 七、逃税

我们在此特别提及在赤道几内亚设立的公司向税务机关隐瞒货物或收入的做法，它们有时为了少交税而对可征税的项目进行高估值。许多公司采用双重会计账目法以实现上述目的：真实会计账目由公司自己保留，而虚假会计账目则向公众展示。在虚假会计账目中，记录的业务费用会高于实际费用，例如宣称建筑材料的采购或进口不存在，或从未运至赤道几内亚交货。另一外，它们申报的收入低于实际收入。大型公司通过其在避税天堂的子公司，利用复杂的财务工程技术来实现这一目的，但这一进程需要专门负责此方面的审计服务。

逃税案件不计其数，某些公司不申报实际雇员人数，某些公司只申报其付给员工的一部分工资；某些发票涉及增值税，但在账目上并未体现；某些公司未支付员工保护基金（FPT）或社会福利；某些进口商将发票金额标至最低；甚至某些公司针对不存在的服务费用提交虚假发票，只是为了夸大成本、减少可归属利润；等等。

逃税会导致一个国家的贫困。因此，有必要在全额纳税方面设置检查员，并予以充分授权和较高薪酬。因此，我们认为逃税或避税在某种程度上是解释当前经济危机的前因之一。所以全球打击避税天堂、资本外逃和逃税的斗争是合法的，因为这种现象会加剧一国经济的贫困化。

## 八、“荷兰病”的影响：农村人口外流

这里举两个例子，20世纪60年代的荷兰（“荷兰病、荷兰症或荷兰综合症”的起源地）和20世纪70年代的墨西哥在发现石油和天然气后，收入和外汇大量涌入，导致当地货币大幅升值，进而导致非石油商品和服务出口竞争力下降，使得经济危机毫无预兆地出现，特别是墨西哥，其经常账户严重失衡。

“荷兰病”对赤道几内亚经济的影响之一是美国石油公司在石油和天然气领域的外国直接投资增加，以及难以想象的收入增加：如表1和图1所示，2012年，政府收入达到创纪录的31,947.09亿中非法郎（相当于48.70亿欧元），其中28,525.37亿中非法郎（约43.48亿欧元）为石油收入（89.28%），3,421.72亿中非法郎（约5.21637亿欧元）为非石油收入（10.72%）。幸运的是，“荷兰

病”并未增加中非法郎的价值，因为这种次区域货币与欧元有固定的平价。另一个影响是，资源集中在有利于经济繁荣的建筑部门，而本国历史上曾依赖的实体经济其他部门（可可和咖啡）则不再突出，原因是农村人口外流和对农业和手工捕鱼的传统活动的放弃。这种对单一出口产品（石油）的完全依赖使国内经济更容易受到国际原油价格波动的影响。

真正的问题是，在经济繁荣期过去，2014年油价下跌之后，从其他国家的经验来看，“荷兰综合症”的影响往往会对经济造成不利影响，正如赤道几内亚目前所经历的那样，具体表现为收入下降，失业率上升和增长率下降，根据国际货币基金组织的数据，赤道几内亚经济增长率2016年为-9.7%，2017年为-7.4%，2018年为-8.1%，2019年为-2.8%，而2020年则为0.3%。换句话说，根据国际货币基金组织的预测，直至2020年，几内亚的经济都不会增长。当然，由于两个金融机构计算宏观经济指标的方式不同，中部非洲国家银行对我国的增长预测与国际货币基金组织的增长预测不同。按照中非国家银行的预测，直至2020年后，我国国民经济的增长率仍将保持为负（-2.3%），如表17所示。

**表17　国际货币基金组织和中部非洲国家银行统计的赤道几内亚经济增长率**

以国际货币基金组织和中部非洲国家银行提供的数据为依据。

| | 2015年 | 2016年 | 2017年 | 2018年 | 2019年 | 2020年 |
|---|---|---|---|---|---|---|
| 根据国际货币基金组织 | — | -9.7% | -7.4% | -8.1% | -2.8% | +0.3% |
| 根据中部非洲国家银行 | -9.5% | -8.5% | -2.0% | -8.0% | -0.4% | -2.3% |

数据来源：国际货币基金组织和中非国家银行。

## 九、国内银行的作用

在我看来，国家银行系统是造成本国当前经济危机的“被动或非被动”因素之一。众所周知，银行的传统职能是吸收账户所有人的存款，无论是自然人或法人、公司还是政府。然后，通过将上述存款资金借贷给那些需要用于消费或投资的人，以合理的价格（适用的利率）收回资金。银行存款和银行贷款可以是短期、中期和长期。简而言之，银行的主要职能是为经济融资。

然而，我国的银行体系有些独特。首先，政府是银行最大的客户，在银行拥有最多的存款，而一般情况下这些存款可能来自出售石油的收入、税收和各种行政费用。上述政府存款通常是短期的，因为它们需要为政府的经营和投资成本提供资金。在任何时候，国库均可以出于多种原因，如向公务员支付月薪、向公司支付工程款、购买公务车辆或存货材料等，通过其在国家商业银行开立的任何账户付款。因此，银行政府资金的周转是多变的、恒定的、快速的。

这使得银行存款的性质多为短期的或活期的；然而，执行生产性项目往往需要长期融资。鉴于这种形势，银行无法发放超过十年摊销的长期贷款，因为这是中部非洲经济与货币共同体层级的银行管控机构——中非银行委员会所禁止的。

国家银行系统作为当前国家经济危机的前因所负的责任在于，利用其存款（多为公共资金，这一点我们在上文中已经提到）的短期性质，发放“投机性信贷”，或通常称为“透支”，且国家存款主要被用于向建筑公司付工程款，同时其使用的利率为禁止利率或担保利率，数值可达到15%到20%甚至更高。世界上没有其他任何一个新兴或发达国家会以如此方式消耗资金，而最合适的利率应为3.4%到7%的年等价利率（TAE），包括名义利率和佣金。

在经济繁荣和基础设施建设泡沫时期，透支成为国家商业银行的主要收入来源和利润来源。

当建筑公司等待收到政府付款时，在付款委员会召开会议之后，为保证工程的继续施工，银行批准了以高额利率为代价的透支，而所涉及的资金至少需要6到12个月方可回流，这最终侵蚀了企业的利润空间，危及许多企业的生存和持续经营，以及经济的发展，而这些企业原本有能力雇用成千上万的员工。经济必须保护企业，因为企业是创造就业机会的一方。

国家商业银行在疯狂地追求快速利润时，通过大规模实行“透支”模式周转大量资金，使企业、政府和银行系统本身陷入一种三角关系的困境。银行向建筑公司提供信贷服务，但并未要求担保或咨询调查其内部管理，也没有分析其财务报表。上述公司的许多高管目前下落不明，他们带着在赤道几内亚赚来的资金前往其他国家开办新企业。

由于不存在诸如金融市场等其他融资来源，企业以过高的利率接受银行透支，以期从政府处获得付款，而出于油价的降低，国库储备不足，政府很难遵守工程核证的付款期限。然而，当企业仍在等待政府付款时，银行的贷款利息仍在累计，这进一步加剧了企业的债务危机，受到波及的企业不得不解雇成千上万的员工，并与税务公司以及合作的供应商进行清算，最终在地狱般的衰退下被卷入危机。

正如我们在表12中指出的，关于公共债务的状况（截至2017年4月30日），政府拖欠国内建筑企业的债务预估为1,507,191,297,647中非法郎（相当于2,297,547,709.82欧元），这一数额占内债和外债的54.4%，高于2018财年修正后的预算中预测的收入（11,532.13亿中非法郎）。与此同时，企业欠银行的债务接近这一数字的一半。企业期望政府支付欠款以偿还银行债务，尽管有些企业欠银行的债务已高于政府拖欠的债务。

因此，我完全同意国际货币基金组织的建议，即如果要恢复经济，付清拖欠企业的国内债务应是一个优先事项，尽管将发行长期无息国家债券作为一个解决办法看起来非常乌托邦。债务问题还有另一种可能的解决办法，即中非国家银行可以购买商业银行的债务，同时政府改善税收。

为了使这种情况今后不再发生，我认为需要制定一项条例，以禁止国家商业银行提供此种性质的投机性贷款，因为从长远上来看，正如我们上文中所了解的那样，此类贷款将危及和损害经济稳定，摧毁企业，并导致成千上万的人失业。

我在另一节中指出，企业针对项目超开发票的行为与国家银行系统的信贷成本过高相关。

## 十、免税

世界上每一个经济体都靠收取费用和税收为生。然而，免税政策意味着可以免除某些纳税人的部分或全部税务费用，从而鼓励和刺激投资，或增加就业机会。在建筑业繁荣时期，在赤道几内亚，建筑部门的许多企业享有免税待遇，其主要目的是降低项目成本。最初，上述免税范围主要涵盖特定工程的进口建筑材料的关税，后期则扩展至购买不含增值税的燃料。上述免税政策会在工程完工并交付后取消。然而，许多不法企业可能与其他企业和某些本地贸易商串通一气，滥用上述免税额，进口并非用于任何指定公共工程的货物和材料，从而产生税务欺诈或逃税。政府最初的目的是通过采取实际行动，以期降低工程成本，然而，这却成为一些不法公司税务欺诈的来源，直至禁止向建筑公司出售免增值税的燃料，特别是私人来源的燃料。因此，我们可以考虑将免税政策也视为当前经济危机的前因之一。

## 十一、在赤道几内亚居住的外籍人士汇款或寄款到原籍国

过去15年间，我国经济繁荣的标志之一是大量外籍人士拥入赤道几内亚，其中多数为男性，这使得我国成为世界上移民占总人口比例最高的国家之一。根据2015年人口和住房普查，赤道几内亚共有1,222,442名居民，其中1,012,831人为本国居民（占82.86%），209,611人为外籍人士（占17.14%）。外籍人士多数为男子（161,527人，占比77%），另有48,084名女士（占比23%）。如果我们将上述数字与其他国家的数字进行比较，我们不难发现，赤道几内亚是世界上移民人数占总人口比例最高（17.14%）的国家之一。世界移民人数最多的国家为美国，其移民人数为46,785,090，占总人口的14.3%；其次是西班牙（13.8%）、法国（11.6%）、科特迪瓦（12%）、俄罗斯（7.7%）、南非（4.2%）、巴西（2.1%）、尼日利亚（0.7%）等，然而我国在其他方面没有什么能够与移民数量最多的前十个国家相比。

**表18　移民人数占国家总人口比例较高的国家（地区）名单**

| 序号 | 国家（地区） | 移民人数 | 移民占国家总人口的百分比（%） |
|---|---|---|---|
| 1 | 阿联酋 | 8,095,126 | 88.4 |
| 2 | 卡塔尔 | 1,687,640 | 75.5 |
| 3 | 科威特 | 2,866,136 | 73.64 |
| 4 | 列支敦士登 | 23,493 | 61.82 |
| 5 | 安道尔 | 42,082 | 60.12 |
| 6 | 中国澳门 | 342,703 | 58.28 |
| 7 | 摩纳哥 | 21,042 | 55.37 |
| 8 | 巴林 | 704,137 | 51.14 |
| 9 | 新加坡 | 2,543,638 | 45.39 |
| 10 | 卢森堡 | 249,325 | 43.97 |
| 11 | 约旦 | 2,925,780 | 40.2 |
| 12 | 沙特阿拉伯 | 9,895,244 | 31.4 |

续表

| 序号 | 国家（地区） | 移民人数 | 移民占国家总人口的百分比（%） |
|---|---|---|---|
| 13 | 阿曼 | 1,112,032 | 30.6 |
| 14 | 瑞士 | 2,335,059 | 28.9 |
| 15 | 澳大利亚 | 6,468,640 | 27.7 |
| 16 | 以色列 | 2,046,873 | 26.5 |
| 17 | 新西兰 | 1,132,828 | 25.1 |
| 18 | 哈萨克斯坦 | 3,476,233 | 21.1 |
| 19 | 加拿大 | 7,284,069 | 20.7 |
| 20 | 赤道几内亚 | 209,611 | 17.14 |
| 21 | 瑞典 | 1,519,510 | 15.9 |
| 22 | 奥地利 | 1,333,807 | 15.7 |
| 23 | 美国 | 46,785,090 | 14.3 |
| 24 | 西班牙 | 6,466,605 | 13.8 |
| 25 | 英国 | 7,804,131 | 12.4 |
| 26 | 科特迪瓦 | 2,446,171 | 12.0 |
| 27 | 德国 | 9,895,244 | 11.9 |
| 28 | 荷兰 | 1,994,922 | 11.7 |
| 29 | 法国 | 7,439,086 | 11.6 |
| 30 | 白俄罗斯 | 1,085,396 | 11.6 |
| 31 | 乌克兰 | 5,151,378 | 11.4 |
| 32 | 比利时 | 1,159,801 | 10.4 |
| 33 | 意大利 | 5,721,457 | 9.4 |
| 34 | 马来西亚 | 2,469,173 | 8.3 |
| 35 | 俄罗斯 | 13,048,064 | 7.7 |
| 36 | 叙利亚 | 1,394,227 | 6.4 |
| 37 | 智利 | 1,119,267 | 6.3 |
| 38 | 泰国 | 3,721,735 | 5.6 |
| 39 | 阿根廷 | 1,985,678 | 4.6 |
| 40 | 南非 | 2,399,238 | 4.5 |
| 41 | 乌兹别克斯坦 | 1,266,278 | 4.4 |
| 42 | 委内瑞拉 | 1,171,331 | 3.9 |
| 43 | 伊朗 | 2,649,516 | 3.4 |
| 44 | 土耳其 | 1,864,889 | 2.5 |
| 45 | 韩国 | 1,232,220 | 2.5 |
| 46 | 巴基斯坦 | 4,080,766 | 2.2 |

续表

| 序号 | 国家（地区） | 移民人数 | 移民占国家总人口的百分比（%） |
|---|---|---|---|
| 47 | 巴西 | 1,329,000 | 2.1 |
| 48 | 日本 | 2,437,169 | 1.9 |
| 49 | 墨西哥 | 1,104,460 | 1.8 |
| 50 | 孟加拉国 | 1,396,514 | 0.9 |
| 51 | 尼日利亚 | 1,233,592 | 0.7 |
| 52 | 印度 | 5,338,486 | 0.4 |
| 53 | 中国 | 3,986,533 | 0.3 |

数据来源：《2015年联合国世界人口政策报告》；《赤道几内亚统计年鉴（2017年）》。

这一涌入赤道几内亚的移民浪潮主要来自西非、马里、塞内加尔、布基纳法索、贝宁和喀麦隆等国，这使得许多几内亚人将其视为劳动力市场的竞争者。在“经济繁荣”期间，我曾就职于劳动和社会保障部（2010—2012年）对面，因此能够亲眼证实该部门曾多次介入调解几内亚工人和外籍工人在企业中的各类劳务冲突，这有时会导致企业内部产生不健康的气氛和长期的怀疑。在困难时期也曾有大批移民到其他邻国的几内亚人，如今对外籍移民如此的苛刻和不欢迎，这常常令人感到惊讶。

当然，移民是一个全球现象，各国对移民的态度不尽相同。对一些国家来说，移民有助于国家的发展和经济的增长，但对另一些国家来说移民则是一种威胁。然而，就赤道几内亚而言，我认为移民（占总人口的17.4%）是一支宝贵的劳动力队伍，他们通过消费商品，支付住房租金，纳税，使用现有的海、陆、空运输工具，支付居留费用等为我国经济增长作出了贡献。此外，外籍移民负责的工作多为几内亚人不屑于做的工作，如园丁、保安或保姆。我们应该认识到，随着经济危机的到来，成千上万的外籍人士离开了我国，减少了消费，以及源于其所从事的经济活动的税收。在全国各地，都不难发现许多没有租户的空房子。成千上万的移民返回各自的国家也是加剧当前经济危机的前因之一。认清这一形势后，政府不得不降低了居留证的费用。

值得一提的是，与世界其他地区的情况相反，外籍人士没有在我国投资他们赚来的钱，几乎没有外籍移民在赤道几内亚建造或购买房屋。为什么大多数移民宁愿租房?

另外，政府最近针对西联汇款和通过速汇金向国外汇款采取了管制措施并制定了相关规定。在之前的经济繁荣时期，商业银行中常常可见移民排起长队向其所属国寄钱或“汇款”的情形，而这些钱款来自工资和他们的私人经济活动。很多时候，同一个人只需通过不同的银行，便可实现超过每人和每天允许限额的汇款；还有一些人则带着大量未申报的资金回到自己的国家。众所周知，马里和塞内加尔等国主要以居住在国外的公民的汇款为生。我们并未禁止移民向原籍国汇款，但必须申报和控制汇款，以避免逃税。在我看来，上述这一切年复一年地加剧资本外逃。

## 十二、劳资冲突的气氛

我们在上文中已经说明，在石油经济繁荣时期，我国实施了多项基础设施建设工程，许多建筑企业和配套企业平地崛起，吸引了大量国内外劳动力，这在我国是前所未有的。然而不出所料，上述经济演变和发展也造成了一种浓重的劳资冲突气氛：一方面，一些“无耻”的企业家妄图在超短时间内快速获利，且将员工视为剥削对象，而非公司成员，他们利用各种欺诈手段扣除加班费、法定休假、工资税、社会保障金、劳工保护基金（FPT）和《劳动法》规定的辞退补偿金。提及社会保障缴款，某些企业从员工工资单中扣除了这一费用，但随后并未将其交至国家社会保障局（INSESO）；另有一些企业则降低工资，以支付低于实际工资的社会保障金，而这两种情况对员工来说均是不公平的。

另一方面，许多本国员工存在“工作文化缺失”，对他们而言，守时、勤奋、热爱工作、尊重公司等级职能划分和物权财产等概念毫无价值。上述两个因素在经济建设繁荣时期共同造就了非常矛盾的工作环境，因此造成破坏、生产力低下、数千小时工作/人力的损失、公司资产的破坏、建筑成本的增加，以及雇主和雇员之间关系不佳所主导的环境。为了解决上述冲突，劳工代表团、治安调解庭以及议会申诉和请愿委员会花费了大量时间。应该把“为某人而工作”和“与某人合作”明显区分开来。在第一种情况下，我们所理解的是员工觉得自己受到剥削，是在为其他人的利益而工作，因此没有太多动力；而在第二种情况下，员工会觉得是在与某人一起为共同的利益而工作，因此会更有动力。当员工为某人工作时，不仅不愿维护公司的利益，甚至会破坏公司利益。但是，当员工感觉自己与某人合作时，员工会因工作上的良好表现而得到表扬和奖励。只有在后一种情况下，员工才为维护企业的利益，因为他会觉得自己是企业不可分割的一部分，因而很少产生劳资纠纷。在经济建设繁荣时期（2010—2012年），我作为劳动和社会保障部部长发现了上述情况，因为当劳动和社会保障部支持企业的立场时，员工们会觉得当局被收买了；相反地，当劳动和社会保障部支持员工的立场时，企业则会利用他们的说客来诋毁部门做出的决策。这是三方即部门—企业—员工关系中，在缺乏真正的劳工保护机制和工会的情况下存在的永恒冲突。为此，我倡导建立了劳工治安调解庭，以便由专门的机构来负责处理劳资冲突。

人才招聘公司的角色

出于快速获利的目的，一些人才招聘公司的做法也如同上一段中所述的那样，促使雇主和雇员之间的劳动合作关系趋近破裂，因为许多人才招聘公司仅仅维护合作企业的利益。这一现象导致许多员工罢工，工程被迫停滞数天，造成工程延误的损失，以及员工情绪低落，企业内部不健康的氛围。现在每个人都在抱怨缺少就业岗位，但很多人在有工作的时候实际并不重视工作。作为劳动和社会保障部部长，我曾花费大量时间试图“扑灭”全国各地因劳资纠纷而引发的“火灾”，而这一切的源头皆是因为忽视了雇主和雇员之间相互依存的概念。

## 十三、赤道几内亚控股公司（Holding Guinea Ecuatorial）的边际效应

在这里，我要将赤道几内亚控股公司（HGE）的创建归功于知识上的领导力，这是一家公共投资公司。2014年年底，即当前经济危机刚开始时，我以政府主席团顾问的身份负责金融机构和中部非洲经济与货币共同体相关事务，并为财政和预算部服务，在认真研究了全球最大的主权财富基金后，我构思、设计并通过该部提交了赤道几内亚控股公司的项目创立方案。

根据IE商学院主权财富实验室每年编制的主权财富基金报告，我在分析中重点关注了全球现存的92个主权财富基金，这些基金涉及约7.5万亿美元（约合6万亿欧元）的资产。我主要专注于全球以下主要主权财富基金的研究：（1）挪威政府养老金（GPFN），挪威养老基金，资产10,284.92亿欧元，成立于1990年；（2）中国投资有限责任公司（China Investment Corporation），负责中国的外汇储备管理，拥有8,137.60亿欧元；（3）阿布扎比投资局（ADIA），阿布扎比投资机构（阿联酋），成立于1976年，管理着约7,920亿欧元的资产，旨在将该国的石油盈余投资于低风险资产；（4）沙特阿拉伯主权基金（SAMA Foreign Holdings），成立于1952年，管理着6,683.70亿欧元的资产；（5）科威特投资局（KIA），管理着5,920亿欧元的基金，成立于1953年，旨在减少该国对石油的依赖，使投资多样化分布于其他营利部门，如旅游、建筑、制药部门等；（6）中华人民共和国国家外汇管理局（SAFE），成立于2008年，管理着约6,000亿欧元的资产；（7）香港金融管理局（中国），拥有基金4,997.26亿欧元；（8）卡塔尔投资管理局，资产为3,000亿欧元；（9）新加坡淡马锡控

股公司，资产3,500.09亿欧元；（10）全国社会保障基金（中国），资产3,178.50亿欧元等。

**表19　全球规模最大的主权基金**

| | 国家（地区） | 主权基金名称 | 资产规模（以千欧元计） | 创立日期 | 融资来源 |
|---|---|---|---|---|---|
| 1 | 挪威 | 挪威政府养老金（GPFN） | 1,028,492 | 1990 | 石油 |
| 2 | 中国 | 中国投资有限责任公司（China Investment Corporation） | 813,760 | 2007 | 其他 |
| 3 | 阿联酋 | 阿布扎比投资局（ADIA），阿布扎比投资机构 | 792,000 | 1976 | 石油 |
| 4 | 沙特阿拉伯 | 沙特阿拉伯主权基金（SAMA Foreign Holdings） | 668,370 | 1952 | 石油 |
| 5 | 科威特 | 科威特投资局（KIA） | 592,000 | 1953 | 石油 |
| 6 | 中国 | 中华人民共和国国家外汇管理局（SAFE） | 600,000 | 2007 | 其他 |
| 7 | 香港（中国） | 香港金融管理局 | 499,726 | 1993 | 其他 |
| 8 | 新加坡 | 新加坡淡马锡控股公司 | 350,000 | 1981 | 其他 |
| 9 | 卡塔尔 | 卡塔尔投资管理局 | 300,000 | 2005 | 石油及天然气 |
| 10 | 中国 | 全国社会保障基金 | 317,850 | 2000 | 其他 |
| | 总　计 | | 5,962,198 | | |

数据来源：IE商学院主权财富实验室。

上述10家规模最大的政府主权财富基金管理着约6万亿欧元的资产，约占全球资产的75%，并拥有在全球各交易所上市的股票。

在这里我选择由科威特投资局（KIA）管理的主权基金作为模型，该基金成立于1953年，管理着5920亿欧元的资产，旨在减少该国对石油部门的依赖，实现旅游业、建筑业和制药业等其他可盈利部门的投资多样化。同样地，我以独特视角分析了阿布扎比投资局（ADIA），即阿布扎比投资机构（阿联酋）于1976年成立的投资基金，该基金管理着约7920亿欧元的资产，将国家石油盈余投资于低风险资产，以保证该国满怀信心地迎接未来的经济发展，并应对反周期情况。

科威特主权基金主要有三个融资来源：预算或石油盈余产生的国家储备、养恤基金和后代基金。

与赤道几内亚不同的是，从2005年至2018年（预测），科威特主权基金将平均74.43%的公共开支用于基础设施，25.77%用于运营支出，正如我们在表2中所见，科威特将其大部分资源用于低风险的盈利和生产性投资，首先从国家层级开始，然后向区域层级的邻国扩展，最后延伸至全球范围内，投资伦敦、纽约、法兰克福和巴黎的主要国际交易所，并收购西方国家大型企业的股份。科威特在伦敦设立了科威特投资办事处（KIO），以寻找全球主要市场的各类投资机会。为此，其组建了一支专注于投资问题、风险研究，以及世界一流大学、国际货币基金组织和世界银行项目管理事务的精英团队。这种营利性的投资使科威特和其他主权基金国家能够应付石油等原材料价格下跌造成的危机。上述主权基金的管理是自主的，来自中央银行、金融部门、石油工业部门、私营部门等的代表组成并领导董事会，而董事会负责执行上述管理。管理负责人每年有义务向政府和立法机构证明其活动的合理性。

一个非常重要的方面是，在大型跨国公司发现石油之前，这些波斯湾国家大多缺乏现代技术，居住在沙漠的居民多投身于传统活动，如照顾他们的骆驼、制造手工艺品和手工捕鱼等，以维持生计。

为了鼓励外国投资，他们决定与外国公司合作建立合资企业，并通过共同投资基金提供资本，以鼓励技术转让。

考虑到这一点，作为政府主席团顾问，我构思、设计并通过财政和预算部提交了赤道几内亚控股公司的项目创立方案。这是一家公共投资公司，因此，它可以像科威特和阿联酋的同类公司一样，可以将中非国家银行的部分国家储备金用于投资和股份收购，并以极低的利率还款，这不只针对国家层面，也同样适用于区域层面和全球层面的盈利和生产性项目。因此，国家总预算中每年设立和培育一个“共同投资基金”，由董事会监督其管理。我最初的设想是，赤道几内亚控股公司的共同投资基金将由国家储备金、后代基金以及国家社会保障局（INSESO）养老金的无生产性基金来提供融资。然而，多数人选择将共同投资基金限制在国家总预算决定的年度拨款额度中。

共同投资基金追求的主要目标是向潜在的外国投资者表明，赤道几内亚政府决定在合资项目中提供资金，因为政府愿意以严肃认真的态度承担部分投资风险。

赤道几内亚希望能够像其他新兴国家一样，于2020年实现经济复苏，而像这样的国家应该引起外国投资者的兴趣并参与全球的投资。为什么赤道几内亚这个国家不能参与克里比港（喀麦隆）建设项目的投资，或是加蓬贝林加铁矿运营和开发项目的投资？若可行性研究能够证明项目的盈利能力，为什么赤道几内亚不能收购中国家具制造业或迪拜购物中心建设项目的股份？石油国家不仅在国家层面，而且在区域和全球层面将部分资源用于无风险的可盈利投资，它们能够通过投资多样化赚取其他收入，以便于更好地应对经济衰退。

同样地，我还主张在迪拜、巴黎、伦敦、纽约、马德里、上海、香港或比勒陀利亚设立赤道几内亚控股公司办事处，以便于在全球不同地区寻找投资机会。此外，还应在赤道几内亚控股公司内部建立一个智库，引入一批精英技术人员，像科威特的同行一样，同时应设立世界上最优秀的无风险投资管理中心。

初期，赤道几内亚控股公司创建了外国共同融资的三个工业项目。首先是木薯的生产及加工，加工产品包括木薯粉、淀粉等，以及如软化剂、洗涤剂、酸奶等副产品。木薯粉还可以用来生产丰富的各类产品，如糕点、婴儿食品、饼干等。与此同时，这一项目能够创造700个就业岗位。第二个项目为甘蔗的生产和加工，可以出产全球市场上需求量很大的精炼糖，作为一种生物燃料的乙醇，以及纸张。这一项目能够创造约2,000个就业岗位。第三个项目是两个家禽养殖场，每年可供应300万至400万只鸡，同时可创造600个直接和间接就业岗位。

最后，我需要说明，一个渴望重新实现经济复苏和增长的石油生产国不仅应在国家层面拥有投资，而且应在世界各地寻找机遇，以利用其资源参与低风险的生产项目，收购合资企业的股份，投资大型交易所，使其收入来源多样化，以便于应对反周期情况。这是我在长时间的研究工作后所产生的基本思路，也是赤道几内亚控股公司应该发挥的作用，赤道几内亚控股公司应与赤几国家石油公司和赤几国家燃气公司公司一起，成为赤道几内亚排名前三的跨国公司，以保证赤道几内亚在世界各地均拥有利益和投资。上述自治单位的领导是非常称职的人，且在各自的领域拥有丰富的经验。可能有必要重新界定对上述公共企业的实际期望，因为其管理必须趋同于已拥有完善管理程序的私营公司。

## 十四、错失的机会

赤道几内亚拥有漫长的发展历史，且一路走来并不容易，它已从一个无足轻重的国家转变为具有重大国际威望的会议和活动的主办国，其组织的会议和活动包括非洲首脑会议，欧非峰会，于2016年11月17日至23日在西波市举行的第四届非洲联盟和阿拉伯国家首脑会议，非洲、加勒比和太平洋会议，以及非洲国家杯，且非洲国家杯的主办及组织工作是在不到两个月的时间内完成的，堪称创纪录。上述重要的国际会议不仅是赤道几内亚展示经济实力的机会，也是扩大外交关系和与其他国家建立业务的机会，具有切实的利益。在我看来，当一国展示其经济实力时，若未能利用手中的机会建立、扩大和有效地跟踪与世界其他国家和地区的业务，以造福于国民经济，那么这就是一个“错失的机会”。

非洲联盟和阿拉伯国家首脑会议

接下来我要集中讨论非洲联盟和阿拉伯国家首脑会议的几次组织。第一次于1977年3月在埃及开罗举行，并通过这一机会设立了若干合作机构，特别是创建了阿拉伯非洲经济发展银行（BADEA），该银行在经济、金融和文化领域援助了许多非洲国家。第二次是2010年在利比亚举行，会议上通过了“战略伙伴关系协议书”和“2011—2016年非洲—阿拉伯合作联合行动计划”。第三次会议于2013年11月18日至20日在科威特举行。第四次也是最后一次峰会于2016年11月17日至23日在西波市举行。在近40年的时间里，赤道几内亚是撒哈拉以南非洲唯一主办非洲联盟和阿拉伯国家首脑会议的国家，而波斯湾的埃米尔（对某些阿拉伯国家领导者的尊称）和政要出席了首脑会议，这绝非巧合，而是出于赤道几内亚巨大的经济潜力，但我们自己并没有意识到这一点。赤道几内亚租用了一家渡轮酒店以展示其经济实力。与会者对赤道几内亚的基础设施质量感到惊讶，因为对于一个典型的撒哈拉以南非洲国家来说，这是很难做到的。然而赤道几内亚未能利用这次重要的会晤，进一步跟进同与会国的合作。非洲—阿拉伯伙伴关系以政治、和平与安全、经济、外贸和金融支柱为基础。

主权基金国际工作组

这是另一个错失的机会。2009年，当我担任财政和预算部部长时，在国际货币基金组织年会期间，赤道几内亚被邀请前往美国华盛顿特区参会，撒哈拉以南非洲同被邀请的国家仅有博茨瓦纳。当年，因为赤道几内亚在中部非洲经济与货币共同体地区、中非国家银行和商业银行中拥有约46%的存款，所以被邀请加入主权基金国际工作组（主权财富基金工作组），此工作组是根据（智利）圣地亚哥的原则设立的。挪威、沙特阿拉伯、科威特、美国、阿联酋、卡塔尔、俄罗斯、加拿大、伊朗、阿尔及利亚、利比亚、文莱、阿塞拜疆、哈萨克斯坦、特立尼达和多巴哥、博茨瓦纳等国的主权基金机构均参与了本次会议。作为赤道几内亚财政和预算部部长，我与中非国家银行的国家负责人出席了此次会议。

众所周知，主权财富基金是一种投资基金，其资本完全来自国家政府，但主要来自于石油、天然气和黄金等自然资源的开采。与完全出于私人来源的基金的不同之处在于，主权投资基金的管理完全公开。

管理主权财富基金可以使赤道几内亚这样的国家通过采取具有双重目的的不同投资战略，更好地管理其资产：或是建立养老储备金，或是建立反周期财政缓冲，以用于资助生产性的发展项目。这种战略使得赤道几内亚不会再像2008年那样受困于高流动性债务。同年，拥有主权基金的国家在国际货币基金组织的支持下制定了自愿遵守的道德守则，后更名为《圣地亚哥原则》，其中提及“投资的实现应基于盈利标准和风险分析；资本和投资的自由流动；称职、稳健和透明的主权基金政府机构的建立；以及主权基金国家对所有规定的监管要求的遵守……”然而，不幸的是，这一问题未能获得充分研究的时间，政府更迭往往会搁置进展顺利的举措。

因此，这是一次赤道几内亚加入这个星球上“大国俱乐部”的机会，并有可能在投资、知名度和大型主权财富基金的获得方面得到国际货币基金组织的培训和认可。这也是委托给赤道几内亚控股公司的任务之一。

与美国的金融合作

同样地，在我担任财政和预算部部长（2018—2010年）期间，在美国驻马拉博大使馆的支持下，我开始在巴拉克·奥巴马总统的主持下与美国财政部谈判，以建立赤道几内亚财政和预算部与美国财政部的高层合作，包括在华盛顿的美国财政部官员提供的技术援助、培训和实习机会。2009年，美国财政部仅与四个非洲国家进行了此类合作，赤道几内亚将成为第五个。然而，

2010年后一届政府的更迭导致这项倡议未能继续发挥作用，因为与前几次一样，我的继任者没有针对这一重要倡议采取后续行动。

我们认为，与美国这个世界第一大国建立贸易关系是一个巨大的契机和特权。除石油部门之外，在大学、科学、卫生、商业和文化方面均存在扩大合作关系的空间。因此，这是一个尚未开发利用的机会。

经济多样化专题研讨会

作为负责金融机构和中部非洲经济与货币共同体相关事务的政府主席团顾问（2013—2015年），我有幸担任了2014年2月在西波市举行的赤道几内亚经济多样化专题讨论会的协调员，并获得理查德·阿提亚斯团队的技术援助。本次专题研讨会的目的是向参加此次活动的近240名外国投资者介绍赤道几内亚经济在农业、渔业、采矿业、旅游业和财务服务部门可以提供的各类投资机会。本次研讨会的困难之一是缺乏向投资者介绍的“银行项目”。部级机构仅限于大致说明具有开发潜力的部门，而投资者需要具有可行性研究的具体项目。专题讨论会的筹备人员在纽约、巴黎和伦敦组织了说明会议，并邀请投资者共同参加。尽管举办这次研讨会花费了一些成本，但并未取得预期的结果，第一个原因已经在上文提及，第二个原因是由于各部门缺乏后续行动，错失了这一难得的机会。

## 十五、统计数据使用过少

在我看来，为了衡量任何社会进步，都应从分析按区域分布的人口数据以及族裔和性别构成开始。虽然2015年通过人口普查确定赤道几内亚的居民人数为1,222,442人，并确定了人口按地区和性别的分布，甚至说明了本国人和外国人的人数。但是，人口普查报告中并未具体说明人口的族裔构成，没有说明芳族、布比族、比西奥族、克朗族、安诺本族、巴伦盖族、本加兹族、巴塞盖族或克里奥尔族等有多少居民，以及这些群体和子群体在就业、贫困发生率等方面的社会进步评估。我敢肯定，很多几内亚人从未听说过巴伦盖族和巴塞盖族。上述数据对于能够在机会均等的前提下进行社会改善规划，以消除贫穷和困难来说是必要的。

如果我们打算创建项目，以帮助独居妇女与子女（或单身母亲）、赤贫儿童、孤儿、聋哑人或无养恤金的老年人，那么我们必须拥有相应的统计数据。

同样地，在经济繁荣和危机时期，我们必须能够按区域、地区、性别甚至族裔来预估拥有工作岗位或失去工作岗位的人数，以便制订培训计划和创造就业方案。

我们也应能预测未来几年将毕业及留学的学生人数，以及进入劳工市场的人数，以便于预测未来就业机会的创造情况。否则，我们可能会失去方向。

2011年，正如我在上文中所指出的，在我担任劳动和社会保障部部长期间（2010—2012年），我派人汇集并整理了关于全国私营部门就业情况的资料，结果如表20所示：

**表20　国家私营部门员工人数（2011年11月29日）**

| 部　门 | 员工总数 | 所占百分比（%） | 总计（本国）（%） | 总计（外籍）（%） | 公司数量 |
|---|---|---|---|---|---|
| 石油 | 4,329 | 8.57 | 3,055（70.57%） | 1,274（29.43%） | 89 |
| 建筑 | 28,508 | 56.45 | 19,864（69.68%） | 8,644（30.32%） | 84 |
| 商业、航空、酒店、林业 | 6,390 | 12.65 | 4,722（73.89%） | 1,668（26.11%） | 285 |
| 工业、银行和保险机构 | 677 | 1.34 | 613（90.54%） | 64（9.46%） | 12 |
| 非正式 | 10,448 | 20.68 | 5,946（56.91%） | 4,502（43.09%） | 2,115 |
| 教育（私人中心） | 146 | 0.28 | 136（93%） | 10（7%） | 11 |

续表

| 部　门 | 员工总数 | 所占百分比（%） | 总计（本国）（%） | 总计（外籍）（%） | 公司数量 |
| --- | --- | --- | --- | --- | --- |
| 总　计 | 50,498 | | 34,336（68%） | 16,162（32%） | 2,596 |

数据来源：劳动和社会保障部，2011年11月29日数据。

2011年11月，在建筑业繁荣时期，劳动普查显示，全国私营部门共有50,498名员工，其中本国员工34,336人，占总数的68%，外籍员工约16,162人，占总数的32%，涉及企业约2,596家，涉及行业大到石油部门，小到街区附近的杂货店。建筑业的员工人数最多，达28,508人，占总数的56.47%，雇用人数最多的企业依次是ARG公司4,444人，Ecocsa公司3,607人，FIMAC Services公司2,527人，Somagec公司2,953人，Seguibat公司2,072人，Arab Contractors公司1,488人，Sogeco公司1,304人，Zagope公司1,242人，Bouygues Batiment公司1,196人和Piccini公司732人。据了解，几年后，上述公司的员工数进一步增加，例如，Somagec公司的员工人数达到约5,000人，Arab Contractors公司也是如此。

在分类项目中，我们称为“非正式”的部门依然在列，这一部门分类实际上指的是拥有各自专利的小企业，拥有约10,448名员工（占比20.68%），包括2,115家微型企业，涉及杂货店、酒吧、咖啡馆、商店、中国药店和诊所、新闻编辑室、机械车间、理发店、裁缝店、木工店、五金店、洗衣店、电器修理店、摄影工作室、锯木厂和洗车行，共拥有5,946名本国员工（56.91%）和4,502名外籍员工（43.09%）。我们不难发现，这一部门雇用外籍员工最多。尽管石油部门是主要创收部门，但此部门仅雇用了4,329名员工（8.7%）石油工业部门则需要高度专业化和技术性，且需要一支普通公民无法企及的高资质人才队伍。应当说明，上述统计中并未包括官员的数据。据我了解，劳工统计数据并未再次更新，以了解国家目前的就业情况。

经济危机对就业产生了负面影响；在这里举一个例子，SOMAGEC公司目前只有不到300名员工，Arab Contractors公司也是如此。许多企业已经破产倒闭，全国范围内减少了数千个直接和间接的就业岗位，使得许多家庭失去了经济来源。

我们在前文中曾指出，2012年是经济和建设“双繁荣”之年，投资支出达到32,080.68亿中非法郎的峰值，是政府资本支出的最高数字。

根据2015年人口统计数据，赤道几内亚每个家庭平均有6名成员（父亲、母亲和至少4个孩子），这使我们能够预估：截至2011年11月，私营部门容纳的50,498名员工能够保障24万至30万人的生计，因为每个员工的工资可以养活约6个人。在了解此次经济衰退期间失去工作的人数后，我们可以预估由于席卷全国的危机，处于危险境地的家庭和公民人数。

简而言之，统计数据的使用非常重要，因为它使我们能够了解我们来自何处，以及我们将走向何方，这有助于我们使用可靠的经验数据进行规划。否则，若经济规划仅停留在与现实无关的猜想上，则不可能实现。

## 十六、依赖石油收入的经济增长

按照一般规则，在正常情况下，世界上大多数国家（包括德国、哥伦比亚、中国和南非）的增长和发展是由人口的创业精神和独创性推动的，这得益于技术进步和创新，生产力和消费水平会年复一年地提高，因此，税收也会增加，从而使政府能够进行更大规模的公共投资并兴建有利于社会发展的工程。

然而，在赤道几内亚，过去15年众所周知的基础设施层面的重大经济转型，并非出于国民的企业家精神、聪明才智和生产力的提高，而是得益于政府控制的石油部门收益。因此，国民并非这一经济增长进程的主要参与者，而是作为道路、桥梁、港口、社会住房、电气化等的“被动受益者”；也就是说，增长并非“源于群众基础而延伸至上层建筑”，而是正好相反。因此，一方面，出现了一定的“经济二元性”，表现为基础设施的现代化（五星级酒店、现代化住宅、现代化行政大楼等）；另一方面，国民意识大多停留在原始和乡村化状态，他们不了解如何利用上述基础设施；因此，上述基础设施面临着使用寿命非常短的风险。如果我们考虑到欧盟公布的针对清洁能源或可再生能源的新法令，则可以预见，汽油车辆将在未来的几年内被禁止在欧洲道路上行驶，这将导致石油生产国利益受损，而赤道几内亚正是石油出产国之一。

然而，基础设施本身并不应是目的，而是使国民更容易通过国内外市场内货物和服务的生产、运输、分销和销售参与发展进程的手段，以实现盈利。我国已完成了基础设施的开发，目前的挑战是在全体国民的参与下发展“实体经济”，以促进国内贸易的发展，同时寻求向全球扩张。

上述情况已使国民进入舒适区，许多人放弃了赖以为生的传统捕鱼和农业活动，仅被动地等待政府的行动或从居住在城市地区的亲属处获得帮助。事实上，在国境内的许多民族聚居区中，尚未发生任何变化。在经济繁荣时期，每个人都寄希望于支付委员会的努力能够使货币重新开始流通。在我看来，这种现象是助长当前经济危机的一个因素。

## 十七、半自治经济制度

全球经济相互依存：发达国家需要原材料，并在发展中国家为其产品寻找新的市场；而发展中国家则希望从最发达的经济体处获得外国资本的投资和最先进的技术。全球化使得资本、游客、货物和服务的流动成为可能。跨国公司正处于一场激烈的竞争中，它们试图在能够提供更优条件和更好营商环境的国家寻找新的投资机会。虽然一个国家可以很富裕，但国家资源总是有限的，而社会需求是无穷无尽的。这就是为什么世界上没有一个国家能够仅依靠自己的资源实现发展，甚至沙特阿拉伯——世界最大的石油生产国也无法做到。而这一论点与赤道几内亚近年来的增长并不相符，赤道几内亚“完完全全”依赖碳氢化合物部门的收入作为融资来源，在其他部门却没有外国的直接投资。赤道几内亚所有基础设施项目的费用目前只由国库承担，这种情况几乎等同于“几乎自主的经济制度”，即封闭于世界市场之外的模式；除石油行业之外，赤道几内亚与国外的交易少之又少，表现出一种不需要与他国进行贸易交换，仅愿依靠本国资源发展的态度。

这种“近乎专制”的状况主要是由于国际金融机构（国际货币基金组织、世界银行、非洲开发银行）以及联合国、粮农组织、卫生组织、儿童基金会、开发计划署等在赤道几内亚发现石油后，考虑到赤道几内亚的人均收入很高（直至最近仍为非洲大陆人均收入最高的国家），认为赤道几内亚是一个富裕国家，因此不再需要外部财政援助。赤道几内亚的公路建设中没有获得世界银行的任何融资。外国直接投资对国内增长的贡献不足，也是导致赤道几内亚目前面临的经济危机的部分原因。

# 第四章

## 关于如何摆脱当前经济危机的新思路

### 一、结构改革的紧急计划

一般来说，危机通常是一个回顾过去的机会，可以对曾经的发展路径进行自我批评性的分析；它能够让我们承认人类工作中的不完美，认识到曾经的成功和可能犯的错误。危机就像燃烧后的森林，经得起磨炼的草籽会在灼热火焰留下的灰烬中萌芽。经过近十年的强劲增长，赤道几内亚的经济与其他中部非洲经济与货币共同体国家一样，自2014年起直至现在都处于危机之中。但实际上这场危机源于2007年，即世界危机开始之日。毫无疑问，世界经济自第二次世界大战以来始终艰难，并在2007年停止增长，在2009年陷入衰退，使发达国家的大部分经济陷入严重危机，并蔓延至地球上的其他国家。为了解决上述经济危机的影响，赤道几内亚决定采用永久或长期性的“扩张性财政政策”，利用其源自石油工业部门收入的专用储备金，以维持其经济的增长和活力，直至储备金耗尽为止，从而造成了财政问题。此外，2014年石油价格的下降更是雪上加霜，进一步减少了国家的收入，使政府难以实现“国家社会发展计划”（PNDS）中为赤道几内亚制定的2020年发展目标，导致该计划不得不重新编制。

可以认为，在特殊的经济形势下，需要采取特殊措施，这是本书的主题。在我看来，无论与国际货币基金组织达成何种计划，都需要采用“新思路”和新措施来克服危机并重新走上包容性增长的道路，从而发展实体经济和/或生产性经济，这无疑会减少我国对化石燃料的依赖，并使我们充满信心和热情地走向未来。

为此，我深信，需要制订结构改革的紧急计划，其中至少应包括一些自治实体和国有企业的私有化和/或改组，公务员录用制度的改进，国家合同准入制度的完善，医院管理和教育体系的完善，以及经营环境的改善。

此外，该计划中应定义一个雄心勃勃的新经济远景，作为路线指导方针，以便于制定危机摆脱计划，启动赤道几内亚工业化，促进公共—私人伙伴（PPP），发展保险业，建立经济特区，确定劳动力的地理分布，实现现有基础设施的货币化和人工智能投资，实现对现代化和全球化的开放，加强赤道几内亚控股公司的作用发挥，消除贫困，落实以进口替代为基础的经济多样化计划，设立国家出口促进局，发展数字经济和人工智能，建立经济及社会理事会，落实中小企业创建计划以及国家基础设施维护和保护计划，扩大国际合作或创建赤道几内亚国家彩票局等。

## 二、国际货币基金组织的方案

在详细介绍国际货币基金组织向赤道几内亚政府提出的旨在摆脱危机的方案和建议细节之前，请允许我向不了解此国际组织使命的人做一个简要介绍。1944年7月22日，正值第二次世界大战结束之时，在美国新罕布什尔州召开的布雷顿森林会议上，联合国提出建立一个国际金融机构以管理和控制全球经济发展的想法。而后，在1945年，国际货币基金组织成立，其主要目标是：促进全球经济合作，促进国际贸易、就业、汇率稳定和减少贫穷。为了实现这一目标，这一组织甚至能够向188个成员国提供贷款，以实现其国际收支平衡。国际货币基金组织向还款有困难的国家提供的融资，是通过履行前期商定的条件和为此目的制订的“方案”中规定的条件来支付的。提供融资后，国际货币基金组织将定期监测和评价上述方案所定目标的实现情况。此外，其拥有两个重要特点：首先，上述方案所涉及的将用于赤道几内亚的金融工具将对应国际货币基金组织的扩展服务（SAF），这是一种还款条件比金融市场更为优惠的信贷；其次，上述方案的期限为三年，我们期望是从2019年开始，延续至2020年，并在2021年结束。

然而，国际货币基金组织针对各国获得融资的要求或条件，过去曾因其可怕的社会后果而受到批评。我们都对20世纪80年代结构调整计划的灾难性影响记忆犹新。作为美国加州圣迭戈州立大学经济学系的学生，我针对这一问题进行了实际模拟和研究。上述要求或条件忽视了每个国家的具体情况，而只强调普遍性，它们旨在通过当地货币贬值以鼓励和刺激出口，从而实现国际收支平衡。同样地，社会支出被削减，而公营企业，即使是具有盈利潜力的企业，也被私有化了。结构调整计划（PAE）的最终目标是让各国偿还债务。然而，对绝大多数国家来说，其经济和社会影响是灾难性的。

根据同样的新自由主义逻辑，1994年1月11日，国际货币基金组织决定使中非法郎贬值50%，导致通货膨胀加剧，引起购买力的下降。虽然货币贬值并非对所有国家都具有同样的影响，但对于20世纪90年代中期实行贬值的大多数国家来说，结果与预期相反，货币贬值导致的失业率上升和通货膨胀加剧了经济危机。

20世纪80年代和90年代末期，在阿根廷等国，国际货币基金组织的方案在拉丁美洲也遭到同样的批评。其方案和条件是彻底的失败，因为上述方案导致经济进一步放缓。过去，对国际货币基金组织的一些批评侧重于减少社会服务（包括教育和卫生）的公共开支，甚至取消生产性部门的补贴，以修复公共财政，平衡国家一般预算；增加主要（财政）余额，以应对外债；通过调整税收制度，增加税收以提高财政收入；通过放松对劳动力市场的管制，放纵自由裁员和减薪，导致工人罢工和本币贬值，以期增加出口（仅限理论，实际并未奏效），这对于赤道几内亚这样一个经济并未实现多样化，完全依靠进口来维持发展的国家来说是适得其反的。世界已经改变，国际货币基金组织无疑必须考虑到上述所有后果。了解上述背景后，现在让我们看一下国际货币基金组织和赤道几内亚之间商定的方案涉及哪些关键点。

削减整体财政赤字和主要非石油财政赤字（DFPNP）

如上所述，当前经济危机的原因之一是2007—2009年全球经济危机后扩张性财政政策的长期实施（2009年至2017年，可能包括2018年），导致宏观经济严重失衡。因此，国际货币基金组织建议的旨在削减整体财政赤字的紧缩政策，从理论上讲，对于公共财政的恢复是绝对相关的、连贯的和必要的。

如果我们快速浏览表3（整体收支余额），我们立即就会发现，从 2009年到 2018年修正后预算的预测中（2011年除外），总余额始终是赤字。虽然根据截至2018年6月30日的收入，预测今年的总体（赤字）余额将低得多，但连续多年的赤字仍是不可取的。

因此，国际货币基金组织建议削减整体财政赤字是符合逻辑的，这意味着资本（或投资）开支大幅减少，为此，政府将不得不重新规划多项目前已处于停滞状态的工程的实施。同时，无论所涉及的项目是否为生产性的或盈利性的，建议政府根据项目的性质建立公私合作伙伴关系（PPP），实现已经因工程预付款而吸收了大量公共资金的工程完工。

增加非石油收入，减少营运开支（公共开支）

同样地，国际货币基金组织的这一建议也具有相关性，因为如果我们回顾一下表9（基本财政盈余），我们将发现，从2005年至2018年，尽管政府实施了相关政策，基本财政盈余在过去15年中始终处于赤字状态。政府倾向于利用非石油收入支付营运费用，而投资费用则源于石油收入。这清楚地表明，如果没有石油工业部门的收入，赤道几内亚的经济将处于完全停滞的境地。这是一个财政上不可持续的局面。

公共外债和融资（发展伙伴专用）

不增加国家借款是审慎的做法，特别是当国家借款用于没有实际经济回报的非生产性（社会）基础设施的融资时。然而，对于有利于经济多样化的项目，以及有利于商品和服务生产的项目（农业、渔业、畜牧业、木材业、采矿业、旅游业等），在提高原材料附加值、创造就业机会和产生新的收入来源方面，政府会审慎地就负债问题提出建议，前提是上述项目产生的利润能够覆盖资本支出。

付款的拖欠：国内债务

正如我们在另一章中指出的那样，政府的主要国内债务对象是建筑公司。为此，建议首先划定欠款的实际金额，以便重新安排付款。如下表所示，截至2017年4月30日，财政、预算、经济和规划部的公共债务余额总计为2,769,708,489,041中非法郎，其中2,117,547,797,647中非法郎（占总额的76.5%）为国内债务，而国内债务则包括政府拖欠建筑公司的债务，金额为1,507,191,297,647中非法郎（占比54.4%）；以及政府欠中部非洲国家银行的债务，金额约为610,356,500,000中非法郎（占比22.03%）。同时，外债约为652,160,691,394中非法郎（占比23.5%）。鉴于赤道几内亚政府是国家经济的主要投资者和消费者，长期拖欠公司债务将导致企业受到致命的影响。因此，重新安排向建筑公司支付欠款是一个优先事项。在这一方面，我完全同意国际货币基金组织的建议，即优先考虑国内债务的偿还，同时，此举将有助于银行收回贷款。

同时，国际货币基金组织还提出通过发行无息和长期（10年）国债向国内私营公司偿还国内债务的可能性。但这一措施似乎非常不切实际，因为众所周知，大多数国内企业的主要客户甚至唯一客户是国家政府，他们无法承受如此长时间的欠款；若采取上述措施，等他们收到最后一笔欠款时，许多企业肯定已经倒闭了。

改善社会指标

客观来讲，我们可以确认，基于化石燃料资源的收入，赤道几内亚政府作出了巨大努力，改善了本国的社会经济状况，并建设了众所周知的各类基础设施，诸如社会住房、电气化设施、某些地区的饮用水管道、允许货物和人员自由流动的道路、培训中心、医院、教师和卫生工作者培训机构、小儿麻痹症疫苗接种中心、艾滋病毒控制中心等。上述所有工作都在某种程度上有助于改善人类发展指数。正如我们在上文中提及的那样，国民的预期寿命有所增加，孕产妇和儿童死亡率也有所下降。然而，上述成就并没有完全惠及散居在全国各地的全体国民，这也是事实，而目前的经济危机又减缓了这一社会进展。因此，当务之急必须是经济的复苏，以便于赤道几内亚重新踏上社会经济增长和发展的道路，以期通过在教育和保健方面进行大量投资，创造更多就业岗位，提供更多社会福利。一个国家的社会经济指标必须与其收入水平相一致。

金融体系的加强

从逻辑上看，国际货币基金组织必须关注国家银行的稳定性，因为政府、国家商业银行和建筑公司之间有着密切的三方关系。政府拖欠建筑公司的款项，而建筑公司拖欠银行的款项。如果政府不还清国内债务，企业将无法偿还银行债务，这可能会使我国整个金融体系面临风险。这是将偿还国内债务作为优先事项的另一个理由。

信息的传播/披露

我认为没有必要再一次强调传播社会经济信息和数据的必要性。政府曾采取了许多并未公开的行动和措施，有些甚至是政府本身或对各国发展水平进行排名的国际机构并未将其考虑在内的行动和措施。例如，我们都注意到本国的电力供应水平有所改善；然而，2018年，世界银行在其“营商环境清单”中继续将赤道几内亚排在190个国家中的第146位，被归类为“电力供应困难”。这一排名与前几年电力供应严重困难时相比，变化并不大。这种情况向投资者和外界发出了一个虚假的信号。因此，即便国际货币基金组织没有提及这一点，我也认为及时公布本国社会经济进展的信息是非常有必要的，以便于外界了解本国的最新情况。

结构性改革

关于需要进行的结构改革，国际货币基金组织认为，为了吸引外国私人投资，促进经济多样化并创造就业机会，必须改善营商环境，这个问题我们将在另一章中深入阐述。

若政府能够采取上述措施，接纳上述建议，使我国能够与国际货币基金组织合作制订一个方案，并定期进行评估，则最终可获得国际货币基金组织约6亿美元的融资，分三年还款，以实现稳定的宏观经济局势。正如我们在上文中提及的，该方案的期限为三年。

## 三、摆脱危机的新愿景和计划

如上所述，国际货币基金组织的主要任务是促进全球经济合作，促进国际贸易、就业、汇率稳定和减少贫困；为实现这一目标，它可以借款给其成员国，以实现其公共财政的平衡。从整体上看，国际货币基金组织建议我国实现经济的多样化，但它不会具体告诉我们种植木薯、菠萝、香蕉或黄肉芋，也不会在我国境内帮助我国发展赤道几内亚的经济。国际货币基金组织的使命并不包括强加指导我国实现发展前进的道路，实现国民经济的发展是我国作为一个国家必须承担的任务，我们必须了解生产什么、如何生产和在哪里生产。

因此，为了实现恢复增长和振兴经济所需的质和量的飞跃，必须提出新的愿景，推动制定全面战略计划，以摆脱危机，继续推动和致力于基础设施建设。所有的进步都始于一个伟大的愿景。

## 四、赤道几内亚工业化计划（PEGUI）

过去，曾有许多人提出过很优秀的思路和主张，但后期被人们所遗忘，“赤道几内亚工业化计划”就是如此，该计划在2011年被视为2020年计划的一项支持工具。该计划描述了可在全国各地开展的工业活动，涉及农业、畜牧业、旅游业、采矿业等。在经过大量技术分析工作后，我们认为应当重启“赤道几内亚工业化计划”，并根据目前的情况对其进行调整。的确，在研究和分析期间，一些人预估，在私人投资者缺失的情况下，政府有必要通过创建国家生产单位来实现经济多样化，随后再将其私有化。在自由市场经济体制中，私营部门应优先，而政府应为私营企业的创建提供便利，特别是在已经了解将无盈利且无效的自治实体私有化的困难的情况下。另一些人则认为，为了吸引外国资本投资生产部门，首先必须解决营商环境这一紧迫问题。

## 五、加强公私合作伙伴关系（PPP）

当我们谈到“港口基础设施货币化”一节时，我们将针对几内亚湾从塞内加尔到安哥拉的所有港口，说明应如何按照公私合作伙伴关系的概念运作港口，同时必须与在港口管理方面积累了丰富经验的外国特许商合作。上述关系仅仅是公共当局与商业界之间的合同关系，旨在吸引融资，无论上述融资是用于某项基础设施的建设、翻修、管理、维护还是提供公共服务。

许多国家选择此类合作的原因众多，包括分担风险和收益、降低成本、提高效率、利用私营部门经验、提供质量更佳的公共服务、提高技术创新水平等。赤道几内亚所属次区域内的许多国家均选择这一模式，以实现公共服务的效力。换一种说法的话，即公私合作伙伴关系在世界各地均被广泛接纳，因为第一,一般情况下，属于私营部门的企业相较于公共部门来说能更好地管理公司；第二，私营部门拥有一套公共行政部门无法利用的奖励和制裁制度；第三，私营部门在执行其程序方面更加灵活，而公共部门则受到一系列严格的运作条例的制约，这些条例往往不支持创新，并会妨碍所定目标的实现；第四，私营机构的招聘模式主要以竞争力为基础，而在公共部门则存在其他考虑因素。赤道几内亚目前拥有的多项资产和服务均可以在公私合作伙伴关系制度下管理，以获得最佳的经济成果，实现最佳效率，包括港口、机场、医院、电力供应基础设施和供水设施、海（吉布劳船队）陆空公共运输设施等。公私合作伙伴关系的一个特点是，关系的建立必须基于合同，合同中确定期限、风险分配以及私人和公共性质的当事各方需要提供的投资。以这种方式，项目就不必动用国库的资金来进行“全额融资”。这正是成立赤道几内亚控股公司的用意所在，我们希望通过公司伙伴关系模式，加强与外国企业的合作，利用外国企业的资本、经验、创新和技术来支持并加强生产部门的发展。

我们也可以选择将公共服务外包或委托给私营公司，无论是否以营利为目的，但必须保持我国在公共行政当局下对公共服务基础设施的所有权和责任。所有这一切都是以实现更高的效率和更高质量的公共服务管理为目标，如供水设施、电力供应设施、车辆技术检查等公共服务。当然，赤道几内亚政府目前因缺乏资源而无法完成的许多项目，也很可能通过公私合作伙伴关系获得融资。

## 六、保险部门的发展

赤道几内亚等经济发展形势严峻的国家必须发展保险部门，以便将自然人和（或）法人可能遭受的风险转移给有能力承担上述风险的保险公司。

我们从前并未意识到，保险在一国经济发展中起着非常重要的作用。保险业的发展可以鼓励和刺激外国投资，因为投保人向保险公司支付的保费能够在很大程度上增加国民储蓄的金额，上述保费如果存入商业银行，则可以用于为经济提供融资。从另一个角度来看，保险活动与银行类似，可以将支付保费的人（投保人）视为向保险公司（保险人）提供信贷的放款人，而保险公司在发生事故之前，通常不会立即使用此类资金；从财政角度来看，上述资金可以成为国民储蓄的来源。保险部门涉及若干方面：盗窃、火灾和运输保险，人身保险（人寿保险、储蓄保险、生命保险或风险保险）以及其他保险，如健康或疾病险、孤儿保单、安全险、事故险、旅行险、车辆险或汽车险等，甚至存在专门针对人身体某个部位，如头部、腿部、手部或胸部等的保险。

虽然从理论上讲，赤道几内亚的社会保障制度中存在一个公共组成部分，可以通过国家社会保障局提供公共福利金；另一个组成部分则是多家私营保险公司（如艾希格保险公司和赤道几内亚非洲保险公司等），私营保险的范围仅涵盖支付社会保险费的员工和购买私人保险的被保人。然而，上述保险并未覆盖大多数未支付社会保险费或失去工作的人，因此，各个年龄段的公民中很大一部分处于完全没有任何保险的境地。此外，本地市场中并不存在我们在上文中提及的各类私人保险。赤道几内亚的保险部门仍留有巨大的发展空间，并能够为国家经济发展作出贡献。由于本国保险部门的发展缺失，迫使许多本地公民和企业在安德赛保险公司、MAPFRE等外国保险公司投保，这意味着国民经济中的又一项资金外流。

## 七、在省或区域一级（岛屿和大陆）建立经济特区（ZEE）

如果赤道几内亚计划改善社会福利，则必须采用有效机制，在岛屿和陆地区域建立至少两个经济特区，以吸引和增加外国投资，创造大量就业机会，发展价值链，促进出口并提高生产力。经济特区即在地理区域上划定的特殊地区，赋予该地区特殊的营商环境，并为其制定有助于形成自由贸易市场的法规，且该区域可以不受国家法律的约束。经济特区应拥有专门的法律框架，适当的有形基础设施，有利于减少官僚主义的商业窗口，有吸引力的税收优惠政策，能够消除瓶颈的有效机构支持，以及专门的清关程序，同时考虑到中部非洲经济与货币共同体的相关标准。

作为一个数据参考，全世界大约有4,000个经济特区，仅在尼日利亚和肯尼亚就有100多个。从已创建并发展了经济特区，并提供财政便利和税收优惠政策的国家的经验来看，经济特区能够促进和发展人力资本、创新、技术转让（技术诀窍，英文为know how），并且有助于提高生产力、获得信贷、完善企业监管机制，使得国家能够实现高水平的社会福利增长和社会的繁荣与稳定。

下面我举一个例子：2018年7月5日，吉布提港务局及其合作伙伴——“中国招商局集团有限公司（CMG）”共同举行了吉布提自由贸易区（DIFTZ）的开幕式，该自由贸易区占地4,800公顷，投资需求为35亿美元，其主要目标是于2028年成为非洲最大的自由贸易区。在这个大型项目中，约21家中国农业食品、汽车零部件、纺织品和包装行业的企业承诺在吉布提自由贸易区落户，在一期工程中将创造约12,000个直接就业机会，而且该项目最终将会创造35万个就业机会。此外，“中国招商局集团有限公司”持有吉布提多拉莱多功能港口23.5%的股份。我国也必须创建此类项目，以期为国民创造大量就业机会，并将物质福利扩展到所有社会阶层。正如罗纳德·里根总统所说："让年轻人拥有工作，你就会看到他们将如何停止谈论政治。"我国可以委托拥有足够能力和经验的人才来制订此类项目方案，这将会取得积极成果。

我想在此说明，赤道几内亚当局可以从自由贸易区（ZLC，或英文缩写为FTZ）、出口加工区（ZPE，英文EPZ）、自由区（ZL，英文FZ）、工业园区（PI，英文IP）和自由港（PL，英文FP）等现有的几种经济特区类型中选择。

如果选择出口加工区或免税自由贸易区，赤道几内亚政府可以与中国、印度和欧洲面向非洲的出口公司进行谈判，以便他们将其货物储存在选定的港口（自由港），经过加工或再加工后再进行出口，该港口应享有税收优惠政策，或是一个进出口免税港。例如，科戈港将是建立出口加工区的理想地点。

我们还建议，建立专属经济特区前，应在吉布劳建立一个工业园或工业场地，使这座具有象征意义的城市和巴塔港附近的另一座城市拥有生存能力，以便针对各类工业活动进行分组。为此，应选择合适的场地进行建设，同时应考虑到环境因素，以避免污染。有了赤道几内亚的木材，中国东南部广东省广州市和佛山市就可以围绕这种原材料进行工业加工，建立家具加工厂并出口各类家具（包括浴室家具、厨房、餐厅、大厅、露台、卧室、门、窗；学校和办公家具；牙签、扫把和从我国原材料木材中衍生出的全部副产品）。为此，我们必须与从赤道几内亚进口木材的公司，特别是亚洲公司进行谈判，通过提供税收优惠来吸引并说服他们将木材加工厂建在我国。也可以建立一个纸和包装工厂，包括所有附加产品的生产。此外，也可以在上述工业园区开展其他活动，如建筑材料工厂：包括陶瓷工厂和涂料工厂，灯具厂和鞋厂。毫无疑问，这一系列活动将为国民创造数以千计的就业机会。因此，迫切需要设立一个跨学科委员会来分析这一问题。应针对每种产品的制造建立一个培训中心，因为我国必须在数量和质量上拥有必要的人力资源。

## 八、劳动力的地域分布

显然，一个国家的经济发展不能也不应该仅仅依靠政府的行动，而是应该通过所有公民、所有社会阶层和构成国家领土的所有区域的整体参与来实现的。上述参与者应包括艺术家、运动员、思想家、制作人协会、运输商、分销商、教师、贸易商等。我国境内每个个体、城镇、地区、区域、省、市都必须拥有某个特定职业的从业人员，专门从事一些具体活动，使得每个个体都拥有自己的比较优势。此外，每个个体都应受到鼓励和激发，以获得某些个人或集体利益，改善生活为目标。国内任何地区或省份都不应对此掉以轻心，不能使得其居民仅被动等待他们的子女和家人从别处给他们寄钱生活。所有新建的城区都应专门从事一些具体活动。

在我看来，应该制订一份“全国劳动地域分配计划”，并根据不同地点的具体特点，将一项或多项活动分配给每个城镇、地区、城区或省，然后鼓励全国各地区之间进行贸易。且上述活动应与其他地区的活动相辅相成，活动的确定具体取决于地域的地理位置、气候、传统及其内生自然资源。

据了解，我国约90%的收入来自石油工业部门，其开采主要集中在比奥科岛（除可可种植区外）和陆地区域，特别是在木比尼地区，上述地区的石油产量使得赤道几内亚现在被认为是一个盛产石油的富裕国家。然而，其他地区虽然拥有巨大的生产潜力，目前对创造国家财富来说却是零贡献或边际贡献。例如，莫卡地区，其气候条件适于种植蔬菜。此外，我们应为里亚巴、巴尼和卢巴分配一项活动。

在陆地区域，巴塔、木比尼和科戈的沿海地区自然应当专门从事渔业生产。此外，还可以增加其他农业生产，如种植土豆、洋葱、胡萝卜等，仅供参考。中南省（Centro Sur）可专门种植木薯、花生、水果等，并进行加工；众所周知，利用木薯和木薯粉，我们可以生产多种副产品，包括洗涤剂、软化剂、酸奶、婴儿食品、糕点和饼干等，从而创造数千个就业岗位。埃维纳永区的气候条件适合牛、山羊以及猪的饲养和放牧，同时可以出产牛肉，并学习如何生产奶酪，以及几内亚人非常喜欢的塞拉诺火腿和约克火腿。阿库勒南地区可成为专门的甘蔗种植区，并加工精糖、乙醇和从事造纸。恩比贝因地区可以致力于将木材加工为各种家具（用于浴室、餐厅、厨房、露台等）和柳条。该地区还可以建造一个陆港，为乍得和中非共和国的交通枢纽，以及喀麦隆的基奥西、埃博洛韦等地区提供服务。恩索克—索默、蒙戈莫和阿科尼贝地区可以致力于养鱼，以及玉米、花生及其副产品（花生油和花生酱）的生产，以及菠萝、芒果及其所有副产品（果汁、果酱）的生产。阿尼索克地区可以致力于香蕉、蕉麻的种植和加工，以满足本地消费需求并用于出口。安诺本区应建立一个中间产业，用于生产金枪鱼片、建立咸鱼工厂等。而科里斯科，这个拥有银色海滩，清澈海水和现代化机场的天堂般的岛屿，将成为来自世界各地的游客和来自邻国的新贵富人梦想中的度假胜地。高级别的道路基础设施将促进产品从外地运往主要城市和出口港口，从而创造一种使国民经济发生根本性变革的动力。

赤道几内亚的任何一个角落都不应袖手旁观，仅靠被动地等待生活在大城市中心的子女和亲属的帮助来生存。应为每项经济活动提供专门的培训中心，包括畜牧业、渔业、木材加工业、各类家具工厂、农业综合企业等。每个省都可以建造工业区，以防止农村人口外流，并促进周边发展。对于因找不到适合他们从事的经济活动而离开所生活村庄的年轻人，应使他们能够实现自己作为一个社会人的价值，并拥有对未来的愿景。

这将是一场关于领土管理构想的革命，我们应基于每个地域能够利用的竞争优势，调动当地人才的积极性，然后鼓励区域、省份和地区之间进行贸易。只有这样，每个地区才能为创造国家财富贡献自己的一份力量。为了实现这一宏伟目标，可能需要将某些民族聚居地分组或集中，以避免他们目前的巴尔干化（碎片化），因为碎片化将使得提供基本社会服务，如水、电、卫生服务和教育服务的难度加大。

政府在这一切中应发挥何等作用？在众多职能中，政府首先必须作为促进者，鼓励群体参加不同的活动；为每年创建的中小企业设定目标；为打算开展的每一项活动建立具体的培训中心；扩大和确保电力供应；建立确保灌溉的机制；通过低成本融资或国家补贴刺激农业生产；为处于萌芽期的活动提供财政和税务便利；为新兴产业提供必要的技术支持；与其他国家签订贸易和合作协议，将赤道几内亚产品推向市场。政府不应是唯一的投资者、生产者和分销者，应加强私营部门的参与。一方面，可以鼓励香蕉、蕉麻、木薯、椰子、芒果、花生、鳄梨等的生产群体建立生产合作社；另一方面，应鼓励饲养猪、山羊、鸡、鸭的群体和渔民群体建立专业合作社。

同时，政府还可为产量最高的生产者设立年度表彰奖并授予奖金。此外，应将每年举办的农业博览会制度化，通过邀请潜在的外国买家来推广国内产品。

此外，政府还应设立培训中心，针对农业群体的成员进行有关商业管理、票据支付、收支登记、税收、行政管理和人力资源等基础知识的培训。

## 九、通过进口替代实现工业化

我建议的发展模式是，通过进口替代，利用机械和新技术，大规模生产货物并提供服务，以实现经济多样化。工业化的实现能够减少许多消费产品的制造时间和成本，增加产量，更好地利用我们的人力资源，并征服新的市场；考虑到目前欧洲市场的准入存在多重壁垒，我们应重点关注亚洲市场。

如果我们能在赤道几内亚生产自己的产品，为什么还要从喀麦隆进口鸡蛋、鸡肉、土豆、辣椒、番茄和洋葱呢？如果我们的木材质量更好并可以自己加工，那我们为什么要进口门、家具、纸张，甚至牙签呢？如果我们下定决心开始自己生产我们今天进口的大多数必需品，以减少本国的资本外流，那么我们应实行适当的进口替代政策。

上述模式将使得社会和家庭重组，这一重组不仅基于部落、族裔或区域的关系，而且基于共同的经济利益。同时，这一模式还将允许我国从目前的初级实体经济中走出，升级为二级（加工）和三级（服务、营销）经济。简而言之，赤道几内亚的工业化将促进本国对全球化的融入，以及技术、连通性和电信的发展。

但是，如此规模的项目需要我们制订一份可被称为“赤道几内亚工业化计划”或“赤道几内亚工业计划”的方案，并开展分析研究，厘清我国的内部劣势，哪些是使我国处于不利地位的因素，以及增加专业人员培训，填补人力资源的缺失；认识我国面临的外部威胁，这些威胁可能会损害上述工业计划的执行或可行性，若能提早发现，则可避免并将其转化为真正的商业机会；认识我国的内部优势，即我国的比较优势，现有和已经建立并得到强化的资源和技能；最后发现我国面临的机会，可能是现有的和尚未开发的区域和次区域的市场，但如果这些机会得不到及时认知和利用，就意味着竞争优势的失去。

整个非洲大陆都已认识到工业化对非洲经济革命的重要性，工业化的实现需要大规模生产商品和提供服务，有利于创造大量就业机会，特别是为青年人创造就业机会。正是由于这一原因，非洲开发银行于2018年5月21日至25日在韩国釜山举行会议，以加速陆地区域的工业化进程。

我当然不是第一个提出赤道几内亚工业化问题的人，其他人过去也曾提出这一议题。我在之前提及“赤道几内亚工业化计划”，该计划是在过去提出的，但后续并未付诸行动。我承认这是出于国家政府中存在的政治对抗，当有人提出一个优秀的思路或主张，他并未收到同僚理应给予的祝贺，因为某些同僚会利用各种伎俩进行破坏，质疑他们的荣誉和专业精神。这就是一些重要的想法和建议因失去其倡导者而流产的原因。

为了确保我国社会和未来的稳定性，我们必须铭记，我们现在拥有新一代的年轻人，超过60%的人口年龄在25岁以下，他们看待事物的方式不同，他们有抱负，就像世界其他国家的年轻人一样。确保他们实现梦想的方式就是为他们提供一份无限期合同的工作，让他们为梦想而拼搏。否则，他们的抱负可能会转化为挫折感，从长远看，这可能会成为未来社会冲突和代际冲突的根源，产生不可预测的后果。

## 十、某些效率低下和（或）拥有潜在盈利性的自治实体的机构重组和私有化

赤道几内亚政府向民众提供的公共服务（如供电、供水、保健、医疗服务、电信、空运、燃料供应等）对国民一视同仁，不存在任何歧视，高质量的公共服务伴随着的是国民能够负担得起的价格。当条件允许时，上述公共服务部门可以私有化，实现由私营企业提供上述部分或全部服务。上述公共服务甚至也可以自由化，正如两家新的电信企业——穆尼电信公司和Gecomsa公司的准入可以打破Getesa公司对电信的垄断。因此，公共服务私有化或自由化并不意味着消失，只是不再受国家的直接控制。

通常情况下，私有化主要是为了提高服务效率、改善服务质量和降低成本。当然，许多人反对私有化，因为有时私有化伴随着失业和裁员。在赤道几内亚，提供公共服务的自治实体和国有企业分为两类。第一类以营利为目标，如国家石油公司（Gepetrol）、石油服务公司（Gepetrol Servicios）、国

家天然气公司（Sonagas）、普通保险股份公司（Segesa）、Getesa公司、渔业水产公司（Sonapesca）、Gitge公司、Ortel公司、木棉航空公司（Ceiba Intercontinental）、港务局，国家社会保障局等；第二类则为非营利性机构，如司法实践研究所、人权促进研究所，这里仅举几个例子作为说明。政府资助非营利性机构，而营利性机构则利用他们生产所获得的资金来维持经营和计划投资。

往往很难评估上述自治实体所提供的公共服务的真正价值，特别是当受到其管理模式制约时。他们仅仅提交收入、支出和余额的月度报告，但我们无法了解其资产、折旧和财务报表的真实情况。一些营利性的自治实体应同时进行内部和外部审计，其账户应由高偿付能力的会计师核证。

赤道几内亚国家石油公司（Gepetrol）和赤道几内亚国家天然气公司（Sonagas）案例分析

国家石油公司和国家天然气公司可能会成为赤道几内亚首批跨国公司，因为它们的经营规模庞大，甚至在世界不同的证券交易所进行交易，以吸引投资者和建立战略伙伴关系。这两个自治实体在各自的领域内拥有非常丰富的经验和高资质的领导团队，以及高技能的当地人力资源，因为石油部门是国内培训技术最先进的部门。如今，钻井平台上的许多石油作业都是在几内亚本国人员的监督下进行的，而无须外方人员在场。国家石油公司和国家天然气公司已经有能力在区域层面和国际层面上出口他们的一些商品和服务。例如，国家石油公司已经有实力在中部非洲经济与货币共同体和其他国家以利比亚石油的名义开设加油站。同时，国家天然气公司则已经可以向其他国家出口丁烷气。与同行油气公司一样，国家石油公司应能够参加其他国家油田勘探和开采项目的国际招标。为实现这一崇高目标，该公司需要通过调整和批准其内部职能，明确界定其与公共行政机构的关系，从而实现改组。即使上述公司是国营企业，其经营模式也必须与世界上同一部门的私营企业和其他类似企业一致。其管理范围应不仅限于每月简单地列报收入、支出水平和由此产生的余额；其财务报表必须由国际知名审计公司认证，以吸引投资者并建立公私合作伙伴关系。

*石油部门相关服务*

同样值得讨论的是，我国尚未开发所有与石油部门相关的产业，而这将涉及一个技术水平高、影响广泛的领域。第一，从相关服务的角度来看，值得一提的是原油的运输。赤道几内亚如今可以为客户创建一个全国性公司，使客户不仅能够购买我们的原油，还能够直接获得油船运输服务，这将有助于增加国家的收入。此外，油船往返于运输航线之间，有时需要紧急航空服务，而此类航空服务需要高度重视安全性和专业性。因此，我们认为，木棉航空公司（Nacional Ceiba Intercontinental）和（或）国家石油公司可以像安哥拉的油气公司一样，配备一支飞机舰队，以满足国境内外油船的专门需求。

第二，在电信领域。许多在赤道几内亚运营的外国石油公司都是跨国公司，它们每天24小时中会进行大量通信，联系其位于美国、英国、加拿大和世界各地的总部。电话网络和互联网的可靠性以及通信费用对于上述跨国公司是否选择使用我国的通信服务来说至关重要。如果我国的电信服务不可靠，油船将不得不使用自己的通信网络，那么我国将会损失大量资金收入。

第三，在电力供应方面。虽然油船实际上是依靠涡轮喷气产生的能量来确保其设施的电力供应，但如果这项服务能够由本国的SEGESA公司提供，将无疑会增加国家的收入，使国家受益。

第四，供水。位于欧洲角的石油设施需要使用大量的水，供水既可以满足工人的生活所需，也可以满足工业需要，如洗车、水箱等。如果存在一个全国性的配水供水公司，则能够确保针对上述设施的定期供水。否则，我国同样会损失大量资金收入。

第五，健康福利和社会保障的提供。的确，《劳动法总则》中规定了为每位本国和外国员工支付社会保障金的义务，以保证员工能够从国家社会保障局获益。石油工作人员，特别是外籍人士，总是在要求具有合格资质的医疗卫生人员能够提供更好的健康保障。社会福利涉及的其他方面则通常与空运医疗后送问题以及退休社会保障金相关。如果石油部门的外籍人士在赤道几内亚交了多年社会保障金但未达到要求年限，当其后期返回原籍国时，则必须冒着失去在赤道几内亚所缴的社会保障金的风险，因为赤道几内亚并未与其他国家签订社会保障合作协议。其解决办法是针对石油部门的外籍人员制定鼓励政策，并为其提供与原籍国相当的健康福利，同时与其他国家和（或）国际保险公司签订合作协议，以应对上述员工的退休焦虑问题。另外，如果国家社会保障局能够提供空运医疗后送服务，则将增加石油工业部门的外籍员工享受上述服务的可能性，有助于增加国家社会保障局的收入。

那些一直接受国家补贴，同时被认定管理效率低下的其他自治实体怎么办？只需对其进行私有化或清算，为国库做出财务贡献。

## 十一、改善营商环境

简介

世界上没有一个国家，包括像美国、中国、日本、德国、英国或法国这样的大国，以及比赤道几内亚拥有更多石油和天然气的国家，如沙特阿拉伯、科威特、俄罗斯、卡塔尔、文莱或挪威，会完全依靠自身的资源来发展经济，因为财政资金总是有限的，而人类的需求是无穷无尽的。此外，就我国而言，特别是在经济危机严重的时期，国民经济需要外资投资，原因有二：第一，是吸引新资金能够振兴经济。第二，外国投资将促进我们所缺乏的技术转让，这将有助于吸收日益创新的新生产技术，并推进农业、畜牧业、渔业、木材业、采矿业等部门，以及工业整体的产品技术转让、分销和商业化的进程。

我国的工业必须减少对石油工业部门的过度依赖，并促进经济多样化。

任何外国投资者、国际公司或跨国公司，在作出针对一个国家进行投资的决定之前，都会先了解被投资国的信息。第一，其信息来源可能来自所属国政府。第二，其信息来源可能是国际货币基金组织基于第四条磋商框架而发布的，关于宏观经济形势的年度报告。第三，投资者也可以查阅世界银行每年公布的营商环境清单。第四，同样地，投资者可以通过风险评级机构、信用评级机构或排名评级机构来了解所需信息，因为上述机构的任务是针对企业和政府的金融资产或产品（股票、债券、国库券）进行评级。上述机构评估发行人的偿付能力，以及违约和减值的风险，分析债务和其他指标，以评估政府或企业的金融产品可行性和经济潜力。

众所周知，世界上存在若干评级机构，但最大的三个评级机构是标准普尔评级（美国）、穆迪投资者服务公司（美国）和惠誉国际信用评级公司（英国）；它们的总部均设在纽约。此外，还存在中国的大公国际信用评级集团有限公司，以及日本的日本信用评级机构。上述机构可以确定公司债务以及政府发行债券的长期和短期信用评级。虽然实际上不存在一个唯一的衡量尺度，但每个机构都选择字母体系来衡量各国的信用评级。例如，标准普尔和惠誉使用AAA作为最佳评级，而字母D表示最差评级。而穆迪则使用Aaa作为最佳信用评级，字母C用于指代最高风险评级。与此同时，标准普尔评级机构使用BBB作为较低信用评级，而穆迪则使用Baa来为投机而非投资评级。例如，穆迪评级机构于2018年6月8日将加蓬的国家主权等级从B3降级为Caa1，以前只是“负面”，而如今已固化无法转变了。变为“稳定”，造成上述降级的原因是加蓬政府再次拖延向债权人（双边、多边或商业银行）和供应商付款，而这种情况是由加蓬国库难以履行其义务以及体制上的弱点造成的。根据穆迪的定义，Caa是指“劣质债券，具有非常高的信用风险”。穆迪的说明中提及“一个恶性循环，即付款延误造成的负担对邻国的经济增长造成压力，从而降低征税的可能性，使支付欠款变得困难”。然而，穆迪认为前景“稳定”，因为上述欠款被国际货币基金组织的技术和财政支持所抵销。在此基础上，加蓬的公共债务将在全球保持稳定，约占国内生产总值的60%。2017年7月，穆迪将加蓬的主权等级从B1下调至B3，原因是“由于油价长期下跌，经济措施调整能力薄弱，流动性不足，公共财政状况恶化，付款的延误不断累积”。

2017年10月，惠誉评级机构将加蓬的评级从B+下调至B，而加蓬则在2016年4月要求标准普尔停止对其公共债券进行评级。我们举加蓬为例，是为了表明赤道几内亚是世界上少数几个经济和债务没有被国际评级机构评级的国家之一。与加蓬完全不同，赤道几内亚确实没有欠西方银行和金融机构的债务。

投资者在对一国进行投资时可能考虑的另一个标准是该国在国际社会上的总体观感或形象。显然，一个国家就像一个人，其形象是以下三种看法的融合：个人对自己的看法，别人对他的看法，以及通过仔细分析这个人可以客观地验证的实际看法。这三种观感或形象不会完全一致。一个人可能认为自己是个好人；然而，其他人可能会因为媒体中的歪曲信息而持相反的看法；也有可能是在更加接近和了解这个人之后，才会发现他是一个好人。通常来说，非洲大陆是一个部落战争、政治危机和普遍贫困占主导地位的地区，一些在其他地区已经绝迹的疾病在这里仍然存在，男人、妇女和儿童在怀着逃离苦难和战争的期待偷渡欧洲时，常常亡于地中海沿岸。这种形象是如此的堕落，以至于为了吸引一个投资者，这个非洲国家必须是与众不同的，并能够提供一些特别的东西。我国多年来在国际上的形象是被歪曲的，这一形象并没有反映赤道几内亚民族谦逊和慷慨的精神。

树立一个国家的良好形象是非常重要的，因为不好的形象和误解会吓跑投资者。因此，需要利用适当的渠道和对话者，以期实现良好的沟通。为此，世界上所有的政府为了吸引投资者，都努力在世界评级中占据领先地位。我们赤道几内亚人应当判断国际上对我国的看法是否符合现实，并思考产生这种看法的原因。

赤道几内亚政府希望本国能够在2020年成为新兴国家，尽管目前的经济形势要求我们重新制订这一计划。根据世界银行的数据，所有新兴国家都不一样，但它们至少有十个共同的特点或普遍特征：第一，对于寻求现有投资机会的投资者和公司来说，这是一个有吸引力的目的地。第二，经济快速增长；我们不要忘记，一个新兴国家应该是工业化水平正在日益提高的，其公司应参与世界市场，其出口额应不断增加，而且该国应被认为是一个对外资具有吸引力的地方。我国在双繁荣（石油和建筑业）期间出现了惊人的增长，而当前的经济危机中断了这种繁荣。因此，我国必须振兴经济，以确保增长，没有增长，我们将无法实现预期的愿景。第三，赤道几内亚还拥有新兴国家的另一个特点，即原材料（石油、天然气、矿产等）的可用性。第四，近年兴建的基础设施。第五,一个新兴国家也应是一个拥有大量外国投资的国家，因为外资不仅能够为国民提供机会和利益，也可以为外国投资者创造利益。第六，至少保持最低水平的政治稳定；因此，坚持和维护真正和持久的和平非常重要，因为没有这种和平就不可能吸引外国资本投资。第七，经济国际化，接纳外国公司，出口大部分商品和服务。第八，国家经济的高增长率，也可能会经历严重的经济衰退或经济危机时期。第九，当地货币流动性较差，因此依赖于欧元和美元等外币。最后一点，国家排名处于发达国家和欠发达国家之间。根据上述特征，在非洲大陆上只有南非可以被视为新兴国家。但我们也注意到，赤道几内亚具有其中的一些特征，通过采取适当的经济措施，我国也可以转变为一个新兴国家。

营商环境

很多时候，当谈到赤道几内亚的营商环境时，许多人常常认为只要建立一站式服务窗口就能解决问题，但实际上这只是其中一个方面。一站式服务窗口是指将纳税人需要在公共行政部门办理的所有程序（如许可证、授权等）归入一个官方机构，以避免在众多政府部门之间来回奔波。有些国家设立了企业电子窗口，以便于提供必要的信息，方便企业家启动开办企业的电子手续。此外，某些地区创建了一站式虚拟服务窗口，公民可以通过虚拟窗口获取必要的表格来申请服务，以数字方式填写表格并签字，然后提交至政府主管部门。在我看来，这是公共行政管理部门信息化的结果，是CNIAPGE自治实体必须完成的任务之一。若干部级部门已经联网，必须继续推进其他部委和相关机构的联网，才能使赤道几内亚的一站式虚拟或电子服务窗口生效。

营商环境，是指在一个国家做生意的便利性。起初，营商环境的衡量涉及十个指标，而只有第一个指标（开办企业的便利性）能够与一站式服务窗口相关联。世界银行发布的营商环境年度报告是衡量全球190个国家或地区适用商业法规和制度的客观指标，其内容依据是针对以下十项指标的分析：包括：1. 开办企业，2. 办理施工许可，3. 获得电力，4. 产权登记，5. 获得信贷，6. 保护少数投资者，7. 纳税，8. 跨境贸易，9. 合同执行，10. 破产清算。此外，2018年的报告中首次纳入了两个新的主题：11. 劳动力市场监管和12. 政府采购。

**表21　赤道几内亚营商环境指数**

| 年份 | 营商环境排名 | （1） | （2） | （3） | （4） | （5） | （6） | （7） | （8） | （9） | （10） |
|---|---|---|---|---|---|---|---|---|---|---|---|
| 2018年 | 173°　/190 | 182° | 160° | 146° | 162° | 122° | 146° | 177° | 174° | 104° | 168° |
| 2017年 | 178° | 187° | 160° | 143° | 160° | 118° | 137° | 179° | 174° | 103° | 169° |
| 2016年 | 175° | 188° | 157° | 137° | 158° | 109° | 136° | 156° | 174° | 101° | 169° |
| 2015年 | 178° | 186° | 160° | 95° | 145° | 109° | 122° | 171° | 143° | 67° | 174° |
| 2014年 | 162° | 185° | 95° | 89° | 143° | 125° | 136° | 170° | 141° | 68° | 189° |
| 2013年 | 164° | | | | | | | | | | |
| 2012年 | 159° | | | | | | | | | | |
| 2011年 | 164° | | | | | | | | | | |
| 2010年 | 170° | | | | | | | | | | |
| 2009年 | 167° | | | | | | | | | | |
| 2008年 | 165° | | | | | | | | | | |
| 2007年 | 150° | | | | | | | | | | |

数据来源：世界银行营商环境指数排名。

在世界190个国家或地区中，世界银行将各国按照1分到190分进行排名，其中1分是营商最为便利的国家或地区，190分则是营商非常困难的国家或地区。所有这一切均针对表21所示的每项参数。一个国家或地区在每项参数中获得的平均分决定了其在整个清单中的排名。

因此，在涉及全球190个国家或地区的名单中，世界银行针对营商环境的评分排名表明，赤道几内亚的营商环境评分平均每年提高5分，2018年排名第173位，而在2017年排名第178位，可以说处于最低排名的行列中。然而，在2019年，排名又回落到第177位，比前一年下降了4分。这种恶化主要是由于其他国家的营商环境改善，取代了赤道几内亚的位置。根据这一排名，新西兰是仅次于新加坡的营商环境极佳的国家。索马里则是营商环境最差的国家，其次是厄立特里亚。

如果我们从这份全球清单中单独列出撒哈拉以南非洲的48个国家，其中

1代表营商最为便利的国家，48代表营商环境最差的国家，那么赤道几内亚排名第41位，毛里求斯是营商环境最佳的国家，其次是卢旺达，而营商环境最差的国家是索马里，其次是厄立特里亚。

卢旺达和新加坡的营商模式

约十年前，卢旺达共和国在经历种族大屠杀事件之后，经济规模很小，无法吸引投资者，因此决定以世界银行营商环境排行榜上名列榜首的新加坡为榜样，学习其营商模式。卢旺达政府派遣了一批官员前往新加坡，学习和吸收这一亚洲小国的营商模式。尽管卢旺达留有种族大屠杀的阴影，本身也没有大量的自然资源，但在实行公共行政改革后，卢旺达近十年来一直是非洲营商环境最佳的国家，并吸引了重要的国际投资者，而外资正在改变卢旺达的经济。最近，德国大众汽车公司刚刚在卢旺达开设了一家汽车组装厂，其他许多跨国公司也紧随其后。

另一个例子则是毛里求斯群岛，其人口总数为1,262,605人，人均年收入为9,610美元，与赤道几内亚相当；毛里求斯岛最近刚刚取代卢旺达，成为非洲大陆营商环境最佳的国家，而卢旺达目前在非洲排名第二。

为了衡量在一个国家或地区做生意的便利性程度，世界银行每年都会发布一份报告，并在其中说明旨在改善营商环境的机构改革的演变进程。为此，在相关评测系统的框架下，每个国家或地区必须“通过”约十个“项目/标准”的评测，最终平均评分即为上述十个项目中每个项目所有“分数”的“平均分/评级”。有意在某一个国家或地区开展业务的投资者会非常在意世界银行的报告中每个国家或地区的排名。

表22　2019年营商环境全球排名

| 国家（地区） | 2019年全球排名 | 2018年/2019年对比变化 |
|---|---|---|
| 新西兰 | 1 | 0 |
| 新加坡 | 2 | 0 |
| 丹麦 | 3 | 0 |
| 中国香港 | 4 | +1 |
| 韩国 | 5 | - 1 |
| 格鲁吉亚 | 6 | - 3 |
| 挪威 | 7 | +1 |
| 美国 | 8 | - 3 |
| 英国 | 9 | - 2 |
| 北马其顿 | 10 | +1 |
| 阿拉伯联合酋长国 | 11 | +10 |
| 瑞典 | 12 | - 2 |
| 中国台湾 | 13 | +2 |
| 立陶宛 | 14 | +2 |
| 马来西亚 | 15 | +9 |
| 爱沙尼亚 | 16 | - 4 |
| 芬兰 | 17 | - 4 |
| 澳大利亚 | 18 | - 4 |
| 拉脱维亚 | 19 | 0 |
| 毛里求斯 | 20 | +5 |
| 冰岛 | 21 | +2 |
| 加拿大 | 22 | - 4 |
| 爱尔兰 | 23 | - 6 |
| 德国 | 24 | - 4 |
| 阿塞拜疆 | 25 | - +22 |
| 奥地利 | 26 | - 4 |
| 泰国 | 27 | - 1 |
| 哈萨克斯坦 | 28 | +8 |
| 卢旺达 | 29 | +12 |
| 西班牙 | 30 | - 2 |
| 俄罗斯 | 31 | +4 |
| 法国 | 32 | - 1 |

续表

| 国家（地区） | 2019年全球排名 | 2018年/2019年对比变化 |
|---|---|---|
| 波兰 | 33 | - 6 |
| 葡萄牙 | 34 | - 5 |
| 捷克 | 35 | - 5 |
| 荷兰 | 36 | - 4 |
| 白俄罗斯 | 37 | +1 |
| 瑞士 | 38 | - 5 |
| 日本 | 39 | - 5 |
| 斯洛文尼亚 | 40 | +3 |
| 亚美尼亚 | 41 | +6 |
| 斯洛伐克 | 42 | - 3 |
| 土耳其 | 43 | +17 |
| 科索沃（塞尔维亚） | 44 | +4 |
| 比利时 | 45 | +7 |
| 中国 | 46 | +32 |
| 摩尔多瓦 | 47 | - 3 |
| 塞尔维亚 | 48 | - 5 |
| 以色列 | 49 | +5 |
| 黑山 | 50 | - 8 |
| 意大利 | 51 | - 5 |
| 罗马尼亚 | 52 | - 7 |
| 匈牙利 | 53 | - 5 |
| 墨西哥 | 54 | - 6 |
| 文莱 | 55 | +1 |
| 智利 | 56 | - 1 |
| 塞浦路斯 | 57 | - 4 |
| 克罗地亚 | 58 | - 7 |
| 保加利亚 | 59 | - 9 |
| 摩洛哥 | 60 | +9 |
| 肯尼亚 | 61 | +19 |
| 巴林 | 62 | +4 |
| 阿尔巴尼亚 | 63 | +2 |
| 波多黎各（美国） | 64 | - 1 |
| 哥伦比亚 | 65 | - 6 |
| 卢森堡 | 66 | - 3 |

续表

| 国家（地区） | 2019年全球排名 | 2018年/2019年对比变化 |
|---|---|---|
| 哥斯达黎加 | 67 | - 6 |
| 秘鲁 | 68 | - 10 |
| 越南 | 69 | - 1 |
| 吉尔吉斯斯坦 | 70 | +7 |
| 乌克兰 | 71 | +5 |
| 希腊 | 72 | - 5 |
| 印度尼西亚 | 73 | - 1 |
| 蒙古 | 74 | - 12 |
| 牙买加 | 75 | - 5 |
| 乌兹别克斯坦 | 76 | - 2 |
| 印度 | 77 | +23 |
| 阿曼 | 78 | - 7 |
| 巴拿马 | 79 | 0 |
| 突尼斯 | 80 | +8 |
| 不丹 | 81 | - 6 |
| 南非 | 82 | 0 |
| 卡塔尔 | 83 | 0 |
| 马耳他 | 84 | 0 |
| 萨尔瓦多 | 85 | - 12 |
| 博茨瓦纳 | 86 | - 5 |
| 赞比亚 | 87 | - 2 |
| 圣马力诺 | 88 | - 5 |
| 波斯尼亚和黑塞哥维那 | 89 | - 3 |
| 萨摩亚 | 90 | - 3 |
| 汤加 | 91 | - 2 |
| 沙特阿拉伯 | 92 | 0 |
| 圣卢西亚 | 93 | - 2 |
| 瓦努阿图 | 94 | - 4 |
| 乌拉圭 | 95 | - 1 |
| 塞舌尔 | 96 | - 1 |
| 科威特 | 97 | - 1 |
| 危地马拉 | 98 | - 1 |
| 吉布提 | 99 | +55 |
| 斯里兰卡 | 100 | +11 |

续表

| 国家（地区） | 2019年全球排名 | 2018年/2019年对比变化 |
| --- | --- | --- |
| 斐济 | 101 | 0 |
| 多米尼加共和国 | 102 | - 1 |
| 多米尼克 | 103 | - 5 |
| 约旦 | 104 | - 1 |
| 特立尼达和多巴哥 | 105 | - 3 |
| 莱索托 | 106 | - 2 |
| 纳米比亚 | 107 | - 1 |
| 巴布亚新几内亚 | 108 | +1 |
| 巴西 | 109 | +16 |
| 尼泊尔 | 110 | - 5 |
| 马拉维 | 111 | - 1 |
| 安提瓜和巴布达 | 112 | - 4 |
| 巴拉圭 | 113 | - 5 |
| 加纳 | 114 | +6 |
| 所罗门群岛 | 115 | +1 |
| 西岸地区和加沙地带 | 116 | - 2 |
| 斯威士兰 | 117 | - 5 |
| 巴哈马 | 118 | +1 |
| 阿根廷 | 119 | - 2 |
| 埃及 | 120 | +8 |
| 洪都拉斯 | 121 | - 6 |
| 科特迪瓦 | 122 | +17 |
| 厄瓜多尔 | 123 | - 5 |
| 菲律宾 | 124 | - 9 |
| 伯利兹 | 125 | - 4 |
| 塔吉克斯坦 | 126 | - 3 |
| 乌干达 | 127 | - 5 |
| 伊朗 | 128 | - 4 |
| 巴巴多斯 | 129 | +3 |
| 圣文森特和格林纳丁斯 | 130 | - 1 |
| 佛得角 | 131 | - 4 |
| 尼加拉瓜 | 132 | - 1 |
| 帕劳 | 133 | - 3 |
| 圭亚那 | 134 | - 8 |

续表

| 国家（地区） | 2019年全球排名 | 2018年/2019年对比变化 |
|---|---|---|
| 莫桑比克 | 135 | +3 |
| 巴基斯坦 | 136 | +11 |
| 多哥 | 137 | +19 |
| 柬埔寨 | 138 | - 3 |
| 马尔代夫 | 139 | - 3 |
| 圣基茨和尼维斯 | 140 | - 6 |
| 塞内加尔 | 141 | - 1 |
| 黎巴嫩 | 142 | - 9 |
| 尼日尔 | 143 | +1 |
| 坦桑尼亚 | 144 | - 7 |
| 马里 | 145 | - 2 |
| 尼日利亚 | 146 | - 1 |
| 格林纳达 | 147 | - 5 |
| 毛里塔尼亚 | 148 | +2 |
| 冈比亚 | 149 | - 3 |
| 马绍尔群岛 | 150 | - 1 |
| 布基纳法索 | 151 | - 3 |
| 几内亚—科纳克里 | 152 | +1 |
| 贝宁 | 153 | - 2 |
| 老挝 | 154 | +13 |
| 津巴布韦 | 155 | +4 |
| 玻利维亚 | 156 | - 4 |
| 阿尔及利亚 | 157 | +9 |
| 基里巴斯 | 158 | - 1 |
| 埃塞俄比亚 | 159 | +2 |
| 密克罗尼西亚联邦 | 160 | - 5 |
| 马达加斯加 | 161 | - 1 |
| 苏丹 | 162 | +8 |
| 塞拉利昂 | 163 | - 3 |
| 科摩罗 | 164 | - 6 |
| 苏里南 | 165 | 0 |
| 喀麦隆 | 166 | - 3 |
| 阿富汗 | 167 | +16 |
| 布隆迪 | 168 | - 4 |

续表

| 国家（地区） | 2019年全球排名 | 2018年/2019年对比变化 |
|---|---|---|
| 加蓬 | 169 | - 2 |
| 圣多美和普林西比 | 170 | - 1 |
| 缅甸 | 171 | 0 |
| 伊拉克 | 172 | - 4 |
| 安哥拉 | 173 | +2 |
| 利比里亚 | 174 | - 2 |
| 几内亚比绍 | 175 | +1 |
| 孟加拉国 | 176 | +1 |
| 赤道几内亚 | 177 | - 4 |
| 东帝汶 | 178 | 0 |
| 叙利亚 | 179 | - 5 |
| 刚果（布） | 180 | - 1 |
| 乍得 | 181 | - 1 |
| 海地 | 182 | - 1 |
| 中非共和国 | 183 | +1 |
| 刚果（金） | 184 | - 2 |
| 南苏丹 | 185 | +2 |
| 利比亚 | 186 | - 1 |
| 也门 | 187 | - 1 |
| 委内瑞拉 | 188 | 0 |
| 厄立特里亚 | 189 | 0 |
| 索马里 | 190 | 0 |

数据来源：2019年世界银行营商环境报告。

根据世界银行2019年发布的营商环境报告，营商便利性在全球排名第一的国家是新西兰，其次是新加坡。排名最后一位，即第190位的索马里是营商环境最差的国家。在非洲大陆范围内，毛里求斯在世界上排名第25位，在非洲排名第一，是营商环境最好的非洲国家，其次是卢旺达。赤道几内亚在全球排名第177位，在非洲排名第41位，这意味着我国无论在全球层面上还是非洲大陆内都处于营商环境较差的国家之列。如果要吸引外国投资来振兴经济并实现经济多样化，政府就必须实施相关政策，改变这种境况，并尽一切可能使自己跻身于世界和非洲大陆上营商环境较好的国家之列。

**表23　2019年撒哈拉以南非洲营商环境排名**

| 国家（地区） | 2019年在撒哈拉以南非洲区域的排名 | 2019年全球排名 |
|---|---|---|
| 毛里求斯 | 1 | 20 |
| 卢旺达 | 2 | 29 |
| 肯尼亚 | 3 | 61 |
| 南非 | 4 | 82 |
| 博茨瓦纳 | 5 | 86 |
| 赞比亚 | 6 | 87 |
| 塞舌尔 | 7 | 96 |
| 莱索托 | 8 | 106 |
| 纳米比亚 | 9 | 107 |
| 马拉维 | 10 | 111 |
| 加纳 | 11 | 114 |
| 斯威士兰 | 12 | 117 |
| 科特迪瓦 | 13 | 122 |
| 乌干达 | 14 | 127 |
| 佛得角 | 15 | 131 |
| 莫桑比克 | 16 | 135 |
| 多哥 | 17 | 137 |
| 塞内加尔 | 18 | 141 |
| 尼日尔 | 19 | 143 |
| 坦桑尼亚 | 20 | 144 |
| 马里 | 21 | 145 |
| 尼日利亚 | 22 | 146 |
| 毛里塔尼亚 | 23 | 148 |
| 冈比亚 | 24 | 149 |
| 布基纳法索 | 25 | 151 |
| 几内亚—科纳克里 | 26 | 152 |
| 贝宁 | 27 | 153 |
| 津巴布韦 | 28 | 155 |
| 埃塞俄比亚 | 29 | 159 |

续表

| 国家（地区） | 2019年在撒哈拉以南非洲区域的排名 | 2019年全球排名 |
| --- | --- | --- |
| 马达加斯加 | 30 | 161 |
| 苏丹 | 31 | 162 |
| 塞拉利昂 | 32 | 163 |
| 科摩罗 | 33 | 164 |
| 喀麦隆 | 34 | 166 |
| 布隆迪 | 35 | 168 |
| 加蓬 | 36 | 169 |
| 圣多美和普林西比 | 37 | 170 |
| 安哥拉 | 38 | 173 |
| 利比里亚 | 39 | 174 |
| 几内亚比绍 | 40 | 175 |
| 赤道几内亚 | 41 | 177 |
| 刚果（布） | 42 | 180 |
| 乍得 | 43 | 181 |
| 中非共和国 | 44 | 183 |
| 刚果（金） | 45 | 184 |
| 南苏丹 | 46 | 185 |
| 厄立特里亚 | 47 | 189 |
| 索马里 | 48 | 190 |

数据来源：2019年世界银行营商环境报告。

在非洲大陆范围内，毛里求斯被视为营商环境最佳的地区和外国资本投资的首选国，其次是卢旺达、肯尼亚、南非和博茨瓦纳，这五个国家在营商环境方面占据优势地位。索马里和厄立特里亚则是营商环境最糟糕的两个国家。在非洲48个国家中，赤道几内亚排名第41位，较2018年相比下滑两位。

为了对赤道几内亚在世界银行评测的十项指标或“项目”中获得的评级或“分数”进行客观的比较分析，我们以新加坡为范本（新加坡长期处于世界银行此项排名第一的位置，这一位置最近才被新西兰取代），并考虑非洲大陆位居前两名的毛里求斯和卢旺达的营商模式，以及阿拉伯联合酋长国的营商模式，该国利用化石燃料资源发展经济，经合组织将其评为地球上34个最富有的国家之一。此外，我们还要观察撒哈拉以南非洲区域，以了解赤道几内亚在非洲大陆的排名。最后，我们需要了解世界排名最高（前沿水平）的国家，以便于我们能够跟随世界变化的脚步而前进。

**表24 指标1：开办企业**

| 国家（区域） | 办理程序（项） | 办理时间（天） | 费用（占人均收入百分比%） |
|---|---|---|---|
| 赤道几内亚 | 16 | 33 | 101.2 |
| 新加坡 | 2 | 1.5 | 0.4 |
| 毛里求斯 | 4 | 5 | 0.9 |
| 卢旺达 | 5 | 4 | 14.8 |
| 阿拉伯联合酋长国 | 2 | 3.5 | 22.8 |
| 经济合作暨发展组织 | 4.9 | 9.3 | 3.1 |
| 撒哈拉以南的非洲 | 7.4 | 23.3 | 44.4 |
| 最高世界排名（前沿水平） | 1 | 0.5 | 0.0 |
| | （新西兰） | （新西兰） | （斯洛文尼亚） |
| 有关上述指标的全球排名或“分数”（2018年）：184 / 190 | | | |

数据来源：2019年世界银行营商环境报告。

根据“开办企业”这一指标，2019年在赤道几内亚开办企业需要办理约16项程序，历时约33天，费用为人均收入的101.2%；而在新加坡，只需要办理两项程序，历时仅1.5天左右；同时，在毛里求斯和卢旺达开办企业需要办理约5项程序，历时5天。在阿联酋，开办企业需要办理两项程序，历时3天半，平均费用为该国人均收入的22.8%。非洲的平均程序数量和耗时甚至都比赤道几内亚要低，平均需要办理7项程序，耗时23天，费用不到国家人均收入的一半（44.4%）。在这方面，新西兰在世界上排名第一，因为在该国，开办企业仅需要办理一项程序，耗时半天；而在斯洛文尼亚，可以免费开办企业。从全球范围来看，赤道几内亚在190个国家或地区中得分或评级（排名）184分，仅高于最后一位6分。

根据世界银行的说明，这里的“办理程序”是指一个人为注册一家公司而需要办理的手续的总数，可被视为公司创始人与外部第三方的任何互动，无论第三方是政府机构、律师或公证人。在这种情况下，“办理时间”是指公司完成注册所需的天数。最后，“费用”是指法律服务的所有费用，以及上述注册过程中所需支付的所有行政费用和税费，费用按照其占全国人均收入的百分比来衡量。

考虑到赤道几内亚政府最近采取的措施，以及针对开办企业的一站式服务窗口即将生效，在赤道几内亚开办企业所需办理的程序数量会大大减少，办理时间和费用也会随之降低。在这种情况下，我国必须向世界银行及时上报相关数据，重新调整赤道几内亚的排名，从而改进这一“项目”和“平均分/评级”中的“分数”，以便通过布雷顿森林机构的营商环境审查，因为，众多大型投资公司和国际投资基金均会查阅该机构的年度报告。

**表25　指标2：办理施工许可**

| 国家（区域） | 办理程序（项） | 办理时间（天） | 办理费用（占人均收入百分比%） | 施工质量控制指数（0–15） |
|---|---|---|---|---|
| 赤道几内亚 | 13 | 144 | 4.1 | 1.0 |
| 新加坡 | 10 | 41 | 3.4 | 12.0 |
| 毛里求斯 | 15 | 98 | 0.5 | 14.0 |
| 卢旺达 | 15 | 113 | 12.0 | 14.0 |
| 阿拉伯联合酋长国 | 14 | 50.5 | 2.3 | 15.0 |
| 经济合作暨发展组织 | 12.5 | 153.1 | 1.5 | 11.5 |
| 撒哈拉以南的非洲 | 14.7 | 145.7 | 8.8 | 8.5 |
| 最高世界排名（前沿水平） | 2027/18无排名 | 2027/18无排名 | 2027/18无排名 | 15.0（3个经济体） |
| 有关上述指标的全球排名或“分数”（2018年）：163 / 190 | | | | |

数据来源：2019年世界银行营商环境报告。

第2个指标与“办理施工许可”相关，根据世界银行的数据，在赤道几内亚办理施工许可需要完成13项程序，历时144天，所需费用为国家人均收入的4.1%。与世界上其他国家或地区相比，赤道几内亚在全球190个国家或地区中排名第163位。

表26　指标3：获得电力

| 国家（区域） | 办理程序（项） | 办理时间（天） | 费用（占人均收入百分比%） |
|---|---|---|---|
| 赤道几内亚 | 5 | 106 | 872.2 |
| 新加坡 | 4 | 30 | 23.3 |
| 毛里求斯 | 3 | 81 | 212.9 |
| 卢旺达 | 4 | 30 | 2083.6 |
| 阿拉伯联合酋长国 | 2 | 10 | 0 |
| 经济合作暨发展组织 | 4.5 | 77.2 | 64.2 |
| 撒哈拉以南的非洲 | 5.2 | 112.0 | 3456.5 |
| 最高世界排名（前沿水平） | （25个经济体） | 18（3个经济体） | 0（3个经济体） |
| 有关上述指标的全球排名或“分数”（2018年）：150 / 190 | | | |

数据来源：2019年世界银行营商环境报告。

同样地，根据与“获得电力”相关的指标，在赤道几内亚为获取电力平均需要办理5项程序，历时106天，费用几乎占人均收入的872.2%；新加坡仅需办理4项程序，耗时30天，费用占人均收入的23.3%；以及毛里求斯（3项手续，81天，预估费用为国民人均收入的212.9%），卢旺达（4项手续，30天），阿联酋（两项手续，10天）等。

在全球190个国家或地区中，赤道几内亚排名第150位。为在国境内的某一地理位置安置电力设施，公司需要得到担保，以确保电力供应的安全性。然而，世界银行的这一排名令人非常意外，因为，近年来国内电力供应有所改善，如吉布劳（Djibloho）电站水库的建成，但很可能我国并未将上述改善告知世界银行。

表27　指标4：产权登记

| 国家（区域） | 办理程序（项） | 办理时间（天） | 费用（占财产价值的百分比%） |
|---|---|---|---|
| 赤道几内亚 | 6 | 23 | 12.5 |
| 新加坡 | 6 | 4.5 | 2.9 |
| 毛里求斯 | 5 | 17 | 0.66 |
| 卢旺达 | 3 | 7 | 0.1 |
| 阿拉伯联合酋长国 | 2 | 1.5 | 0.2 |
| 经济合作暨发展组织 | 4.7 | 20.1 | 4.2 |
| 撒哈拉以南的非洲 | 6.2 | 53.9 | 7.6 |
| 最高世界排名（前沿水平） | 1.00（4个经济体） | 1.00（新西兰） | 0.0（沙特阿拉伯） |
| 有关上述指标的全球排名或“分数”（2018年）：164 / 190 | | | |

数据来源：2019年世界银行营商环境报告。

根据世界银行的数据，在“产权登记”相关的指标方面，赤道几内亚在190个国家或地区中排名第164位，而排名最高的四个经济体在产权登记方面仅需办理一项程序。考虑到最高世界排名（前沿水平），在新西兰，办理程序仅需一天；而在沙特阿拉伯，产权登记不需要任何费用。

表28　指标5：获得信贷

| 国家（区域） | 法律权利实力指数（0—12） | 信用信息范围指数（0—8） | 公共记录覆盖率（成人所占百分比%） | 私人机构的覆盖率（成人所占百分比%） |
|---|---|---|---|---|
| 赤道几内亚 | 6 | 2 | 8.7 | 0 |
| 新加坡 | 8 | 7 | 0 | 60.9 |
| 毛里求斯 | 6 | 7 | 100 | 0 |
| 卢旺达 | 11 | 8 | 9.2 | 20.1 |
| 阿拉伯联合酋长国 | 6 | 8 | 10.8 | 53.6 |
| 经济合作暨发展组织 | 6.1 | 6.7 | 21.8 | 65.3 |
| 撒哈拉以南的非洲 | 5.2 | 3.3 | 7.0 | 8.9 |

续表

| 国家（区域） | 法律权利实力指数（0—12） | 信用信息范围指数（0—8） | 公共记录覆盖率（成人所占百分比%） | 私人机构的覆盖率（成人所占百分比%） |
|---|---|---|---|---|
| 最高世界排名（前沿水平） | 12.00<br>（5个经济体） | 8.00<br>（42个经济体） | 100<br>（4个经济体） | 100<br>（25个经济体） |
| 有关上述指标的全球排名或“分数”（2018年）：124 / 190 | | | | |

数据来源：2019年世界银行营商环境报告。

在“获得信贷”的相关指标方面，世界银行衡量一个国家有关担保和破产的法律如何保护借款人（债务人）和贷款人（债权人）的权利，使信贷的获得成为可能。同样地，还需衡量公共和私人层面信贷信息的覆盖面和获取情况。如上表所示，我国在全球190个国家或地区中排名第124位，其中1分是最佳的，190分是最差的。

**表29　指标6：保护少数投资者**

| 国家（区域） | 披露程度指数（0—10） | 董事责任程度指数（0—10） | 股东诉讼便利度指数（0—10） | 股东权利保护指数（0—10） | 公司管理结构强度指数（0—10） | 公司透明度指数（0—10） |
|---|---|---|---|---|---|---|
| 赤道几内亚 | 7.0 | 1.0 | 5.0 | 4.0 | 3.0 | 4.0 |
| 新加坡 | 10 | 9.0 | 9.0 | 7.0 | 5.0 | 8.0 |
| 毛里求斯 | 7.0 | 8.0 | 9.0 | 7.0 | 6.0 | 8.0 |
| 卢旺达 | 8.0 | 9.0 | 5.0 | 8.0 | 9.0 | 7.0 |
| 阿拉伯联合酋长国 | 10.0 | 9.0 | 4.0 | 6.0 | 9.0 | 7.0 |
| 经济合作暨发展组织 | 6.5 | 5.3 | 7.3 | 6.4 | 5.4 | 7.6 |
| 撒哈拉以南的非洲 | 5.5 | 3.5 | 5.5 | 4.6 | 3.4 | 4.1 |
| 最高世界排名（前沿水平） | 10<br>（13个经济体） | 10<br>（柬埔寨） | 10<br>（吉布提）） | 10<br>（哈萨克斯坦） | 2017/18<br>无排名 | 10<br>（6个经济体） |
| 有关上述指标的全球排名或“分数”（2018年）：149 / 190 | | | | | | |

数据来源：2019年世界银行营商环境报告。

“保护少数投资者”这一指标旨在帮助国内公司的外籍少数股东了解其权利是否将受到国家法律的保护。为此，世界银行认为，必须衡量公司管理架构的透明度、可能出现的任何利益冲突的解决、用于股东诉讼的司法体制的可靠性，以及针对董事做出某些决策的实际责任程度的验证和检查。在这方面，赤道几内亚在190个国家或地区中排名第149位，这一方面并不需要进行深入讨论。

**表30 指标7：纳税**

| 国家（区域） | 纳税次数（次/年） | 所需时间（小时/年） | 总税率（占利润百分比%） | 税后实务流程指数（0—100） |
|---|---|---|---|---|
| 赤道几内亚 | 46 | 492 | 79.4 | 93.12 |
| 新加坡 | 5 | 64 | 20.6 | 71.97 |
| 毛里求斯 | 8 | 152 | 22.1 | 98.26 |
| 卢旺达 | 8 | 95.5 | 33.2 | 63.68 |
| 阿拉伯联合酋长国 | 4 | 12 | 15.9 | |
| 经济合作暨发展组织 | 11.2 | 159.4 | 39.8 | 84.41 |
| 撒哈拉以南的非洲 | 37.2 | 280.6 | 46.8 | 54.63 |
| 最高世界排名（前沿水平） | 3（中国香港） | 49（新加坡） | 26.1（32个经济体） | 至2017年7月18日无排名 |
| 有关上述指标的全球排名或“分数”（2018年）：179 / 190 | | | | |

数据来源：2019年世界银行营商环境报告。

根据世界银行的数据，“纳税”这一指标用于衡量公司在一个财政年度内必须支付的税款、费用和缴款。同样地，需要衡量与上述税收、费用和缴款有关的行政费用的复杂性，以及后续纳税申报表程序的履行情况。衡量的重点是以下税收和缴款：企业所得税、社会保障缴款（INSESO）、雇主对工人保护基金（fpt）的缴款、财产税、股息转移税、红利税、废物收集费、车辆流通费等。赤道几内亚在190个国家或地区中排名第179位。

表31　指标8：跨境贸易

| 国家（区域） | 出口通关时间（小时） | 出口通关费用（美元） | 出口报关单审查时间（小时） | 出口报关单审查费用（美元） | 进口通关时间（小时） | 进口通关费用（美元） | 进口报关单审查时间（小时） | 进口报关单审查费用（美元） |
|---|---|---|---|---|---|---|---|---|
| 赤道几内亚 | 132 | 760 | 154 | 85 | 240 | 985 | 240 | 70 |
| 新加坡 | 10 | 365 | 2 | 37 | 33 | 220 | 3 | 40 |
| 毛里求斯 | 24 | 303 | 9 | 128 | 41 | 372 | 9 | 166 |
| 卢旺达 | 83 | 183 | 30 | 110 | 74 | 282 | 48 | 121 |
| 阿拉伯联合酋长国 | 27 | 462 | 6 | 178 | 54 | 678 | 12 | 283 |
| 经济合作暨发展组织 | 12.5 | 139.1 | 2.4 | 35.2 | 8.5 | 100.2 | 3.4 | 24.9 |
| 撒哈拉以南的非洲 | 97.3 | 605.8 | 72.8 | 168.8 | 126.3 | 684.3 | 97.7 | 283.5 |
| 最高世界排名（前沿水平） | 1（19个经济体） | 0（19个经济体） | 1（26个经济体） | 0（20个经济体） | 0（25个经济体） | 0（287个经济体） | 1（30个经济体） | 0（30个经济体） |
| 有关上述指标的全球排名或“分数”（2018年）：175 / 190 | | | | | | | | |

数据来源：2019年世界银行营商环境报告。

我们必须了解，当一家公司打算在赤道几内亚设立企业，以便于将产品出口到邻国或再出口到世界其他地区时，它需要事先了解在我国港口、边境、壁垒、海关和检验机构办理商品进出口手续的进程中获取、准备和提交必要文件的时间和成本。在这一指标上，在190个国家或地区中，世界银行授予我国第175位的评级，这反映出由于存在多重障碍，在我国边境开展业务的困难局面。

表 32 指标 9：合同执行

| 国家（区域） | 时间（天） | 成本（占索赔金额百分比%） | 司法程序的质量指数（0—18） |
|---|---|---|---|
| 赤道几内亚 | 475 | 19.5 | 3.5 |
| 新加坡 | 164 | 25.8 | 15.5 |
| 毛里求斯 | 490 | 25.0 | 12.5 |
| 卢旺达 | 230 | 82.7 | 14.50 |
| 阿拉伯联合酋长国 | 445 | 21.0 | 14.0 |
| 经济合作暨发展组织 | 582.4 | 21.2 | 11.5 |
| 撒哈拉以南的非洲 | 655.1 | 42.3 | 6.7 |
| 最高世界排名（前沿水平） | 2017/17 无排名 | 2017/17 无排名 | 2017/17 无排名 |
| 有关上述指标的全球排名或“分数”（2018 年）：101 / 190 | | | |

数据来源：2019 年世界银行营商环境报告。

表 33 指标 10：破产清算

| 国家（区域） | 回收率（美分） | 办理时间（年） | 办理费用（占股东权益百分比%） | 结果（若公司资产已独立出售则填 0，若公司仍在运转则填 1） | 破产法律框架的保护指数（0-16） |
|---|---|---|---|---|---|
| 赤道几内亚 | 0.0 | 无实践 | 无实践 | 0 | 0 |
| 新加坡 | 88.77 | 0.8 | 4.0 | 1 | 8.5 |
| 毛里求斯 | 67.4 | 1.7 | 14.5 | 1 | 10.5 |
| 卢旺达 | 19.2 | 2.5 | 29.0 | 0 | 15.0 |
| 阿拉伯联合酋长国 | 28.4 | 3.2 | 20.0 | 0 | 11.0 |
| 经济合作暨发展组织 | 70.5 | 1.7 | 9.3 | — | 11.9 |
| 撒哈拉以南的非洲 | 20.3 | 2.9 | 22.77 | | 6.4 |
| 最高世界排名（前沿水平） | 2017/18 无排名 | 0.4（爱尔兰） | 1.0（挪威） | | 2017/18 无排名 |
| 有关上述指标的全球排名或“分数”（2018 年）：168 / 190 | | | | | |

数据来源：2019 年世界银行营商环境报告。

在“合同执行”这一指标中，世界银行不仅分析了解决合同履行中出现的纠纷所需的“时间”（从受害方决定向国家法院提出申诉，直至判决执行，相应的赔偿已被支付或权利已被履行），还分析了法院进行判决前，由诉讼费和律师费构成的“成本”。赤道几内亚在这一指标上的排名是190个国家或地区中的第101位。

世界银行认为，在赤道几内亚，针对企业的破产清算程序并不适用，并认为我国司法清算和重组程序相应的法律框架薄弱。因此，赤道几内亚在190个国家或地区中排名第168位。

总之，虽然营商环境差确实阻碍我国吸引外资，但我们的目的并不是深入分析影响营商环境的因素。我们总是有一种错误的倾向，即认为仅靠实行“一站式服务窗口”制度就能够解决问题，而无须更多讨论。我们要清楚，虽然一站式服务窗口的落实的确将是一个重要步骤，但应该强调的是，这只是世界银行针对营商环境吸引力规定的，每个国家必须“通过”的10+2个“项目”中的其中一项指标。此外，在2018年，该国际机构增加了两项新标准，第一项涉及“劳动力市场的规范性”，该标准用于衡量劳工在招聘方式、工作时间、解雇、假期、产假、工作上的两性平等等方面的灵活性。另一项则分析了关于公共合同的立法，以便了解进入国家市场的方式、程序、付款方式以及冲突的解决。

鉴于赤道几内亚在“2019年世界银行营商环境全球排名”中的不利地位（190个国家或地区中的第177名），我们就此问题提出的建议是：赤道几内亚政府应效仿卢旺达和毛里求斯，和它们一样在非洲国家中脱颖而出，成为非洲大陆排名前五的国家之一；同时，应学习新加坡的营商模式，并派遣一批多学科官员来学习和吸收这一亚洲国家的营商制度。应该指出，赤道几内亚在2019年世界银行营商环境排名中地位的下降，主要是由于世界排名上升的国家或地区在改善营商环境方面取得了进步，如吉布提（上升55名）、阿塞拜疆（上升22名）、多哥（上升19名）、科特迪瓦（上升17名）、卢旺达（上升12名）、阿联酋（上升10名）、摩洛哥（上升9名）、毛里求斯（上升5名）等，上述国家均实行了结构改革。

如果我国继续在世界银行针对营商环境的排名中处于最后几位，我们可以确信，这对于吸引投资者来说将构成一个严重障碍。我们必须明白，澳大利亚、土耳其或瑞士投资者在试图了解赤道几内亚时，不会也没有时间去关注赤道几内亚国家电视台的信息或阅读政府网站中内容，而是会提前查阅世界银行的营商环境报告，以及国际货币基金组织针对宏观经济形势的报告，而上述报告将对其是否决定在我国投资产生积极或消极的影响。因此，在政府内部建立一个专门小组非常重要，其任务是与世界银行密切合作，并与新加坡等国家建立合作，以便于消除影响私人资本在赤道几内亚投资的所有障碍和瓶颈。世界上没有任何一个国家能够仅依靠自身的资源来实现发展。

## 十二、积极吸引外资的行动

正如上文中所述，我们可以确信，一个国家可以通过它的国际形象、国际关系、营商环境、所提供的投资机会、国内和平局势和宏观经济稳定性等来吸引外资。一个增长率为负、严重通胀、劳动力素质低下的国家很难吸引投资者。我们可以补充一点，一个国家之所以具有吸引力，是因为它在投资者定位和锁定方面的政策具有主动性。我们认为，为摆脱目前的经济危机，我国应该积极主动地开展行动，通过跟进已商定的协议，采取后续行动以吸引投资者。世界上没有友谊，只有利益；联盟是根据既得利益而创建和取消的；昨天的敌人也许明天就能成为伙伴。永远不要自我封闭。我们应该通过收集、处理和传播赤道几内亚的有效社会经济数据，利用“经济情报”来获取相关机构、企业和全球重要经济体的必要支持和援助，只有这样，我国才能在一个利益相互交叉的世界里拥有竞争优势。

在营商环境改善的情况下，外国直接投资将帮助赤道几内亚获得振兴经济所需的流动性资本，而不必承担借款风险。无论如何，拥有大量投资基金的发达国家需要不发达国家的自然资源，就像赤道几内亚这样的经济体需要发达国家的资金和技术一样。坚持吸引外国直接投资（通常由跨国企业控制）的主要原因是，外资可以给赤道几内亚的经济带来众多益处：可以满足长期项目融资的资金需求，弥补本国技术创新的缺口，增加出口额，促进技术转让，这将有助于人力资本的形成。

简而言之，我们谈论的核心是经济吸引力，它可以使一个国家被视为一个能够吸引生产要素（即资本、投资和熟练劳动力）的理想地点。使一个国家具有吸引力的是其有利的税收政策、基础设施的质量、政治稳定性以及外国人对该国的良好印象，他们会觉得这个国家是一个宜居且便于营商的地方。上述所有优势都会促进经济的增长和财富的创造。世界各国都坚持不懈地努力让自己变得“有吸引力”，以吸引外国投资，促进经济增长和发展。

## 十三、利用赤道几内亚木材促进家具加工业的发展

自殖民时期以来，在赤道几内亚经济中，木材部门在创造国家财富和获得外汇方面始终发挥着关键作用，尽管木材部门对国内生产总值（PIB）的贡献率在发现石油后有所下降。虽然政府希望促进木材产地加工业的发展，以提高附加值并创造就业机会，但赤道几内亚目前仍在向以亚洲国家为主的其他国家出口原木。然而，目前的经济危机需要政府调整战略，并深入分析符合现状的最可行的替代方案，使木材部门能够有效地促进国家经济的发展。为此，考虑到家具加工业的发展潜力，有必要通过与赤道几内亚木材进口国建立公司伙伴关系，在赤道几内亚境内促进多种模式的家具加工业发展，同

时应考虑到随之而来的全球资金流动。为此，我们有必要研究主要的家具制造国有哪些，以及全世界家具的主要出口国和进口国有哪些，以便分析从长远看我国能否成为家具制造和进出口产业链中的一环。

表34 赤道几内亚的木材产量

| 年份 | 原木产量（千立方米） | 锯木产量（千立方米） | 木材出口量（千立方米） | 原木在世界市场的价格（美元每立方米） | 木材出口价格（千中非法郎） |
|---|---|---|---|---|---|
| 2010 | 260.5 | 55.4 | 234.4 | 278.2 | 71.8 |
| 2011 | 264.5 | 11.4 | 237.9 | 390.5 | 113.6 |
| 2012 | 301.3 | 20.7 | 301.3 | 369.5 | 107.7 |
| 2013 | 291.0 | 19.6 | 291.0 | 305.4 | 253.7 |
| 2014 | 455.8 | 48.5 | 320.6 | 282.0 | 237.8 |
| 2015 | 561.4 | 26.2 | 394.8 | 246.0 | 272.4 |
| 2016 | 652.2 | 26.6 | 588.1 | 274.4 | 59.7 |
| 2017 | 628.9 | 28.0 | 661.7 | 264.8 | 54.2 |
| 2018 | 640.8 | 28.6 | 674.2 | 264.6 | 54.0 |
| 2019 | 652.3 | 29.1 | 686.3 | 264.6 | 53.8 |
| 2020 | 663.3 | 29.6 | 697.9 | 264.6 | 53.9 |

数据来源：中非国家银行DGEFRI / DESF，国际货币基金组织。

根据中部非洲国家银行和国际货币基金组织在表34中提供的数据，在2010年至2017年的8年中，赤道几内亚生产了约3,415,000立方米原木，以及约236,400立方米锯木；同时，木材出口量约为3,029,800立方米，每立方米平均出口价格为146,363中非法郎。2018年至2020年原木产量预估约为1,956,400立方米，锯木产量预估为87,300立方米。

根据总部位于意大利米兰的家具工业研究中心（米兰国际工业研究中心，CSIL）提供的数据，目前，全球家具行业涉及的资金超过4,200亿美元。家具市场由少数国家主导，中国是全球最大的制造商，家具产量占全球总量的41%。

表35 全球家具产量（2015年）

| 序号 | 国 家 | 全球家具产量（百分比） |
|---|---|---|
| 1 | 中国 | 41 |
| 2 | 美国 | 12 |
| 3 | 德国 | 5 |
| 4 | 意大利 | 4 |
| 5 | 印度 | 4 |
| 6 | 波兰 | 3 |
| 7 | 墨西哥和巴西 | 3 |
| 8 | 英国 | 2 |
| 8 | 日本 | 2 |
| 9 | 加拿大 | 2 |
| 10 | 韩国 | 2 |
| 11 | 西班牙 | 1 |
| 12 | 其他 | 19 |
| | | 100 |

数据来源：家具工业研究中心（米兰国际工业研究中心，米兰，意大利）。

世界上存在三种类型的家具制造商

根据米兰国际工业研究中心的说明，世界上存在三种类型的家具制造商。第一类是劳动力成本较低的大型制造商，如墨西哥、中国、越南、马来西亚、印度尼西亚、波兰、罗马尼亚、土耳其、立陶宛和匈牙利。第二类是国内消费需求较大的大国家：如美国、德国、日本、法国和英国。由于其国内生产成本很高，其进口额不断增长。第三类是国内外需求较大的大型制造商。其劳动力成本也很高，但在国内拥有大片林地，因而具有比较优势（如加拿大和斯堪的纳维亚国家），而意大利则拥有高技能、高资质的劳动力。

**表36　进口原产地及进口额**

| 序号 | 国　家 | 家具进口额（百万美元） | 原产地（%） |
|---|---|---|---|
| 1 | 美国 | 31,800 | 中国：54% |
| 2 | 德国 | 12,500 | 波兰：24% |
| 3 | 英国 | 7,200 | 中国：36% |
| 4 | 法国 | 6,400 | 中国：18% |
| 5 | 加拿大 | 5,400 | 中国：34% |

数据来源：家具工业研究中心（米兰国际工业研究中心，米兰，意大利）。

在消费者方面，主要消费国家是美国、德国、英国、法国和加拿大。

根据全球家具产业报告，赤道几内亚的木材主要出口到亚洲国家，特别是中国，因此，赤道几内亚应该利用与中国这一友好国家的历史渊源和良好外交关系进行谈判，商定建立经济特区的协议，以便制造各种形式的家具，家具风格包括古典和现代风格（浴室、客厅、餐厅、厨房、露台、办公室、镶木地板等）；同时，应与马来西亚签订相关协议，以便再出口到世界主要家具消费国和非洲大陆。

赤道几内亚应与中国谈判，为一些家具厂“搬迁”到我国创造条件，以便将其转变为区域性的本土生产基地，甚至可以从邻国购买木材以满足赤道几内亚家具加工业的需求。据绿色和平组织称，通过约300家进口公司，非洲的木材有75%出口到中国，其中几家最大的家具企业主要位于中国东南四省市：广东、浙江、上海和江苏，即张家港所属区域。中国的家具产业大多位于长江附近。在位于中国南方广东省的广州市和佛山市，有大型家具展厅，吸引着来自世界各地的买家。为了在家具领域与中国公司建立伙伴关系，赤道几内亚应该在此区域寻找机会。

通过这一战略，赤道几内亚木材将在当地被加工，而非以原木的形式出口，从而在其他经济部门产生乘数效应，并在国内创造数千个就业机会和大量收入。这将是恢复经济增长和使国家摆脱目前危机的有力途径。以这种方式，赤道几内亚就可以与墨西哥、中国、越南、马来西亚、印度尼西亚、波兰、罗马尼亚、土耳其、立陶宛和匈牙利一起进入以劳动力成本低为优势的大型家具制造商，即上文提及的属于第一类制造商的国家行列。家具产业不仅有利于国家，而且也将会为目前的原木出口商开辟新的经济前景，因为在运输、包装、保险、经纪或中介等方面存在多种发展可能。

**表37 出口目的地及出口额**

| 序号 | 国　家 | 家具出口额（百万美元） | 出口目的地（%） |
|---|---|---|---|
| 1 | 中国 | 52,700 | 美国：31% |
| 2 | 德国 | 10,200 | 法国：12% |
| 3 | 意大利 | 10,000 | 法国：15% |
| 4 | 波兰 | 8,800 | 德国：38% |
| 5 | 越南 | 6,700 | 美国：52% |

数据来源：家具工业研究中心（米兰国际工业研究中心，米兰，意大利）。

在出口方面，涉及的主要国家是中国、德国、意大利、波兰和越南。像西班牙这样的国家，虽然曾经是主要的家具出口国，但现在已经失去了它的地位。在非洲大陆上，家具行业的主要参与国是摩洛哥、南非、阿尔及利亚、安哥拉、突尼斯、尼日利亚等。

## 十四、使现有基础设施货币化

正如我们在表2中关于公共开支所述，在2005年至2018年约15年间，政府为建设现代化的基本经济基础设施斥资22万亿中非法郎（相当于335.38亿欧元）。对于一个像赤道几内亚这种规模的国家来说，这是一笔前所未有的巨额资金，若不考虑外国居民，这笔费用相当于国内人均22,214,959中非法郎

（相当于33,864欧元），没有任何国际援助能够提供如此规模的融资。这是一项受到所有人赞赏的工作，包括审查机构甚至布雷顿森林体系相关机构，如国际货币基金组织、世界银行和非洲开发银行等。近年来，到过赤道几内亚的所有人都惊叹于我国在基础设施改造方面的发展速度；这证明了当一个国家勇于提出伟大的目标时，就有可能实现它。赤道几内亚的基础设施使我国处于令人羡慕的水平，我们有时甚至不知道如何对其进行评价。

近年来，我国在参加国际货币基金组织、国家银行或非洲发展银行组织的国际会议时，惊讶地发现大多数非洲国家在计划建设促进其经济进一步发展的基础设施时，都会申请融资，而我国却完全依靠本国的资金完成了基础设施建设。

赤道几内亚现有道路和公路的建设水平可比肩世界上某些发达国家。但是，基础设施建设本身并不是目的，而是达到更高发展水平的手段。道路不是为了修建而修建，而是为了促进人员、货物和服务的自由流动，以便数以千计的卡车和集装箱可以在一个相对较短的时间内，将农产品从其产地运送到贸易地点和消费地点，无论是到外围区域还是到市区。道路也同样服务于游客，以便于他们可以在道路安全条件的允许下，游遍我国的任何区域。道路有助于创造国家的财富，以及保障人民的福祉。因此，正如我们所认为的那样，修建道路并不是浪费资金，而是通过增加国家一级的经济活动而获得回报的投资。通过这一活跃的经济活动，我们通过收费站收取资金，并用于道路的维护。

同样地，赤道几内亚的酒店是中部非洲经济与货币共同体次区域内最好的酒店之一。酒店的建造一部分依靠国家自有资金，一部分借助于渴望在旅游部门获取利润的赤道几内亚私人资本。酒店通过为游客服务来获取利润，对于通过银行贷款建造酒店的私营者来说，酒店的利润可用于偿还债务。赤道几内亚的本地人既没有去酒店的资金，也没有这种理念，所以要填补旅游住宿的空缺，必须依靠外来游客。否则，我们的投资将竹篮打水一场空。

另一方面，赤道几内亚是几内亚湾中唯一拥有八个港口的国家，政府为修建以下港口花费了巨额资金：马拉博、卢巴自由港和K5港；巴塔（1）、科戈（2个港口）、安诺本（1）和科里斯科岛正在建设的港口。数十亿欧元的巨大投资使我国比邻国具有更多的竞争优势，因为邻国没有如此多的港口。我们自己并不了解如果充分利用这些资源并将其作为收入来源，我们会有怎样的潜力。我相信，只要以盈利性为导向，以有效的方式开发港口，赤道几内亚就能通过港口获得巨大的经济效益。

港口竞争力

在我看来，为了以最优方式开发我国港口，应该首先分析其周边环境中存在的竞争对手。在次区域一级和赤道几内亚北部，总共存在十个港口：达喀尔（塞内加尔）；科纳克里（几内亚）；阿比让（科特迪瓦）；两个加纳港口：特马和塔科拉迪（加纳）；洛美自治港（多哥）；科托努自治港（贝宁）；拉各斯（尼日利亚）；两个喀麦隆港口：杜阿拉和克里比自治港（喀麦隆）等。在南部，存在七个重要港口：三个加蓬港口：欧文多（利伯维尔）、马伦巴和根蒂尔港（加蓬）；点努埃（刚果）；以及两个安哥拉港口：罗安达和洛比托（安哥拉）。

接下来，我将按照从北向南的顺序，依次介绍我国周边17个港口的具体特点，这些港口无疑是赤道几内亚港口最直接的竞争对手。

### 1. 港口：

达喀尔自治港（塞内加尔）

由于地理位置优越，达喀尔自治港拥有一处良好的避风港，便于船舶抵御台风和潮汐。该港是西非次区域的第三大港口，仅次于阿比让自治港和拉各斯自治港，也是非洲大陆第九大港口。

法国波洛莱公司经营达喀尔港近80年，直到2007年10月迪拜世界港口公司获得该港口集装箱码头25年的特许经营权；拥有一个长10公里的线状码头；占地325公顷，吃水深度12米。此外，达喀尔港还有陆上基础设施，由一个渔港、多个船舶维修车间和一个军事区划分。

2012年，港口货流量1,000万吨；2016年，增至1,600万吨，营业额达到450亿中非法郎，比上一年增加15%。集装箱装卸能力方面，达喀尔港占比70%，其他常规货物吞吐方面，占比60%。港口7天24小时不间断运作。

普华永道全球顾问于2018年4月发布的一份报告显示，由于持续的延误，迫使大型商船在邻近港口延时停靠，达喀尔港的吸引力越来越小。报告还指出，阿比让自治港将很快成为撒哈拉以南的非洲最大的港口平台之一，在西非与拉各斯—阿帕帕、洛美和特马各大港口并驾齐驱。

为应对这一局面，达喀尔港于2018年3月与安特卫普（比利时）港务局签署了一项谅解协议，以便让达喀尔港跻身主要区域性海运货物中心之列。

科纳克里港（几内亚）

科纳克里港为几内亚铝土矿出口港和集装箱运输港。2008年，港口运营权被授予法国耐高集团下属的捷特玛子公司，这一特许权于2011年通过法令被取消。与此同时，法国波洛莱公司与几内亚—科纳克里就集装箱码头扩建签署了一项公私合作伙伴关系协议，旨在换取25年期港口特许权，但2018年4月，在巴黎启动了一项对该公司所有人文森特·波洛莱先生的法律诉讼程序，指控其在获得该特许权方面存在违规行为。

科纳克里港分为两部分：集装箱码头和传统码头。集装箱码头长600米，吃水深度10.5—13米，集装箱停放场占地20公顷，空置停放场2.6公顷，可容纳8,000个满载的集装箱，年装卸能力为60万个集装箱；可允许7天24小时不间断进行装卸作业。此外，传统港口还拥有一个830米的码头。法国波洛莱公司雇佣了约460名员工，旨在建立一个有竞争力的区域转运平台。

阿比让自治港（科特迪瓦）

阿比让自治港建于1951年，吃水深度11.5米。法国波洛莱公司为该港口特许经营商；码头长1,000米，集装箱停放场占地30公顷，可容纳约22,000个集装箱，年装卸能力约130万个集装箱。2017年，阿比让自治港总货物流量2,250万吨，而2016年为2,170万吨，年均增长率3.8%。

考虑到邻国的关联服务，法国波洛莱公司在马里设有4个陆港，在布基纳法索设有2个陆港。

科特迪瓦政府于2018年开始在阿比让港建设一处新码头，工程将于2019年完工，旨在增加港口业务能力。所述工程由建造克里比港的中国港湾工程有限责任公司承建。

尽管如此，世界银行还是建议科特迪瓦当局进行更多地投资，力求降低运输成本、改善港口运营。与加纳相比，阿比让港的出口成本高出59%，集装箱进口成本高出44%。主要原因在于阿比让港口码头的运营缺乏竞争力。

加纳的两个港口：特马港和塔科拉迪港

加纳两个重要港口：一个是特马港，另一个是塔科拉迪港。特马港位于阿克拉以东约30公里处，是西非最大、最重要的物流中心，占加纳国际贸易量的85%，年货物吞吐量1,210万吨。为深水港，吃水8—18米；有2个码头和水域，此外，还有一个自由区。第一个码头长574米，年装卸能力为120万个集装箱。装卸作业除周日外全周进行，24小时不间断提供服务。第二个码头长1,400延米，吃水深度16米，集装箱停放场占地660公顷，年装卸能力200万个集装箱。艾美港口服务公司是特马港集装箱码头的特许经营商，由法国波洛莱公司和荷兰马士基集装箱码头公司合资成立。

特许经营商艾美港口服务公司、马士基集装箱码头公司、波洛莱公司和加纳政府共同成立一家合资企业来实施扩建项目，工程由中国港湾工程有限责任公司、艾奕康公司和一家当地公司承建，合同金额15亿美元，旨在将港口目前的吞吐能力增加四倍，使年装卸能力达到350万个集装箱。应指出的是，特马港属于西非经济区。

塔科拉迪港是加纳第一个商业港口，加纳出口货物的66%和进口货物的19%均经过该港口，镁、铝土矿、林产和可可是主要出口产品；港口位于阿克拉以西约300公里处，距离阿比让港约300公里。塔科拉迪港是货物通往马里、尼日尔和布基纳法索的门户。尽管是加纳两港口中最小的一个，塔科拉迪港却是加纳油气行业的主要物流支撑。

加纳两个港口的货物运输由几家大型航运公司承保，例如：马士基集团、南非航运、波洛莱公司、达贸、超级马林、西非船务代理公司、泛亚班拿、英之杰、马可波罗航运公司、地中海航运公司、意大利康世集团集装箱航运公司等。

洛美自治港（多哥）

洛美自治港的成本低于现代的巴塔港，目前满负荷运行，为布基纳法索、马里和尼日尔等腹地国家提供服务；港口7天24小时（8小时轮班制）不间断运营，为深水港，吃水深度16.6米，被认为是国际公司与毛里塔尼亚和安哥拉等大西洋沿岸国家进行商业往来的得天独厚的中转站。最初设想在60年代年货物吞吐量达40万吨，但目前货物吞吐量已超1,500万吨，装卸的货物包括油气、建筑材料、油籽、矿物和各种产品。该港口刚刚完成扩建，第三个码头的建设耗资约3000亿中非法郎，由法国特许经营公司波洛莱非洲物流公司提供全额资金，波洛莱非洲物流公司自50年前起已陆续在撒哈拉以南非洲的41个国家设有分公司。洛美港的新目标是成为众所瞩目的转运平台，按照最佳国际标准和内陆门户运营。随着上述扩建，洛美自治港年装卸能力将达100万个集装箱，而目前仅为25万个。事实上，任何到过洛美自治港的人都可以轻松地看到无尽的锚泊船只等待着停靠港口，显示出巨大活力。

尽管洛美自治港非常重要，但在处理来自亚洲、大洋洲、远东、中东、欧洲、拉丁美洲和非洲其他地区的货物时存在严重迟缓、拖延的问题。这表明，如果我们坚持努力，赤道几内亚的港口有可能在竞争激烈的非洲大陆港口世界中脱颖而出，占据优势。

科托努自治港（贝宁）

自殖民时代建立至今，科托努港经历了多次变革。2009年，法国波洛莱公司获得了25年期运营和改造港口基础设施与设备的特许权。其子公司—贝宁码头公司拥有一个长540米、吃水深度13.5—15米的码头。2014年，超过2000艘船停靠在科托努自治港，而2013年仅为1,400艘。同期，货流量从780万吨增至900万吨（+ 15.4%），其中超过60%来自非洲腹地国家，主要是尼日尔，还有布基纳法索、马里和乍得。

2017年，尽管该港口努力维持客户忠诚度，但科托努港的管理问题迫使企业更多选择洛美港（多哥），各种产品和货物增加的进口在运往其他目的地，特别是到尼日利亚（181%）、加纳（+ 44%）和马里（+ 31%），这也可以证实该次区域的经济运营商放弃了科托努自治港。

自2018年4月以来，根据贝宁政府与比利时安特卫普港签署的委托代理合同，比利时国籍的克里斯蒂安·德布洛克先生一直担任科托努港总经理。这一任命是出于港口面临的令人痛心的局面，以及大多数经济运营商计划放弃科托努港而更倾向于通过洛美港（多哥）进出口货物的现状，因为洛美港的管理更好。根据官方统计数据，2018年1月29日至2月11日的两周时间内，科托努港只接收了约39艘船，而在同一时期的洛美港则停靠了大约131艘船。

为了优化科托努港的盈利能力，贝宁政府于2017年12月决定将其管理委托给安特卫普港公司，该公司是安特卫普港务局（比利时）的子公司，为咨询和投资活动方面专业的海运、工业和物流平台。合同期限为3年，可续签，具体取决于所获得的成果。科托努港新管理层的目标是使港口管理实现组织层面的现代化，翻新过时的设施，以及准备和指导港口扩建。

拉各斯港（尼日利亚）

拉各斯港建于1913年，是尼日利亚最古老的的港口，位于尼日利亚商业中心拉各斯洲的拉帕帕，拥有5个私人码头，均由国内外港口管理经验丰富的人员进行管理。运营商有：丹麦穆勒码头公司、日本ENL公司、尼日利亚阿帕帕散货码头公司、尼日利亚GNDL 公司和Lilypond内陆集装箱码头公司。拉各斯港7天24小时不间断运营。

尼日利亚将主要集装箱码头（廷坎岛集装箱码头有限公司）的特许权授予了由法国波洛莱公司和中国合作伙伴组成的联营体，中国合作伙伴有两家公司构成：中国招商局国际有限公司和中非发展基金。

廷坎岛集装箱码头长770米，吃水深度13米，集装箱停放场占地24公顷，约能容纳2万个集装箱，年装卸能力为65万个集装箱。全年7天24小时不间断进行集装箱装卸、空集装箱接收和船舶停靠作业。

拉各斯港面临的困难之一是进入港口的道路状况恶化，上述道路是拉各斯最古老的道路之一，经常造成阿帕帕公路持续几天或几周的拥堵。这一状况经常让海事工人工会、海事工会联盟和尼日利亚工人联盟非常愤怒。

阿帕帕公路已成为犯罪分子袭击海事工人的多发地。由于普遍存在不安全因素，尼日利亚进口商更愿意通过科托努港（贝宁）将货物运往尼日利亚，这对拉各斯港来说是一种损失。

尽管如此，从拉各斯港中转的货物仍占尼日利亚海运进口量的60%，并在2017年产生约70%的海关收入，相当于22亿欧元。

克里比自治港和杜阿拉自治港（喀麦隆）

克里比新建深水港于2015年完工，港口于2018年3月2日正式投运，当日迎接了喀麦隆海运史上最大的一艘船（法国达飞比安卡号集装箱船，船长335米），该船的装卸量可达8,500个集装箱，而港口码头长度才350米。

克里比港由中国港湾工程有限公司建造，耗资约2500亿中非法郎（远低于巴塔港），其中85%的融资来自中国进出口银行，其余15%来自喀麦隆政府。克里比港分为两部分：集装箱码头（由法中联营体法国波洛莱—中港—法国达飞海运集团运营）和多用码头，至我们撰写本书介绍港口基础设施时，这一码头的外国特许经营者仍有待选定，预计将与当地公司的联营体（KPMO企业联合体）联合运营，这样，喀麦隆国内企业也可以参与分配克里比港产生的收益，而不仅是外国公司参与。

此外，2018年3月29日，克里比自治港二期建设招标启动，旨在将现有码头延长约700米。克里比港的目标是通过欧洲和亚洲的大型船只成为整个非洲大西洋海岸（从塞内加尔途经赤道几内亚到加蓬）的航运枢纽或区域转运平台。这样也可以实现为乍得和中非共和国等腹地国家供货。新建的克里比港进一步加强了杜阿拉古老自治港的运营。

喀麦隆杜阿拉自治港是一家上市公司，负责管理喀麦隆经济首都的港口平台，是中部非洲经济与货币共同体的首个港口；货流量占喀麦隆港口货流量95%。该港口还根据单独协议为乍得和中非共和国的特定国家提供服务，从而可让这两个国家的进出口享受优惠税率。根据杜阿拉港董事会2018年5月24日的报告，2017年度期末港口净收益减少了50%，从2016年的9.405亿中非法郎降至2017年4.555亿中非法郎。这种情况是由于各种因素造成的：首先，港口运营减少，其次是中部非洲经济与货币共同体次区域正在经历经济危机的影响，表现为杜阿拉港船舶流量的减少。这进一步证明，目前的危机影响的不仅仅是赤道几内亚的经济。

此外，港口运营减少的原因还在于苏丹港口和贝宁自治港造成了乍得和中非共和国50%以上市场的流失。一段时间以来，乍得和中非经济运营商在杜阿拉—恩贾梅纳和杜阿拉—班吉航线上遇到了很多困难。如果考虑到2013年大约有3,400亿中非法郎的乍得商品和大约55,000中非法郎的中非商品从杜阿拉自治港通过，就会了解这是非常重要的。最初，这个港口计划每年吞吐700万吨货物，但目前吞吐量仅为1,100万吨。但是，自1980年以来，相关方面没有为改善杜阿拉港的服务做出重大投资。因此，计划从2018年开始进行新的投资，包括在渔港码头取出废弃船壳，以及建造一个750延米的新码头，增加港口接收商船的能力，并新建另一个石油码头。通过上述信息我们可以确认，全新的巴塔港口基础设施能够完美地获得乍得和中非共和国的港口服务。

位于加蓬利伯维尔的奥文多港

2017年10月14日，利伯维尔奥文多港新建码头在加蓬落成，耗资约1,800亿中非法郎（3亿美元）；这是加蓬政府与新加坡工农业集团奥兰公司之间公司合作的结果。建设新码头旨在降低港口成本，遏制生活成本不断上涨。

由奥兰公司运营的新港口，位于此前由法国波洛莱公司运营码头的近旁；法国波洛莱公司保持着对奥文多港的垄断，港口全年7天24小时不间断进行装卸作业；码头长420延米，水深13米，年装卸能力为15万个集装箱，年货物吞吐量300多万吨。加蓬还有另外两个港口，即谦蒂尔港和马永巴港。

黑角自治港（刚果共和国）

黑角自治港是一处深水港，吃水深度15米，在区域海上运输战略中发挥着重要作用。根据2015年的数据，货物吞吐量330万吨，标准箱（20英尺）装卸能力为10万个集装箱。经该港口卸载的货物有75%实际上是运往安哥拉、刚果民主共和国和加蓬的邻近港口。黑角自治港至布拉柴维尔陆路或铁路里程为515公里。由法国波洛莱公司（主要运营商）投资约3500亿中非法郎，港口年装卸能力从2009年的15万个集装箱增至2016年的70万个集装箱；理论上，每年可装卸150万个集装箱。法国波洛莱公司对港口的特许经营期限为27年，至2037年结束，其间码头得到了扩建和改造，水电供应得到改善，此外，还建设了其他相关工程。目前，船舶到达后需等待10天卸载集装箱并向客户出具票据，而此前这一过程需持续约30天，降低了成本，减少了时间。

黑角港口有一处长1500米的码头，水深16米，理论年装卸能力为150万个集装箱，但实际上，根据2009年数据，港口装卸的集装箱数量为15万到70万个。事实上，法国波洛莱公司运营的这个港口的主要活动是集装箱船的维护以及装卸作业。

罗安达港（安哥拉）

罗安达港是深水港，建于1945年，拥有约440名员工，其中男性345名、女性95名。罗安达港是安哥拉的主要港口（其次是洛比托港），非洲进口和出口石油的70%以上从该港口通过，港口所在区域海浪非常小。罗安达港在海湾入口处有一个长2.5公里的码头。这个港口有四个码头：通用货物码头、集装箱码头、多用途码头及安哥拉国家石油和天然气公司综合物流公司码头；码头全长2,738米，具有15个大型仓库。仅集装箱码头面积就已达142,000平方米，独立码头长度为500米。

2007年，丹麦马士基集团（51%）和安哥拉养老基金（49%）合资成立了码头管理公司（Sogester SA），码头管理公司获得了政府授予的罗安达港20年期特许经营权。

罗安达港特许经营商——Sogester公司在2007—2012年五年内投资超过5,300万美元对港口进行了改造，包括码头扩建、采购货物搬运/处理用的新设备、土建工程和人力资源培训。在2014年，Sogester公司还获得了安哥拉南部纳米比亚港口的特许经营权。

根据官方数据，2015年，罗安达港长期靠泊船只约900艘，装卸标准集装箱75.3万个，一个标准集装箱的尺寸为20英尺。

罗安达港是运行iContainers系统的非洲海港之一，通过该系统可以在不到15秒的时间内在线获得往返罗安达港的海运费率。例如，就在我们编写本节内容时，将一批货物从瓦伦西亚（西班牙）港口运至罗安达港的运价约1174欧元，而从瓦伦西亚运至马拉博港的价格则高出三倍。从罗安达港到巴塞罗那港，运价约为1470欧元。

以上赤道几内亚北部和南部的17个港口，是我国港口基础设施的主要竞争对手，对其进行的分析为我们提供了宝贵资料，可供赤道几内亚港口管理局负责人借鉴。

第一，通过分析发现，从塞内加尔、科特迪瓦、多哥、几内亚—科纳克里、贝宁、加纳、尼日利亚、喀麦隆，到加蓬、刚果和安哥拉，所有的港口均由国际特许经营公司运营，特别是法国波洛莱公司，拥有丰富的港口管理经验。此外，还有其他特许经营商，如加蓬的新加坡奥兰国际有限公司、塞内加尔的迪拜港口世界、在尼日利亚拉各斯港进行运营的中国招商局国际有限公司和中非发展基金，等等。

第二，许多拥有港口设施的国家与特许经营公司签订了公私合作伙伴协议，这些公司为其管理的大部分港口扩建计划提供资金，而不是国家本身提供资金，而在赤道几内亚则是用自有资金进行所有投资。

第三，该次区域的所有港口均全年每周7天24小时不间断运营。

第四，这些港口不仅可以满足国家经济需求，还可以为邻国提供货物转运平台。

第五，这些港口在国家和国际层面拥有高素质的港口管理人员。

第六，尽管已证实其营利能力，但由于拥堵和延误问题（例如在阿比让自治港口），这些港口中有许多在管理上存在巨大差距和缺陷，由于缺乏道路基础设施，很难将货物用卡车从港口运送到客户手中（如拉各斯港口的情况），迫使客户寻找能够提供更好服务的最近港口。

第七，即使港口管理掌握在一个或几个国际特许经营商手中，也要鼓励当地企业家参与管理，避免所有收益均由跨国公司赚取。因此，国内企业应参与装卸、货物运输、监视服务、餐饮、中转、集装箱和货物存储、水和燃料供应等。

第八，使港口具有吸引力的是它的海上联通水平，即其运营的港口数量，以及它提供的服务频率和接收大型海运公司的能力。还要通过内河、公路或铁路向腹地区域增加陆上货物流的能力来衡量。所以，陆地交通也是港口之间战争的战场。

第九，所有这些港口都使用新的信息和通信技术（ICT），正如我们在罗安达港（安哥拉）港所见，该港口采用了iContainers系统，通过该系统，可在15秒内在线获得往返港口的海运费用。

非洲大陆港口之间的竞争非常激烈，不适合非专业选手或学徒。如果我们真的想开发利用我们的各种港口，我们必须更加努力，研究竞争对手的优势和劣势，由此找到我们在这个寸土必争领域的地位。赤道几内亚面积虽然相对较小，但在港口投资上比一些较大的邻国多，并且拥有令人羡慕的公路网，有8个港口，而大多数我们所分析的国家只有一两个商业港口，或者像加蓬，只有3个。

在网上找到关于非洲大西洋沿岸所有港口的各种信息对学者而言非常容易，包括港口运营、发展战略、投资、工作时间、员工数量、通过货物的体积、连接费率等方面的信息。但不能说赤道几内亚的港口与其完全一样。

我相信，像其他邻近港口一样，找到一个或多个有经验的特许经营商，我们可以实现港口满负荷运转，为国库提供更多资金，而且能提供更多就业机会。

我想表明的是，有的国家在港口经营方面享誉全球，如迪拜港务局、新加坡和中国（包括香港）。赤道几内亚共和国总统于2017年8月在其正式访问沙特阿拉伯期间前往吉达时，我作为渔业和水资源部部长是政府代表团成员，届时吉达港通过商会表示有意向与赤道几内亚港口当局进行洽谈，遗憾的是，这不是总统访问行程的一部分。瑞士虽然没有海港，但它在世界各地进行港口管理和投资。这是我提出的一些线索，供港口主管当局参考审议。

赤道几内亚的港口不应仅面向非常小的当地市场，还应成为该次区域（乍得和中非共和国）腹地国家以及邻国远离国内港口城市集装箱和货物的转运平台，例如加蓬边境城市奥恩、梅多纽和明武尔；喀麦隆基埃—奥西、埃博洛瓦。作为加蓬九省之一，维勒—恩特姆省面积38,465平方公里，居民人数154,986人，比整个赤道几内亚的面积（28,051平方公里）还要大，该省与赤道几内亚三个省接壤（基埃—恩特姆、维勒—恩扎斯和中南省，分别途经艾比比因、蒙戈莫和阿库勒南）；还与喀麦隆（南方省）及刚果共和国（杜桑哈省）接壤。奥耶姆市是维勒—恩特姆省省府。利伯维尔的奥文多港与奥耶姆市相距约477公里；按70公里/时的速度，从利伯维尔到奥耶姆市的车程大约7小时，行经公路与全新、现代化的巴塔—蒙戈莫公路完全无关。如考虑巴塔港至奥耶姆市的公路距离，可按约250公里计算，相当于利伯维尔到奥耶姆市距离的一半，因此，巴塔港可为奥耶姆市居民提供便宜近两倍的运费。这一情况对比塔姆市也适用（居民人数13,000人），比塔姆市是维勒—恩特姆（加蓬）省的一个区，与喀麦隆和赤道几内亚相距约30公里。

此外，巴塔港可以作为乍得和中非共和国陆港集装箱和货物的转运平台，提供比喀麦隆杜阿拉港和克里比港更好的服务和更具竞争力的价格。这是一个简单的商业战略问题。

根据杜阿拉自治港总经理办公室的数据，2015年中非共和国和乍得的货物量超过100万吨，每年从杜阿拉港通过的中非货物金额约为550亿中非法郎。这一货流量有时会受到喀麦隆、乍得和尼日利亚边境地区以及喀麦隆与中非共和国东部边界的“普遍不安全因素”干扰。

2017年12月，杜阿拉自治港在恩贾梅纳（乍得）设立代表处，并于2018年2月开设了驻班吉（中非共和国）代表处，目的是重新夺回失去的市场份额并确保客户忠诚度。由于杜阿拉—恩贾梅纳和杜阿拉—班吉航线存在诸多困难、阻碍，许多乍得和中非经济运营商已经倾向将其进口和出口货物运往苏丹港和科托努港（贝宁），这导致杜阿拉港失去了乍得约50%的市场份额，这一比例略低于中非共和国。

所有这些都表明，巴塔港仍然可以通过创建巴塔—班吉和巴塔—恩贾梅纳航线而在该市场取得一席之地。在艾比比因市建立一个陆港也是可行的，不仅可以服务于比塔姆、奥耶姆（加蓬）、基埃—奥西，埃博洛瓦（喀麦隆）等边境城市，还可以服务于腹地国家中非共和国和乍得。所有这些活动将有助于重新激发赤道几内亚的经济活力，并将其从目前的危机中解脱出来。

### 2. 机场：

赤道几内亚机场（ADGE）也获得了巨额的国家投资

政府投入巨额资金建设马拉博、梦洛梅恩、巴塔跑道以及克里斯共和安诺本岛的新机场。马拉博国际机场新现代航站楼的建设计划在2019年完工，该项目由一家中国公司—威海国际经济技术合作股份有限公司实施；撒哈拉以南非洲的国家很少有类似的航站楼。上述机场投资为赤道几内亚提供了无法估量的竞争优势，可成为中部非洲的航空、旅游枢纽或平台，每年有数千名乘客可以前往非洲和世界其他国家。只需要一点想象力、企业家的开拓精神和勇气，就可以充分利用这些基础设施，简而言之，我们要始终怀有高瞻远瞩的大格局。

以迪拜为例，根据2017年人口普查，居民人数仅为2,976,455人（约为赤道几内亚人口的三倍），其中女性887,585人、男性2,088,870人；本国人占少数，约20%（约595,291人），外国人占80%（2,381,164人），主要来自孟加拉国、印度、巴基斯坦和索马里等国家；外国人中，大约有10万名英国人和数万名美国人。迪拜是组成阿拉伯联合酋长国（阿联酋）的七个酋长国之一，总面积4,114平方公里（约为比奥科岛面积的两倍，比奥科岛面积2,034平方公里，略小于面积为6,665平方公里的滨海省）；自1776年开始，在长达两个世纪的时间里都是英国的保护国。20世纪60年代发现石油后，如同30年后的赤道几内亚，迪拜在基础设施层面发生了令人印象深刻的转变。利用石油资源，迪拜开发了以下经济支柱领域：建筑（大型豪华酒店、商业和娱乐场所）；航空，占国内生产总值的30%；三个自由贸易区或自由区（迪拜海事村、迪拜媒体城和迪拜知识村）内的货物存储业务（转口港）；金融服务，具有本国和外国证券、债券交易系统；购物旅游、港口及其机场。自2000年以来，迪拜的石油收入大幅度减少，目前仅占其总收入的1%。迪拜拥有优惠的税收政策及世界上最低的税率，许多大型国际公司在迪拜设立了运营总部。2016年，迪拜国内生产总值达到1,081.7亿美元，人均收入33,989欧元，与石油繁荣期间赤道几内亚的人均收入相当。

希望在迪拜工作的外国人必须申请工作签证，这是面向境外招聘人员的公司所要求的。如果失去工作，该签证将失效。从失去工作起，相关人员须在45天内找到一份新工作；否则必须离境。

迪拜经济发展模式以吸引外资、促进品牌发展和国家主导发展为目标。由于积极主动和富有前瞻性的领导，迪拜从一个面积较小、自然资源稀缺的城市（是奥科岛的两倍，比滨海省还小）转变为国际商务中心。迪拜在全球范围内展现了一个开放的国家形象，这个国家政治稳定、安全、宽容、尊重文化多样性（大多数人口来自外国），所有这些对来自世界各地的高资质外籍人士和游客都非常有吸引力。可以将迪拜视为一个大型仓库，中国、德国和美国等国家将货物存放在迪拜自由贸易区，然后再出口到印度、瑞士、沙特阿拉伯等其他国家的市场。

迪拜参与经济活动的人口为1,700,000人（全部人口为2,976,455人），其中80%是男性，多数为外国人。尽管迪拜取得了巨大发展，但尚未解决其结构性问题，即国家人力资本不够发达，需要依赖外国劳工。

2012年，超过1,000万名游客访问了迪拜。2016年，游客人数约为1,500万。2020年迪拜世博会，预计游客人数会更多。2015年，迪拜国际机场年旅客接送量达78,475,336人次，约403,517架客机从此处经过，每周有199个航班，货物运输量超过220万吨。迪拜航空公司—阿联酋航空公司和阿联酋国际货运航空公司（成立于1985年），其总裁自2003年以来一直是英国爵士蒂姆·克拉克（Tim Clark），他决定性地将公司转变为如今的全球航空巨头，同时也是中东地区最大的航空公司，占总客运量的60%。据估计，从2020年开始，迪拜国际机场客流量约为一亿名游客。也就是说，马拉博或巴塔机场的每年的客流量约为3,300万人次，因为赤道几内亚的人口约占迪拜人口的三分之一。这就是所说的要心中怀有大格局，做到高瞻远瞩。如果位于沙漠中的、如同迪拜一般大小的国家在一代人中取得了如此惊人的经济进步水平，那么是什么原因阻止了拥有石油、天然气、海滩、渔业、农业、畜牧业、旅游业、酒店、机场和港口等资源的赤道几内亚成为非洲的迪拜？应注意的是，在1960年迪拜发现石油之前，这片沙漠地区的人口主要从事采枣、手工捕鱼、珍珠贸易和骆驼养殖。

迪拜的经验向我们展示了，一个国家的力量和伟大并不取决于地理规模，而是取决于一个民族是否有远见卓识、雄心壮志和追求梦想的能力，这一梦想即为实现包容性经济的繁荣。

木棉洲际航空公司。没有一家成功的非洲航空公司不是与其他航空公司开展合作的。例如，2011年，埃塞俄比亚航空公司加入了星空联盟，星空联盟是世界上第一个由27个成员组成的全球性航空公司联盟，包括亚德里亚航空、加拿大航空、爱琴航空、新西兰航空、韩亚航空、全日空航空、奥地利航空、哥伦比亚航空、巴拿马航空、布鲁塞尔航空、克罗地亚航空、埃及航空、波兰航空、新加坡航空、瑞士航空、南非航空、长荣航空、葡萄牙航空、泰国国际航空、土耳其航空、美国联合航空等。另一方面，肯尼亚航空公司是飞往非洲大陆不同目的地（共26个）航班最多的非洲航空公司，与法国航空公司和荷兰皇家航空公司建立了合资企业。这三家航空公司的客户可以在巴黎和内罗毕之间以及阿姆斯特丹和肯尼亚首都之间的航班上使用相同的代码预订航班。我国航空公司—木棉洲际航空公司的生存，将取决于与其他公司结盟的能力，正如埃塞俄比亚航空公司所做的那样。

我们在此建议，通过赤道几内亚政府在机场基础设施、旅馆、道路以及民用航空方面的投资，我国完全可以成为次区域一级和国际级的空运枢纽或平台。也可以设想，参照迪拜的模式，在赤道几内亚建立两个自由区（一个在岛屿区域、另一个在大陆地区）作为转口（存储）港，将亚洲（中国和印度）和欧洲公司的商品出口到邻国，包括尼日利亚。但我们需要的不仅仅是口号，而是真正能吸引外资的积极政策，以及向大企业开放市场和提供一系列税收优惠政策，力求从根本上改变运作方式。不能一如往常（或一切照旧），要避免任何可能吓跑那些诚实和善意的潜在外国投资者的任何过度的民族主义情绪。要做到这一点，我们的港口必须全速运行并达到国际标准。在赤道几内亚与中华人民共和国之间良好合作关系的框架内，还有必要就中国消费品（如家具、建筑材料、鞋子、服装和家居用品等）制造商入驻两个自由区（马拉博自由区和巴塔自由区）的条件进行协商谈判。该次区域的商家将从所述自由区获得货物并再出口到其原籍国，使赤道几内亚成为一个购物旅游目的地国家。此外，还可以吸引来自欧洲、土耳其、黎巴嫩、南非、摩洛哥、埃及和突尼斯的制造商。成千上万的外国买家将乘坐木棉洲际航空公司的航班，使用我们的道路并住宿在我们的酒店，因此，应着眼长远开发空运、海运和陆运服务；反过来，这将在经济中创造新的收入和数千个就业机会。毫无疑问，对于那些不了解一个国家经济发展的人来说，这听起来只是一个童话故事或仅仅停留在理论层面。

这一事业将由一个积极主动、有热忱、有干劲、勇于开拓进取的政府和精英团队来推进和执行。精英团队将根据能力和专长来挑选，工作表现优秀者将获得证书和业绩奖金。这只有在我们设定了大目标和大格局时才能实现。

## 十五、创建木薯和甘蔗加工业

木薯加工业

木薯是一种传统产品，是赤道几内亚人基本食物的一部分，且木薯可以通过以下多种方式食用：新鲜的根茎可以直接食用，也可以发酵、熏制等。木薯是一种具有木质特征的灌木，根据种植土壤的不同，可以达到4—5米的高度。它的根长度可达20—40厘米，直径可达5—20厘米。外层颜色为棕色，内层颜色为粉红色、白色或黄奶油色。木薯又称南洋薯、木番薯、树薯，芳族人将其称为mbong，比西奥人将其称为nguan，纳德威人则将其称为meondo。

传说它最初来自南美洲，目前，木薯广泛种植于非洲、拉丁美洲和亚洲等90多个国家，为8亿人提供口粮。每公顷木薯每天可产生超过250,000卡路里的热量，相比而言，水稻、小麦和玉米每公顷产生的热量分别为176,000卡路里、110,000卡路里和200,000卡路里。尼日利亚、巴西、泰国和印度尼西亚是世界上主要的木薯生产国。从表38可以看出，世界木薯产量约为226,337,396百万吨，非洲是世界上最大的木薯产地，尼日利亚是第一大木薯生产国，产量达4,570万吨，远远超过拉丁美洲和大洋洲的产量。亚洲木薯产量占世界总产量的29.6%，其中泰国产量为2,250万吨，其次是印度尼西亚，产量为1,990万吨。与非洲相比，亚洲大陆的木薯产量高达18,243.15公斤/公顷，而非洲为10,081.02公斤/公顷。巴西是拉丁美洲最大的木薯生产国，产量为2,671万吨。尽管木薯是当地人的主食，但没有可靠的统计数据可以了解赤道几内亚的木薯产量。

生产木薯可产生大量劳动力需求，特别是在播种和收获季节，尽管其他国家，如巴西和泰国，通过采用防治病虫害（真菌和细菌）的方法在木薯品种开发方面取得了重大进展，并使用机械化方法降低生产成本、提高生产力。

表38　世界木薯产量

| | 产量（吨） | 耕地面积（公顷） | 单位面积产量（公斤/公顷） |
|---|---|---|---|
| 美洲 | 37,041,521 | 2,806,835 | 13,196.90 |
| 非洲 | 122,088,128 | 12,110,694 | 10,081.02 |
| 亚洲 | 67,011,365 | 3,673,235 | 18,243.15 |
| 大洋洲 | 196,382 | 17,560 | 11,183.49 |
| 合计 | 226,337,396 | 18,608,324 | 52,726.27 |

数据来源：InfoAgro Systems, S.L.

木薯的特性允许对其进行充分利用：茎（块茎）用于栽培；叶子用于生产面粉、动物饲料和新鲜蔬菜（芳语中的“bambucha”或“mendjáa”）；根（块根）供人、动物食用以及用于出口。

从加工成干物质的木薯中所提取的淀粉，是由这种国家级作物加工而成的最重要的工业产品。木薯衍生品有多种：可用于食品和纺织工业，可用于造纸，以及粘合剂、葡萄糖和酒精的生产，以替代石油。

众所周知，酸淀粉用于生产哥伦比亚奶酪或含有奶酪的食品，如：奶酪面包、油煎饼等，而甜淀粉则能提供更多的副产品，如：果糖含量较高的甜味剂和糖浆、山梨糖醇（多元糖醇）、谷氨酸（构成蛋白质的一种氨基酸）、单钠（钠盐）、有机酸和酵母等。

木薯淀粉提取工艺通常是家庭自制，但巴西、印度尼西亚和泰国等国家已开发出更多的工业制造工艺，拥有大型工厂加工淀粉用于出口。

其他国家鼓励种植木薯以确保粮食安全，减少和消除农村地区的贫困。木薯已被证明是继稻米、糖和玉米之后热带地区的第四大卡路里来源；它富含碳水化合物（35%）和蛋白质（1.5%）。

木薯也被当作动物饲料玉米的替代品。根据营养学家的观点，就动物饲料的营养而言，玉米是营养最完整的谷物，但也可以用木薯代替，其营养值在70%—75%之间。

为了增加木薯产量，应提高每公顷土地的生产力。在国际市场上，木薯替代炸薯条以冷冻木薯、预油炸丸子的形式出售。

简而言之，在国际贸易方面，木薯的销路多种多样。第一，作为新鲜根（块根）和加工根供人食用。第二，作为动物饲料，木薯块根可用作反刍动物（奶牛、瘤牛、绵羊、山羊）和猪的饲料。第三，木薯粉、木薯淀粉和淀粉在食品工业中用途广泛。木薯粉可用作饼干和面包的生产原料；在肉类香肠和脱水汤生产制造中可用作黏合剂；用于制作婴儿包装食品；膳食产品。另外，木薯粉在食品工业中还用于制作汤和面食；用作酸奶和冰淇淋中的“稳定剂”；以及木薯粉的“增稠剂”；还可在涂料工业中用作填缝剂，可黏附不同的着色元素；并可作为不同产品质地、质量、外皮和稠度的“增强剂”；也可用作面包等的食品添加剂。第四，用作非食品工业的物资，用于建筑、木材、图形艺术、皮革制品、室内装潢和家用领域的胶粘剂或黏合剂。第五，用作生物燃料。

2014—2015年，西波波会议中心经济多元化研讨会（2014年）举办后，作为财政部国际金融机构和中部非洲经济与货币共同体的总统顾问及赤道几内亚控股公司董事会主席（任期三个月），我通过赤道几内亚控股公司和外国投资基金积极支持在赤道几内亚农业部门创建三家合资企业。第一家公司是赤道几内亚畜牧业股份有限公司（GANADEGE, S. A.），公司宗旨是在巴塔和马拉博进行鸡肉工业生产。第二家公司是赤道几内亚农业股份有限公司（AGRIDEGE, S. A.），公司主要业务是在米格梅森进行木薯种植和加工；为此，需要大约10公顷土地用于木薯种植及后续将木薯加工成国内消费或出口用木薯粉和淀粉，可创造约860个直接就业岗位（工业部门160个、农业开发部门700个），并实现为国库创收。有些国家的木薯产量对其GDP贡献显著。此外，设立木薯加工厂因为有销路保证，还可以激励国内小农户增加产量，而随后在工厂进行的进一步加工，则将间接创造更多就业岗位。

第三家公司是赤道几内亚糖业股份有限公司（COMAGE, S. A.），以生产制造糖和乙醇为经营目标；该项目为劳动密集型项目，需要3000多公顷土地用于在阿库雷南地区种植甘蔗，年产7万吨精糖，除用于国内市场外，多余部分将出口；可创造约2400个直接就业岗位（工业部门400个、农业部门2000个）。与木薯的情况一样，制糖业将促使农业增加蔗糖产量以出售给工厂，并创造间接就业岗位，满足当前经济发展需要。

应指出的是，制糖业的生产工序分为两个不同的阶段：农业生产（甘蔗种植）和工业生产（加工）。加工工序步骤包括：甘蔗入厂、研磨、清洁、蒸发、结晶、分蜜或旋干，工序中将决定哪部分作为生产原料用于酿酒厂生产乙醇，哪部分用于生产精糖，并对精制和干燥产品进行后续包装。上述所有工序都需要使用技术和熟练工人。赤道几内亚有能力成为非洲糖和乙醇的生产大国。

虽然由于技术原因，这些劳动密集型项目之前无法实施，但我仍然相信，如果要实现经济多元化和创造多种就业机会，采取这一举措是必要的。

甘蔗加工业

与木薯一样，甘蔗是整个国家地理区域自给自足种植和消费的传统产品。显然，甘蔗原产于新几内亚，从那里扩展至世界各地。其甘蔗生产率和产量均居世界第一。每公顷土地可生产约70吨甘蔗。甘蔗全身都是宝，蔗茎富含蔗糖和纤维。通常用于生产糖、动物饲料、酒精、乙醇（汽车工业中使用的生物燃料）、肥料、纤维、纸张，并可以产生热能、电能。

由于巴西、中国、欧盟、印度和泰国产量增加，2017—2018年世界糖产量估计为1.8亿吨，比上年增加900万吨。根据美国农业部的预测，尽管糖产量在增加，但库存量下降2%，为3,800万吨。2017—2018年度，巴西产量将创纪录达到3,970万吨，其中用于精炼糖的甘蔗产量增加，而用于乙醇的部分会减少。其他国家增长数据如下：印度2,580万吨（增长18%）；欧盟1,860万吨（+210万吨）；泰国1,120万吨（+120万吨）；中国1,050万吨（+1万吨）；美国790万吨（进口量创纪录达到350万吨；墨西哥660万吨；巴基斯坦60万吨；俄罗斯580万吨（-35万吨）。与此同时，2017—2018年度，糖的全球消费量创历史纪录，达到1.74亿吨。

**表39　全球排名前20的甘蔗生产国（2014年）**

| 序号 | 国　家 | 产量（百万吨） |
|---|---|---|
| 1 | 巴西 | 737 |
| 2 | 印度 | 352 |
| 3 | 中国 | 126 |
| 4 | 泰国 | 104 |
| 5 | 巴基斯坦 | 67 |
| 6 | 墨西哥 | 57 |
| 7 | 哥伦比亚 | 38.16 |
| 8 | 菲律宾 | 32 |
| 9 | 澳大利亚 | 31 |
| 10 | 印度尼西亚 | 29 |
| 11 | 美国 | 28 |
| 12 | 危地马拉 | 27 |
| 13 | 阿根廷 | 25 |
| 14 | 越南 | 19.82 |
| 15 | 南非 | 18.29 |
| 16 | 古巴 | 17.8 |
| 17 | 埃及 | 16 |
| 18 | 秘鲁 | 11.39 |
| 19 | 缅甸 | 11.13 |
| 20 | 厄瓜多尔 | 8.25 |
|  | 合　计 | 1,755.84 |

数据来源：国际糖业组织（OIA）、美国农业部（USDA）。

非洲糖生产商

《青年非洲》(*Jeune Afrique*)周刊的撰稿人奥马尔·姆巴迪(Omer Mbadi),在2014年12月发表的一篇文章中写道,"虽然非洲的食糖消费量因人口增长而增加,但非洲生产商必须同时应对当地需求以及来自巴西和亚洲的竞争"。自由区的主要非洲糖生产商是法国农业食品加工发展与管理公司(SOMDIAA),该集团是法语国家的主要糖生产商,主要由法国维格兰家族(50%)和卡斯特家族(45%)经营,业务遍及除赤道几内亚以外的中部非洲经济与货币共同体所有国家:在加蓬(加蓬非洲糖业公司,2014年拥有4,649公顷甘蔗种植园和一家加工能力达270,000吨甘蔗的工厂),生产了27,000吨糖,创造了1663个直接和间接工作岗位(403个永久性工作岗位、248个季节性工作岗位、512个分包商和约500个间接工作岗位)。值得注意的是,加蓬每年糖的国内需求量为35,000吨,而产量只有27,000吨,供需缺口约为8,000吨,需要依靠进口来弥补;其在喀麦隆的糖生产商为喀麦隆糖业公司;在乍得是乍得糖厂,于2014年关闭了其在萨赫尔的厂(场)址;在刚果—布拉柴维尔是刚果制糖公司;在中非和科特迪瓦也有经营。在上述国家,法国农业食品加工发展与管理公司也同时从事面粉生产。2014年,其糖产量达到35万吨,营业额为34,110万欧元。

主导西非制糖业的米兰姆集团(Mimram),拥有塞内加尔糖业公司,目前产量估计为每年10万吨,最近宣布计划投资约500亿中非法郎(约7600万欧元)将其产能提升至15万吨。在西非,国内需求估计为每年280万吨,而产量却不到40万吨,导致进口量增加。2012年至2017年,米兰姆集团投资了约3亿欧元来增加其部分非洲子公司的产能。

丹格特糖业集团(Dangote Sugar)是尼日利亚的主要糖生产商;2014年第一季度,营业额达到1.13亿欧元,年产量为81.4万吨;有计划在塞内加尔和阿尔及利亚建厂。

南非依莱沃糖业股份有限公司（Illovo Sugar）是非洲大陆最大的糖生产商；2014年第一季度，产糖183万吨，营业额达到7.75亿欧元；在六个国家设立了子公司，包括：南非、莫桑比克、马拉维、斯威士兰、赞比亚和坦桑尼亚。依莱沃糖业股份有限公司中英国制糖企业英糖集团持有51%的股份，南非产业持有49%的股份。综上所述，赤道几内亚是中部非洲经济与货币共同体中唯一一个不自己产糖的国家。因此，在我国建立制糖业仍然是热门话题。

## 十六、受危机影响重新制订2020年计划

2007年，第二次全国经济会议期间，赤道几内亚政府通过了国家经济和社会发展计划（PNDES），通常称为“2020计划”，旨在到2020年将赤道几内亚转变为新兴国家。该计划分为两个阶段：第一阶段，从2007年至2013年，重点是基础设施建设，人力资源筹备和治理等。第二阶段，从2013年至2020年，致力于经济多样化，发展农业、畜牧业、渔业、旅游业和金融服务业。经济繁荣有利于国家道路、桥梁、港口、机场、社会住房、水电站、电气化、光纤、行政大楼等主要基础设施的建设。但是，由于意料之外的原油价格下跌，赤道几内亚自2014年以来经历的经济危机削弱了政府实施2020计划的能力。因此，为了经济连贯性，建议设定新的规划基准年，重新进行规划，以实现国家经济振兴。

## 十七、 妇女参与经济：从口号到现实

和其他国家社会一样，在赤道几内亚，妇女也承担着母亲、姐妹、朋友、

妻子、工人、律师等多重社会角色，在许多情况下，妇女是一个家庭的支柱。在赤道几内亚，妇女占人口的大多数。根据2015年人口普查，赤几居民总人数1,012,830人，妇女占52%以上。尽管由于赋权政策，近年来妇女在我国社会中的地位有所变化，但妇女的领导地位及其参与政治和经济的程度并没有反映出她们在人数上的优势。妇女在公共、私营和学术界的代表性也较低；当选职位和担任公司领导的机会均较少，同时，受产假和早婚影响，她们在接受教育方面还是失学和辍学的最大受害群体。然而，由于其人数上的优势，妇女在劳动力、生产、消费和国民储蓄方面具有巨大的经济潜力。此外，我们的妇女还是不知疲倦的工人；当她们在城市地区有正式工作时，她们也会照顾家庭，照顾孩子和丈夫，做家务以及关照公婆和妯娌。在农村地区，妇女们在农场上长时间劳作，负责生产粮食、捕鱼，回家后还要为全家做饭。而大多数时候，男人每天则只从事两三项工作或活计，与他们的朋友坐在坡地上或家里，喝着烈酒、吃着小吃一起聊天。

妇女天生具有一些可贵的品质，她们具有同理心、团队合作和协同能力。这在我们西蒙（马拉博）、蒙多塞公共市场及巴塔大市场上可见一斑；她们通过组织小额信贷，在各种商品的购买和销售上相互协助。妇女是银行小额信贷最好的支付者，犯罪倾向小，是社会和谐稳定的一大因素。妇女对维持和平也有重要意义。此外，妇女还是重要的劳动力。有研究证明，性别平等与经济、政治和社会进步之间存在直接关联。

为了应对当前和即将到来的经济危机，赤道几内亚社会需要通过充分将妇女融入社会、政治和经济生活并逐步采取两性平等措施来实现社会公平、公正，从而更好地为全体公民服务。这需要改变社会思维方式，而且，一切不应只是一句简单的口号，应是当务之急。

## 十八、次区域一体化

近年来，世界经济发展的趋势之一是区域经济一体化，这一趋势旨在减少并逐步消除关税和非关税贸易壁垒，实现区域内人员、资本、货物和服务的自由流动。当然，区域经济一体化存在多种类型，具体取决于成员国的一体化程度，具体类型包括：关税优惠区、自由贸易区、关税联盟、共同市场、经济共同体，以及政治和经济一体化。顾名思义，中部非洲经济与货币共同体是一个经济共同体，因为除了共同市场外，它还包括在经济政策的各个方面批准和建立共同标准，例如，使用中部非洲经济与货币共同体的一体化银行卡（此卡已在该次区域的其他国家使用），可为中部非洲经济与货币共同体区域内车辆行驶提供便利与保障；此外，还增加了货币同盟。显然，1983年8月24日赤道几内亚加入中非关税同盟时，更加积极寻求获得可兑换货币—中非金融合作法郎，因为当地货币（埃奎勒）不可兑换，这会阻碍赤道几内亚对外经济交易。

实际上，我们没有意识到我们可以从中部非洲经济与货币共同体中获得的优势。第一，规模经济。中部非洲经济与货币共同体的人口数为5,080万（2016年），约为我国人口的50倍。如果赤道几内亚是一个商品和服务生产国，将能进入一个拥有5,000万潜在消费者的更大区域市场，我们的公司将获得更高的效率并降低其生产成本。第二，我们可以专注于生产某些我们更具竞争力或比较优势的商品和服务。第三，加入中部非洲经济与货币共同体后，面对其他区域赤道几内亚将具有更大的议价权，在欧盟等的谈判中也可享有更多权力。显然，只有当一个国家拥有多元化经济，允许国内公司在同一市场竞争时才能获得上述优势和其他优势，并且将有助于提高效率，改进产品质量，并且由于竞争的存在，可使消费品价格进一步降低，消费者会因此受益。

简而言之，为了摆脱当前经济危机，赤道几内亚应实现经济多样化，借助已经建设好的现代道路基础设施，发展物流，销售产品。赤道几内亚加入人员自由流动政策之后的经验表明，对邻国公民突然大批到来的恐惧是没有依据的。因为自从实施自由流动政策以来，中部非洲经济与货币共同体地区的移民没有大幅度增加。

## 十九、拥抱现代化和全球化

像赤道几内亚这样的发展中国家，今天所具有的优势之一就是世界上推动经济发展的一切经验几乎都是现成的，包括外国投资、技术转让、宝贵经验和从根本上改变其他国家的最佳做法。发展中国家只需采取适当的经济政策，促进国家真正发展，提升社会福利，积极改变国民生活，减少贫困与不平等。为此，需要付出诸多努力，包括创建一个与现代国家相匹配的经济和社会模式，这一模式既不僵化也不闭关自守。核心思想是，如果赤道几内亚无所畏惧地拥抱现代化或经济全球化，它将能够更有效地利用内部能力来生产商品和服务。因此，赤道几内亚可以出口其更具竞争力的产品，再通过出口所得收益进口国内无法生产的产品。显然，赤道几内亚无法完全依靠本国的产品来满足所有消费需求，但可以选择其中的一些具有比较优势的产品来生产，从而增加国际贸易额，促进商品、物资和服务的加速交换。毫无疑问，全球化现象有助于促进资本和投资的自由流动，表现为：为寻求开放的市场开展业务，跨国公司可在世界任何地方设厂；游客从一个国家迁移到另一个国家。所有这一切得益于交通运输工具改进、新技术进步、互联网和电视发展（可实时展现地球上任何地方的实际情况）、国际组织（如世贸组织）支持下的自由市场经济体制的普及，以及推动和促进全球贸易自由化的其他因素。

当然，全球化是一把双刃剑，不仅有利，还有弊，例如将导致各国之间的经济不平衡、洗钱活动、有组织犯罪及其走私网络、卖淫、儿童色情制品和毒品贩运等。各国必须保持警惕并加强彼此之间的合作，打击影响整个世界的这些邪恶行为。尽管存在上述不足，但不能否认中国、新加坡、马来西亚、印度尼西亚、阿联酋（迪拜）、南非等国家近几十年来经济持续增长并因此减少了贫困，这些国家都通过促进商贸交流来加强全球化，让居民参与个体和集体财富的生产活动。这就是为什么我坚持认为，赤道几内亚摆脱当前经济危机、安全面对未来的最佳方式是拥抱全球化和现代化。

## 二十、加强赤道几内亚控股公司（HGE）的作用

赤道几内亚拥有在规划基准年（2020年）成为新兴国家的崇高理想。正如我们在另一章中指出的那样，所有新兴国家，特别是那些依赖于原材料价格波动的国家，在次区域和国际层面都有其境内外的投资和经济利益，必须投资可行且有利可图的项目，确保其活动获得实际利益，以便于自信地面对即将到来的反周期局势。赤道几内亚控股公司是一家国有投资公司，其创建恰恰是为了履行这一重要职能。该公司的使命是在国家、区域和国际层面寻求投资机会，政府可以共同资助以最大限度地利用油气资源，从而减少对价格在国际市场不断波动的石油经济的依赖。这将使政府收入来源多样化。因此，任何拥有可融资项目的国有公司都可完全地交由赤道几内亚控股公司进行研究和考虑，如可行、可融资且有利可图，赤道几内亚控股公司可提供联合资助。同样，通过上述联合筹资机制，赤道几内亚控股公司可以与有意向投资赤道几内亚境内外各个部门的外国公司和投资基金建立合资企业，前提是这些投资有利可图且无风险。赤道几内亚控股公司投资资金来自年度预算分配、经营利润或任何其他来源。赤道几内亚控股公司联合筹资基金的主要

目标之一，是通过与投资者共同承担投资风险来吸引投资者。该公司是计划与国家建立合资企业的经济运营商之间的焦点。

赤道几内亚控股公司不是部委替代机构，而是对其职能的补充；此外，所有生产级部门都是其董事会的组成成员，并在决策中有发言权。赤道几内亚控股公司也不是一个部委的总体管理机构，而是跟科威特投资促进局、迪拜控股公司和利比亚投资促进局（卡扎菲时代）一样，是国家一级经济和金融机构，在相应国家、地区和全球范围内管理一系列企业，投资金融产品、不动产、购物中心、电信、旅游、制药业等。2016年，迪拜控股公司（创建于2004年）管理着一项45亿美元的投资基金。

为履行这一战略任务，赤道几内亚控股公司必须拥有国内外风险分析、项目管理和金融市场方面的多学科专家团队，能够权衡私人投资中公共资金的责任。为此，必须优先考虑在世界上最好的商贸学校中培养储备人才。如果赤道几内亚真的想成为一个新兴国家，摆脱危机并在未来几年提升经济活力，应该加强赤道几内亚控股公司的作用，以实现其创建的使命目标。

## 二十一、向贫穷宣战

贫穷问题影响着世界上数百万人，特别是那些遭受饥饿或者缺乏工作和公共交通、饮用水、电力、适用房和其他基本服务（如健康和教育）的人们。然而，各地贫穷的原因不尽相同。每个国家都应深入分析贫穷的根源，以便采取适当措施消除或缓解这一现象。在某些国家，贫穷可能是由战争引起的，这种战争迫使很多人沦为难民；而在另一些国家，由于社会不平等、歧视、缺乏计划生育和就业岗位，人们只能勉强维持生活。甚至，无知也是导致贫穷的重要原因。

赤道几内亚的贫穷问题长期存在。正如我们在另一章中所指出的那样，因发现石油之后经济出现蓬勃发展，过去15年国家在重要基础设施建设、社会住房、某些地区供水、供电等方面取得了无可置疑的进步和重大成就，但我们还有很多工作要做。罗马不是一天建成的。确实，由于卫生条件、宣传活动和疫苗接种的改善，我国的人类发展指数和预期寿命都有所改善，孕产妇和婴儿死亡率也有所降低，但在健康和教育方面仍然存在诸多挑战。

计划生育是消除贫困不可或缺的因素。人们不应该一味地多生孩子而忽略自身在衣食住行、教育学习、医疗和健康等方面的消费能力。许多妇女，没受过教育，没有生活来源，没有工作也没有任何帮扶，独自作为单身母亲、寡妇或祖母（外祖母）照顾几个孩子。生活在这种环境中的儿童更有可能在幼年时辍学，而年幼的女孩则更早地辍学，继而导致下一代的贫穷。

消除贫困的一个非常有效的方法是发展基本的社会服务体系，例如基本保健和教育、生殖健康、饮用水供应和/或公共交通，健全针对处于风险或社会边缘化状态下人们的了解、帮扶和援助机制。这些服务必须在全国范围内组织，并由专门致力于照顾有需要的人的多学科专业人员团队提供支持。一个国家的发展水平，也可以通过对最弱势群体的同情与帮扶来衡量。老年人的福祉不应取决于他们是否有孩子。

## 二十二、教育体系

人力资源的质量——而不仅仅局限于数量，是一个国家经济、政治和文化社会发展的基础。日本和以色列等国家没有石油、天然气和矿山等自然资源，但由于其居民受教育水平高，它们已经能够建立领先的经济体。还有其他国家，拥有许多地下资源，但缺乏人力资源、战略眼光和必要技术，其人口仍处于贫困状态。为此，非常有必要建立一套优质的教育体系。众所周知，教育作为“获取知识、技能、价值观、信仰和习惯的过程”，可以在正规和非正规的背景下开展。正规教育“由学前班、小学、中学和大学的教师和教授根据课程以系统性的方式教授，最后可获得成绩单、文凭或学位”。就赤道几内亚而言，我们知道非正规教育在学校环境之外进行，没有成绩单，也不受规定课程约束，而是通过中心、培训班、研讨会和学院提供教育。通过非正规教育，可在社会领域终生获得相关技能、知识和经验，而这能帮助个人在社会中发挥作用。我们可以将传统的非洲教育（几内亚）视为一种以故事、寓言、谚语、史诗传说和吟游诗人为载体、口头上进行的非正式教育，在这种教育中，课堂、课桌、学习用品和课程都不是必需的，最终也不会获得成绩单，而是获得智慧、道德和家庭价值观，传授这些知识和技能的人也不需要特定的资格。

对于像赤道几内亚这样希望成为新兴经济体的国家而言，正规和非正规教育在提高人口知识水平方面都发挥着非常重要的作用，通过学前、小学、初中、高中和大学教育培养一批精英推动国家经济发展。值得强调的是，上大学绝不仅仅只是获得学位，还有知识、技能和工具获取，包括研究和创新能力，从而专注于特定知识领域，实现自身价值，并为社会做出质的贡献。因此，大学必须培养年轻人，不仅是让他们找工作，还要让其成为“企业家”，创建自己的公司，为自己和他人创造就业机会。从这个角度来看，可以说一所大学只专注于为学生提供学位而不引导其进行研究和创新，这将限制他们真正推动社会进步的能力。大学的重要性不仅可以通过其硬件基础设施的质量来衡量，还可以通过其教师的教育水平以及用于研究和创新的公共或私人资金来衡量，这有助于运用所学知识以及在解决社会和技术问题方面积累经验。此外，与世界上其他大学研究中心的学术、文化和科学交流，在不同领域吸引的外籍教授的质量以及教学人员的出版物情况，也可以衡量一所大学的水准。还可以通过其与社会的互动程度来予以衡量。我在加州大学圣地亚哥分校（圣地亚哥州立大学）经济学院学习期间，加利福尼亚州政府、圣地亚哥县和私营公司将相关事务委托给了该大学的公共经济学中心，作为经济学专业学生的实习工作。这些事务通常涉及社会利益问题，例如与邻近城市蒂华纳（墨西哥）的贸易、环境污染的影响、经济调查、移民、工业生产、旅游等。这些事务委托构成了大学的额外收入来源，杰出的学生在其学业结束时最终会被公司和公共机构招募。可以想象一下，如果赤道几内亚国立大学（UNGE）具备所要求的水平，并且在经验丰富教授的带领下代表不同的部门从事很多项目的有偿工作，而不是在公司审计、工程监理、研讨会等领域求助外国专家，事情可能会变得不一样。为了使大学在社会中发挥重要作用，这是两者之间必须存在的互动类型。大学不应该是抽象的东西，而应该成为社会现实的一部分。使用新技术在赤道几内亚国立大学进行医学、农业、渔业、畜牧业或气候变化研究的结果，应该对公民的日常生活产生积极影响，改善国民健康和农业生产力，可持续开发海洋资源，进行畜牧生产和保护环境，等等。这就是所说的“有文化的民族比富裕的民族更珍贵”。

根据赤道几内亚国立大学（成立于1995年）校长办公室于2018年7月30日至8月1日在基布罗霍市举行的奥比昂友谊运动会（MAO）上透露的数据，2018—2019学年，在校学生人数约8100名，教学队伍包括900名教师，也就是平均每位教师负担9名学生，这一比例居世界前列，理论上讲，这应该意味着教师和学生之间会有更多的互动，有利于更全面的学术和个人教育。相比之下，根据世界银行的统计，在中非共和国，平均每个教师负担的学生数为80人，这可能会降低教学质量。2012年，非洲平均每个教师负担的学生数为30人。在西方国家，平均每个教师负担的学生数更少：德国为12人，法国和英国为18人，西班牙为13人，美国为14人等。我们以西班牙为例。

表40　与国立赤道几内亚大学相比，平均每个大学教师负担的学生数

| 序号 | 大　学 | 学生人数 | 教师人数 | 比例（每个教授负担学生数） |
|---|---|---|---|---|
| 1 | 国立远程教育大学（UNED）（马德里） | 217,266 | 8,236 | 26.38 |
| 2 | 巴塞罗那大学（加泰罗尼亚） | 91,656 | 4,995 | 18.35 |
| 3 | 马德里康普顿斯大学 | 85,000 | 6,204 | 13,70 |
| 4 | 塞维利亚大学（安达卢西亚） | 62,573 | 4,492 | 13.93 |
| 5 | 加泰罗尼亚奥伯塔大学（UOC）（加泰罗尼亚） | 56,787 | 3,041 | 18.67 |
| 6 | 格拉纳达大学（安达卢西亚） | 56,343 | 3,761 | 14.98 |
| 7 | 瓦伦西亚大学 | 50,421 | 3,661 | 13.77 |
| 8 | 巴塞罗那自治大学 | 42,741 | 3,564 | 11.99 |
| 9 | 巴斯克大学 | 42,026 | 5,313 | 7.91 |
| 10 | 马德里理工大学 | 40,843 | 3,415 | 11.96 |
| 11 | 瓦伦西亚理工大学 | 40,081 | 2,865 | 13.99 |
| 12 | 马拉加大学（安达卢西亚） | 35,462 | 2,378 | 14.91 |
| 13 | 萨拉戈萨大学（阿拉贡） | 32,522 | 3,717 | 8.75 |
| 14 | 萨拉曼卡大学（卡斯蒂利亚—莱昂） | 31,846 | 2,674 | 11.91 |
| 15 | 国王胡安卡洛斯马德里大学 | 30,524 | 1,667 | 18.31 |
| 16 | 马德里自治大学 | 30,450 | 2,872 | 10.60 |
| 17 | 圣地亚哥德孔波斯特拉大学（加利西亚） | 30,108 | 2,177 | 13.83 |
| 18 | 加泰罗尼亚理工大学 | 29,041 | 2,752 | 10.55 |
| 19 | 阿尔卡拉大学（马德里） | 28,909 | 1,761 | 16.41 |
| 20 | 穆尔西亚大学 | 28,668 | 2,325 | 12.33 |
| 21 | 阿利坎特大学（瓦伦西亚社区） | 28,379 | 2,421 | 11.72 |
| 22 | 卡斯蒂利亚— 拉曼恰大学 | 26,938 | 2,248 | 11.98 |
| 23 | 拉古纳大学（加那利群岛） | 25,103 | 1,764 | 14.23 |
| 24 | 巴利亚多利德大学（卡斯蒂利亚—莱昂） | 24,964 | 2,576 | 9.69 |
| 25 | 埃斯特雷马杜拉大学（埃斯特雷马杜拉） | 24,500 | 1,857 | 13.19 |
| 26 | 奥维耶多大学（阿斯图里亚斯） | 24,500 | 1,960 | 12.50 |
| 27 | 拉科鲁尼亚大学（加利西亚） | 23,593 | 1,516 | 15.56 |
| 28 | 维哥大学（加利西亚） | 22,325 | 1,869 | 11.94 |
| 29 | 拉斯帕尔马斯大加那利岛大学 | 22,055 | 1,614 | 13.66 |
| 30 | 埃尔切的米格尔·埃尔南德斯大学（瓦伦西亚） | 19,719 | 1,032 | 19.11 |

续表

| 序号 | 大　学 | 学生人数 | 教师人数 | 比例（每个教授负担学生数） |
|---|---|---|---|---|
| 31 | 巴利阿里群岛大学 | 19,648 | 1,047 | 18.75 |
| 32 | 加的斯大学（安达卢西亚） | 18,694 | 1,504 | 12.43 |
| 33 | 拉蒙尤以大学（加泰罗尼亚） | 18,543 | 1,494 | 12.41 |
| 34 | 哈恩大学（安达卢西亚） | 17,811 | 1,065 | 16.72 |
| 35 | 卡洛斯三世大学（马德里） | 16,975 | 1,882 | 9.02 |
| 36 | 科尔多瓦大学（安达卢西亚） | 15,836 | 1,594 | 9.93 |
| 37 | 海梅一世大学（巴伦西亚社区） | 14,702 | 1,316 | 11.17 |
| 38 | 马德里欧洲大学 | 14,000 | 875 | 16.00 |
| 39 | 智者阿方索十世大学（马德里） | 14,000 | 1,411 | 9.92 |
| 40 | 莱昂大学（卡斯蒂利亚—莱昂） | 13,767 | 908 | 15.16 |
| 41 | 阿尔梅里亚大学（安达卢西亚） | 13,730 | 839 | 16.36 |
| 42 | 瓦伦西亚“圣维森特烈士”天主教大学 | 13,501 | 3,418 | 3.95 |
| 43 | 德乌斯托大学（巴斯克自治区） | 13,173 | 1,817 | 7.25 |
| 44 | 坎塔布里亚大学（坎塔布里亚） | 12,489 | 1,270 | 9.83 |
| 45 | 罗维拉和维吉利大学（加泰罗尼亚） | 12,263 | 1,434 | 8.55 |
| 46 | 布尔戈斯大学（卡斯蒂利亚莱昂） | 12,161 | 614 | 19.81 |
| 47 | 赫罗纳大学（加泰罗尼亚） | 11,950 | 1,409 | 8.48 |
| 48 | 纳瓦拉大学（纳瓦拉） | 11,484 | 876 | 13.11 |
| 49 | 圣巴勃罗大学（马德里） | 11,436 | 922 | 12.40 |
| 50 | 帕伯罗·奥拉维德大学（安达卢西亚） | 10,858 | 1,042 | 10.42 |
| 51 | 韦尔瓦大学（安达卢西亚） | 10,700 | 1,000 | 10.70 |
| 52 | 圣安东尼奥天主教大学（穆尔西亚） | 10,455 | 730 | 14.32 |
| 53 | 主教大学科米利亚斯（马德里） | 10,011 | 927 | 10.8 |
| 54 | 庞培法布拉大学（加泰罗尼亚） | 8,711 | 1,625 | 5.36 |
| 55 | 莱里达大学（加泰罗尼亚） | 8,515 | 1,060 | 8.03 |
| 56 | 纳瓦拉公立大学（纳瓦拉） | 7,885 | 928 | 8.49 |
| 57 | 卡塔赫纳理工大学（穆尔西亚） | 7,162 | 626 | 11.44 |
| 58 | 萨拉曼卡天主教大学（卡斯蒂利亚—莱昂） | 6,520 | 370 | 17.62 |
| 59 | 拉里奥哈大学（拉里奥哈） | 6,131 | 449 | 13.65 |
| 60 | 卡德纳尔埃雷拉大学（瓦伦西亚） | 6,065 | 748 | 8.10 |
| 61 | 维克大学（加泰罗尼亚） | 5,492 | 464 | 11.84 |
| 62 | 安达卢西亚国际大学 | 5,200 | 2,396 | 2.17 |
| 63 | 卡米洛何塞塞拉大学（马德里） | 4,906 | 302 | 16.25 |

续表

| 序号 | 大　学 | 学生人数 | 教师人数 | 比例（每个教授负担学生数） |
|---|---|---|---|---|
| 64 | 加泰罗尼亚国际大学 | 4,500 | 381 | 11.81 |
| 65 | 内布里亚大学（马德里） | 3,473 | 180 | 19.29 |
| 66 | 弗朗西斯科·维多利亚大学（马德里） | 3,215 | 285 | 11.28 |
| 67 | 蒙德拉贡大学（巴斯克） | 3,018 | 386 | 7.82 |
| 68 | 巴伦西亚国际大学 | 1,811 | 90 | 20.12 |
| 69 | 天主教大学圣特雷莎德赫苏斯德阿维拉（卡斯蒂利亚—莱昂） | 1,727 | 88 | 19.63 |
| 70 | 阿巴特奥利巴大学（加泰罗尼亚） | 1,626 | 235 | 6.92 |
| 71 | 马德里远程教育大学 | 1,419 | 71 | 19.99 |
| 72 | 塞万提斯欧洲大学（卡斯蒂利亚—莱昂） | 1,390 | 130 | 10.69 |
| 73 | IE大学（卡斯蒂利亚—莱昂） | 1,100 | 200 | 5.50 |
| 74 | 圣豪尔赫大学（阿拉贡） | 1,028 | 329 | 3.12 |
|  | 西班牙大学生总数 | 1,738,924 |  |  |
|  | 赤道几内亚国立大学 | 8,100 | 900 | 9.00 |

数据来源：爱神基金会；赤道几内亚国立大学。

表40显示，赤道几内亚国立大学平均每位教师负担学生数要低于西班牙很多大学，这在理论上更有利于促进学生和教师之间的互动，从而提高教学质量。

此外，我们观察到，西班牙人口为4,656万，拥有大约74所大学，即平均每629,189名居民中有一所大学（2016年）；与此同时，大学生人数为1,738,924人，约占总人口的3.73%。在美国，大约有4,599所大学，分为公立和私立大学，是世界上大学生人数最多的国家（14,261,778人），占总人口3.257亿的4.75%（2017年）。相比之下，赤道几内亚只有一所大学（赤道几内亚国立大学），居民人数1,222,442人，大学生人数约为8100名，仅占全国人口的0.66%。2013年，赤道几内亚国立大学在全球大学排名中排名第10,776，在非洲排名第881。这表明，赤道几内亚仍需加大教育投入，才能达到使其能够成为新兴国家的学术水平。

如表40中与西班牙74所大学的比较情况所示，虽然赤道几内亚国立大学每位教师负担学生人数（8100/900 = 9）被认为是“非常好”的，并且实施了完整的学士、硕士、博士教育培养体系，但值得强调的是教学人员的质量和招聘制度问题，教学人员中大多数是非常任教师，这对我们的大学来说是一项严峻挑战。大学之大不在建筑大楼等硬件设施，而在于教师的素质、研究和创新投入、研究人员发表的学术论文，以及与世界其他大学之间的学术交流水平。大学教育的成功，也依赖于学前、小学和中学等基础教育。

教育是培养精英的基础，也是提高一个国家的文明、知识、科学技术水平以摆脱不发达和创造中产阶级所必需的临界量。日本很久以前就意识到这一点，在19世纪甚至更早的时候，在不放弃其古老文化的前提下，将成千上万的年轻人送到最好的西方大学接受教育。这些年轻人带来的新想法，加上日本文化的学科性质，使这个国家的发展达到了非常高的水平，几乎已经是世界第二经济强国，直到最近才被中国取代。日本拥有1.27亿居民，国内生产总值为4.93万亿美元，是世界工厂，进口各地原材料，经加工改造再出口至世界各地，出口产品包括汽车、电视、卫星和各种电子产品；此外，日本还是一个全球金融中心。而所有这一切可以说都归功于教育。

中国的国内生产总值为11.2万亿美元，拥有13.86亿人口，在短短30年间就发生了翻天覆地的变化，20世纪80年代，这个国家还被看作是第三世界国家。但是在过去的30年中，由于采取了适合本国国情的经济政策，并且在保持原有价值观和五千年文明的情况下，每年派遣成千上万名学生到美国和欧洲最好的大学接受教育，以此研究和深化他们在外语、技术、机器人和人工智能领域的知识。中国刚刚取代日本，升至世界经济强国的第二位。据估计，中国将在2050年取代美国（人口3.26亿，国内生产总值18.57万亿美元）成为世界第一经济体。如果中国没有在教育，特别是在科技研发方面进行大规模投入，那么上述变化都是不可能发生的。

我们的非洲大陆整体拥有11.67亿人口，估计国内生产总值为1.9万亿欧元（比日本低2.5倍）。赤道几内亚如果打算成为新兴国家，就必须加大教育投入。孩子的教育是头等大事。对我们人口的大众教育也将有助于消除宗族、部落主义和地区主义等恶习。

## 二十三、健康

健康的缺失是导致一个国家贫穷的原因之一。生病的身体影响正常工作和学习，而缺乏就业和教育则会导致贫穷。因此，通过其他国家实施的方案，如预防流行病、开展免费疫苗接种运动，改善对人口健康的保护非常重要；保护健康，实施环境管治，避免污染；通过教育促进健康事业；最后，在允许条件下进行健康恢复，像最先进的国家一样，每个公民都应该有一位家庭医生，他们将在第一时间分析患者病情，然后在必要时将其转给专科医生诊治。同样，理想的情况是让所有赤道几内亚人都能获得基本医疗保健服务。

我们必须找到提高医院卫生条件和改善就医环境的方法，保障药品供应以及不同医学领域的医疗专家在那里为病人的护理服务。还应优先保证医疗设施和设备维护，确保可提供足够的服务。否则，许多赤道几内亚人将成为“医疗游客”，前往喀麦隆和西班牙等国外医院医治，赴国外就医的患者需在安德赛、曼弗雷等保险公司购买医疗保险，这最终将意味着资金外流。

预防流行病方面，尽管仍有许多工作要做，但近年来政府所做的努力值得称赞，包括组织大规模的脊髓灰质炎疫苗注射运动和分发防治疟疾的蚊帐等。所有这些努力都有助于提高赤道几内亚人的预期寿命，2016年，男性预期寿命为56.41岁，女性为59.16岁，男女平均预期寿命57.68岁。根据2015年人口统计数据，婴儿死亡率有所下降（新生儿死亡率城市地区为35‰、农村地区为47‰）。目前，在赤道几内亚平均每家每户有6名儿童，与其他国家相比相对较高，因此，赤道几内亚人需要更长寿、身体健康，才能照顾子女，直到其自力更生，要避免孩子小小年纪就成为无依无靠的孤儿。据观察，在过去的56年中，赤道几内亚的预期寿命一直在提高，1960年女性预期寿命38.29岁、男性35.26岁，2016年女性预期寿命59.16岁、男性56.41岁，具体数据可参见下表。这是世界统计数据，并非我一家之言。许多人在没有了解背景资料的情况下就进行谈论和批评。

**表41　赤道几内亚人口出生时预期寿命**

| 年份 | 预期寿命（女性） | 预期寿命（男性） | 预期寿命（平均） |
|---|---|---|---|
| 2016 | 59.16 | 56.41 | 57.68 |
| 2015 | 58.94 | 56.14 | 57.43 |
| 2014 | 58.70 | 55.88 | 57.18 |
| 2013 | 58.43 | 55.60 | 56.91 |
| 2012 | 58.10 | 55.30 | 56.60 |
| 2011 | 57.73 | 54.99 | 56.27 |
| 2010 | 57.33 | 54.66 | 55.91 |
| 2009 | 56.91 | 54.66 | 55.54 |
| 2008 | 56.51 | 54.32 | 55.19 |
| 2007 | 56.14 | 54.00 | 54.86 |
| 2006 | 55.82 | 53.68 | 54.55 |
| 2005 | 55.54 | 53.38 | 54.26 |
| 2004 | 55.28 | 53.08 | 53.99 |
| 2003 | 55.04 | 52.78 | 53.71 |
| 2002 | 54.78 | 52.14 | 53.42 |
| 2001 | 54.51 | 51.78 | 53.10 |
| 2000 | 54.21 | 51.39 | 52.75 |
| 1999 | 53.87 | 50.97 | 52.37 |
| 1998 | 53.49 | 50.51 | 51.96 |
| 1997 | 53.09 | 50.03 | 51.52 |

续表

| 年份 | 预期寿命（女性） | 预期寿命（男性） | 预期寿命（平均） |
|---|---|---|---|
| 1996 | 52.66 | 49.54 | 51.06 |
| 1995 | 52.20 | 49.04 | 50.59 |
| 1994 | 51.73 | 48.53 | 50.10 |
| 1993 | 51.25 | 48.04 | 49.62 |
| 1992 | 50.77 | 47.56 | 49.14 |
| 1991 | 50.30 | 47.10 | 48.68 |
| 1990 | 49.86 | 46.67 | 48.24 |
| 1989 | 49.45 | 46.27 | 47.84 |
| 1988 | 49.08 | 45.92 | 47.47 |
| 1987 | 48.74 | 45.58 | 47.14 |
| 1986 | 48.42 | 45.25 | 46.81 |
| 1985 | 48.09 | 44.91 | 46.47 |
| 1984 | 47.70 | 44.50 | 46.07 |
| 1983 | 47.24 | 44.03 | 45.60 |
| 1982 | 46.69 | 43.48 | 45.05 |
| 1981 | 46.06 | 42.87 | 44.43 |
| 1980 | 45.39 | 42.21 | 43.77 |
| 1979 | 44.72 | 41.56 | 43.11 |
| 1978 | 44.09 | 40.96 | 42.49 |
| 1977 | 43.53 | 40.43 | 41.95 |
| 1976 | 43.07 | 39.98 | 41.49 |
| 1975 | 42.69 | 39.62 | 41.12 |
| 1974 | 42.38 | 39.32 | 40.82 |
| 1973 | 42.11 | 39.05 | 40.55 |
| 1972 | 41.85 | 38.79 | 40.29 |
| 1971 | 41.58 | 38.52 | 40.02 |
| 1970 | 41.30 | 38.24 | 39.74 |
| 1969 | 41.01 | 37.94 | 39.44 |
| 1968 | 41.71 | 37.64 | 39.14 |
| 1967 | 40.41 | 37.33 | 38.84 |
| 1966 | 40.10 | 37.03 | 38.54 |

续表

| 年份 | 预期寿命（女性） | 预期寿命（男性） | 预期寿命（平均） |
|---|---|---|---|
| 1965 | 39.80 | 36.74 | 38.24 |
| 1964 | 39.50 | 36.44 | 37.94 |
| 1963 | 39.19 | 36.15 | 37.64 |
| 1962 | 38.89 | 35.85 | 37.34 |
| 1961 | 38.59 | 35.55 | 37.04 |
| 1960 | 38.29 | 35.26 | 36.74 |

数据来源：宏观经济数据。

医院管理

目前，在大多数发达国家，要成为能够确保医院良好医疗水平和卫生管理的医院院长，必须进行专门培训。医院管理者不一定是医生。如果我们希望我们的医院能够正常运转，就必须实现医院管理人员的专业化。我们采用的是赤道几内亚人经常去就医国家的医院模式；例如，在西班牙，要成为医院院长，通常首先是医生，此外必须拥有医院管理硕士学位。院长必须在会计和经济方面具备扎实的专业知识。西班牙高等管理学院（巴塞罗那）、高级管理和行政学院（巴塞罗那）、IESE商学院、IE商学院（马德里）和DEUSTO商学院（毕尔巴鄂）是医院管理方面最好的教育培训中心。在法国，医院院长大多是律师；而在英国，他们通常是经理，而不是医生。担任医院院长并非易事，这一职位非常敏感，要负责协调所有服务和人员，力求满足公民日益需要的最高管理水平。要做到这一点，必须有一个称职的团队，能够帮助你更敏锐地关注于国家的健康问题，并执行政府的健康指导方针。医院院长除了是医院中心的第一负责人外，还必须管理人力部门、财务部门、行政部门以及医院的基础设施和定期药物供应等事务；医院必须以令人民满意的方式7天24小时营业，同时必须向卫生当局报告医院相关状况。这不是一项可以随便委托给任何一个人的工作。如果我们真的希望我们的医院能够在一个一流的管理队伍领导下正常运营，建议将管理人员派往世界上最好的管理院校接受培训。医院服务和教育服务是一个国家最敏感的方面之一，因此，必须以非常专业、有效的方式进行管理。因为一个国家的发展，主要取决于其教育和卫生服务水平。

## 二十四、发展城市、城际和区域间陆上公共交通

正如我们根据2015年的最后一次人口和住房普查所表明的，赤道几内亚总人口约1,222,442人，其中岛屿地区居民339,695人，以马拉博省人口最多，居民人数299,836人；大陆地区居民882,695人，以滨海省人口最多，居民人数366,130人，其次是韦莱—恩萨斯省（191,383人）、基埃—恩特姆省（183,331）和中南省（141,903人）。问题是：人口在什么条件下移动？我们还指出，消除贫困的一个非常有效的方法是发展基本的社会服务，如保健、教育、供水和公共交通。根据赤道几内亚目前可用道路基础设施的情况，我们有理由建立一家城市和城际陆上公共交通公司，促进公民在有安全保障的条件下，以合理的价格从一个地方去往另一个地方。公共交通公司不仅要购买公共汽车，还要确保在各地区首府设立站点，以及车辆机械维修和维护车间、仓库和备件商店，由公共汽车供应商提供的售后服务员对维护人员进行培训。

管理城市或城际公共交通并没有特别的法律条文。在瓦伦西亚市，市政交通公司隶属并直接由瓦伦西亚市议会负责管理。在加蓬的利伯维尔，加蓬交通运输公司是一家城市公共陆上交通运输公司，在技术上隶属交通运输部，由一名总经理负责管理。

此外，还应预见到城市公共交通管理中可能出现的困难。例如，因为管理效率低下问题，加蓬交通运输公司经常采用“拆东墙补西墙”的方式，即报废一辆公共汽车以获得用于修理其他公共汽车的零件。最后导致公交公司

一辆公交车都没有了，加蓬政府不得不再次购买新公交车，等等。因此，购买公交车前，应事先具备在安全条件下停放车辆的车库，防止车辆暴露于露天、阳光和雨水环境中，避免其过早损坏。此外，还须具有运营基地、公交车站、仓库或备件商店，技术人员需事先接受维修和保养专业技术培训，并能确保售后服务。

实际上，我们指的是需要创建三种陆路公共交通方式：城市交通，如在马拉博市或巴塔市内；城际交通，如巴塔—马钦达或巴塔—坎博河交通线；以及在不同城市、地区、省或区域之间发生的区域间公共陆上交通（巴塔—埃维纳永、蒙哥莫、艾比比因；马拉博—里亚巴—卢巴等）。

建设城市、城际或区域间公共交通具有多种优势。首先，这是社会公平问题；因为，我们中的一些人可以安全舒适地与家人驾驶私家车，那些没有自己车辆的人也可以通过在体面、舒适条件下乘坐公共交通工具从一个地方前往另一个地方。其次，这样可以减少温室气体（GHG）排放，有助于降低环境污染，因为当使用“公共交通工具”时，使用私家汽车的人就会减少。同时，还可以减少交通拥堵。第三，缓解城市停车问题。第四，可以让不富裕的人们以较低的成本出行。第五，可以降低乘客遭受个体运输者或不道德出租车司机袭击的风险，近年来，个体运输者或不道德出租车司机犯罪问题较为突出。第六，在向客户、司机、机械师、售票员提供服务及提供维修服务时还能创造就业机会。

## 二十五、国家饮用水的开采、生产、配送和质检公司

饮用水的供应和卫生设施很重要，在联合国17个新的千年发展目标中位居第六：“确保水和卫生设施的可用性和可持续性管理”。因此，获得饮用水和纯净水不仅是促进企业建设的必要条件，也是公共卫生问题。据专家介绍，

饮用水卫生设施建设可以将因水质不干净导致的常见胃肠道疾病的发病率降低20%—30%，如腹泻、痢疾、呕吐和霍乱。此外，还可以延长人口预期寿命并降低婴儿死亡率，为婴儿洗漱，食物提供干净的水质，可以避免污染风险。从长远来看，这能减少医疗保健方面的公共支出，因为患病人数会减少，受此影响，购买药物治疗因饮用水不卫生所导致疾病的需求就会减少。仅仅是用干净的水洗手这一简单的环节，就可以挽救生命。简而言之，就国家层面而言，公共卫生支出所节省的资金可以分配给其他基本社会服务，如公共交通或教育。在个人层面，节省的医疗和安葬费用则可用于子女饮食和学校教育。因此，有效的水资源管理必须成为当务之急。

赤道几内亚政府近年来在给水、引水方面进行了重要投资；有些地区已经有卫生达标的水，但其他地区还没有。例如，目前，为了与巴塔市建立供水管线连接，首先向公共工程、住房和城市规划部提出了请求，然后命令施工公司开展工程建设。我们认为，为进行有效的水资源管理，需要建立一家上市公司来负责国家所有水资源资产，并负责城市和周边地区水资源的开发、生产、配送和质检；也可以成立合资企业或特许具有丰富经验和充足资金的其他公司进行开发、生产和销售。为此，必须具有一个水质检验实验室。

给水管理没有单一的法律形式。每个国家都采用最方便的方式，创造服务是必不可少的。例如，在瓦伦西亚（西班牙），瓦伦西亚市议会下属的瓦伦西亚税务合资公司（EMIVASA）确保供水。在中部非洲经济与货币共同体次区域，在利伯维尔（加蓬），上市公司加蓬水务和能源公司（SEEG）负责通过预付费柜台生产、配送和确保水电供应。1997年，加蓬政府将加蓬水务和能源公司私有化给法国跨国公司威立雅，后者持有51%的股份、加蓬国家和私营单位持有49%的股份；自此以后，法国公司对邻国的水电分配拥有了绝对的垄断权，以换取它为扩大该国水电消费所必须进行的投资。2018年2月16日，加蓬政府暂停了21年前授予威立雅的特许权合同，声称该公司服务质量下降、水电供应频繁中断、环境污染以及违反了技术规范。20年间，电费增长了75%，而在没有改善服务的情况下，水费增加了88%。威立雅公司在阿根廷、埃及和立陶宛也存在同样的问题。最后，加蓬政府决定将水电供应管理收归国有。

此外，喀麦隆水公用事业公司（CAMWATER）是喀麦隆国内的上市公司，于2005年在喀麦隆国家石油公司（SNEC，成立于1967年）旧址创建，具有法人资格和财务自主权，受水和能源部的技术监督以及财政部的财务保护管理。喀麦隆水公用事业公司的主要业务是喀麦隆城市和城郊地区饮用水的生产、运输、配送和销售。

2005年，继喀麦隆国家石油公司在1999年因缺乏意向合作伙伴而私有化失败后，喀麦隆国家决定创建两家公司：一家是公用事业公司（喀麦隆水公用事业公司），另一家是开发公司（喀麦隆水务公司）。喀麦隆水公用事业公司是一家公用事业公司，负责管理所有水资源，并控制城市及周边地区饮用水的生产、开采、配送和质检。而喀麦隆水务公司，则是一家由摩洛哥财团控制并由国家饮用水办公厅（ONEP）管理的水资源开发公司，负责根据喀麦隆国家公共财产租赁合同开发、生产和配送城市和城郊地区的饮用水。私有化失败十年后，由于长期停电、停水，供水服务恶化，喀麦隆政府决定像在喀麦隆国家石油公司时期一样，将水资源管理收归国有。

总之，正如我们刚才所看到的那样，加蓬、喀麦隆、埃及等非洲国家，以及阿根廷和立陶宛的经验表明，授予外国公司的水资源管理特许权均因违反合同条款而失败；那些特许经营的公司辩称，农村地区人口密度低、购买力低和缺乏基础设施是主要原因。上述国家已决定将水资源管理收归国有，因为这是一个首要的公共卫生问题。

## 二十六、统计数据

正如我们前面所说，赤道几内亚真正的经济规划应以有用和可靠的统计数据为基础，通过这些真实数据可对经济进行研究和分析，这反过来又有助于政治家们作出尽可能一致的决定，确保所采取的措施和方案符合既定的经济目标。例如，根据2015年人口和住房普查，可以了解赤道几内亚的居民人数、居民人口性别和地区分布情况，以及本国和外国人口情况。但对人口的民族构成却一无所知：居住在赤道几内亚的芳族人、布比人、纳德威人、比西奥人、安诺本人、本加兹人、克里奥尔人、巴伦盖人和巴塞盖人各有多少？这些民族或种族群体中接受小学、中学和高等教育的情况如何？每个群体的出生率是多少？有多少孩子生活在不健全的家庭中？青少年犯罪与生活在不健全家庭之间是否存在相关性？能或不能保证一日三餐的孩子所占的比例是多少？各地区或省的失业率是多少？单身和早育母亲的比例是多少？每年从大学和职业培训中心毕业的年轻人有多少？

上述关乎众多方面的统计信息将有助于根据经验和实际数据制订社会发展与改革方案和项目实施。否则，如果没有可靠的数据来判断和制订中长期计划，我们将很难自信地面对未来的挑战。虽然赤道几内亚国家统计研究所（INEGE）的建立确实在沿着正确的方向开展，但应该强调的是，这种“孵化结构”需要更大的知名度和社会地位才能在国民经济规划中发挥重要作用。

## 二十七、经济多样化计划

目前，次区域经济多样化一词非常热门，在许多演讲中成为口号，在国际组织的报告和建议中则是摆脱经济停滞的必要条件。其实际含义是要减少赤道几内亚经济对油气的依赖，根据2020年计划，开发新的部门，如农业综合企业（农业、畜牧业和渔业）、旅游业、采矿业和服务业。大家都在谈论经济多样化，但是没有人告诉我们以下问题：要生产什么，如何实现，我们拥有哪些公共人力资源，我们将在哪个区域生产什么，由谁来生产，政府还是私营部门，有哪些融资/筹资，产品将销往什么样的市场，对拟采用的国家孵化产业应采取什么样的保护措施，以及是否遵守当地产品质量、分销和营销标准、认证制度等。

我们要生产什么？

在诸如赤道几内亚这样的国家，几乎所有消费品都来源于进口，国家所有资金时刻都在外流，就像是一个开着的水龙头。我们必须认识到，每次我们去超市购买商品的时候，例如橙汁，支付的钱款都会离开国家的领土。然而，当一个西班牙、法国或美国公民在他们的国家购买橙汁时，这笔钱会直接流向当地农民，然后农民将其存入银行，而银行又以贷款的形式发放给企业，为经济建设注入资金。

基于我国的特点和面积，国家不可能在一夜之间决定放弃进口，因此通过选择一系列国家有能力生产的产品来采取进口替代政策是合乎逻辑的，这样不仅可以减少对外界的依赖，同时减少资金的流失。我们进口鸡蛋、鸡肉、辣椒、土豆、洋葱、西红柿、羊肉、猪肉、糖、玉米、各种果汁、木门、油漆、胶浆、纸张等物品毫无意义，甚至牙签都完全可以在我国生产。因此，根据常识，第一步应该是确定可以在本国生产并具有竞争优势的产品。

我们如何生产？

在这方面，赤道几内亚存在三种思想流派。第一种是传统主义流派，例如，他们认为，为了发展农业，只需拿砍刀、锉刀和斧头去森林，进行小规模砍伐，并进行简单的播种，就像我们的祖先几千年以来为了维持生计做的那样，而拒绝使用新的生产技术或现代工具。

第二种流派是捍卫无处不在的国家宏观调控，提出，在缺乏国内外私人投资的情况下，为了经济多样化，最好采用共产主义的规划制度，国家或政府取代民营企业，开放农场、牧场、渔业、国家旅游机构等。然而，我们都知道，在许多国家，这种生产模式已经失败，政府并没有投身于这种促进商业发展的伟大使命，而是成为了主要的企业家和投资者，完全取代私营部门。在这些国家，由于国有公司功能失调，依靠国家补贴运转，缺少理想的劳动力参与，一般都效率低下。

第三种则是坚持现代化和全球化。世界已经发展进步，如果我们想要发展生产部门并取得成功，我们只需要学习和吸收其他国家的先进经验。为了做到这一点，首先我们必须消除阻碍国家民营企业出现的瓶颈，以及影响外国直接投资的障碍。

另一方面，我们不能把经济多元化与工业化分开，两者应齐头并进。但工业化需要技术，而技术是由发达国家和新兴国家控制的。因此，如果我们想要真正实现赤道几内亚经济的多元化和工业化，我们必须获得上述技术，或是与掌握上述技术的国家或外国企业合作。

赤道几内亚生产的多种产品均是使用传统方法，缺乏技术含量，并且通常用于家庭生计。工业发展不仅需要吸收新的生产方式，还需要获得提高生产率所必需的技术。如果想将木薯块茎加工成面粉和淀粉，必须借助于已经开发出的相应技术，例如巴西或泰国等国家的技术。

我们必须认识到，虽然赤道几内亚农民使用砍刀和锉刀在农场实现了自给自足的生产，但是南非、美国和西班牙等国的农民已经使用机械化的带有全球定位系统和空调的拖拉机进行工业化生产。

需要什么人力资源？

为了摆脱工业生产自给自足的形式，必须拥有足够数量和质量的劳动力，以保证产品不仅可以用于满足本国消费需求，还可以实现出口。为了提高一公顷的生产力（例如甘蔗），必须掌握先进的生产技术并了解该作物的病虫害。同样，为了生产能够满足国内消费和国外销售需求量的鸡肉、山羊肉、猪肉或瘤牛肉，需要使用最现代化的生产方法，以符合卫生、安全和可追溯性国际标准。根据行业要求，上述产业均需要配备合格有资质的员工，并在各类专业学校接受培训，否则只会像建筑行业那样，至今仍在引进国外高资质人力团队。

谁来生产？

首先，正如上文中所述，我们必须确定适用于赤道几内亚的经济体系。我们是否想要建立共产主义经济，国家政府负责一切并完全取代当地企业，从种植马铃薯、玉米、大米，到捕鱼和饲养牲畜，然后通过国有公司运输、分销、营销和出口，整个进程均由国库拨款资助？或者，让赤道几内亚成为一个拥有自由的市场经济国家，私营部门是增长的主要动力，而国家提供商业发展的设施？

如果是第二种情况，我们应该问自己以下问题：什么是私营部门：属于国内还是国外？ 如果答案是国家私营企业是生产者，那就引出了以下问题：国家私营企业是否拥有足够的资本来实现经济多样化的进程？赤道几内亚本国人是否有足够资本开辟扩建大型农业或牧场，以实现工业化生产并供应国内市场，同时出口剩余产品？

我们知道，为了让外国私营企业参与赤道几内亚的经济多样化进程，必须首先解决营商环境这一问题，以便使我国对外国资本投资具有吸引力。

我们要在哪里生产什么？

正如我们在另一章中所述，我国所有区域和地区都必须为经济发展和国家财富贡献自己的力量。政府必须根据每个地区的具体特点，根据气候和地理条件，制定所谓的“产业地理分布规划”。在我国某些地区和城镇，所有居民均未从事任何具体的经济活动；居民依靠自给自足的农业、手工业和渔业为生，但并不能满足生活所需，他们只希望亲戚能够从巴塔或马拉博这些大城市给他们寄钱，以求生存。应制定“国家经济分布图”，针对每个区域、地区和城镇，包括新建的城区，指定一项或多项经济活动，以便每个地区都能专注于一项活动并从中谋生，这将有利于国内各地区之间的商业贸易发展，同时培养国内工作、竞争和相互依存的精神。通过这种方式，举几个例子，巴塔和科果地区可以致力于渔业和椰子油生产；此外，可以在巴塔建立一个自由区；木比尼，生产棕榈仁和棕榈油；埃维纳永，生产果汁；涅方，生产土豆、洋葱和开采黄金；阿库勒南可以致力于饲养羊羔和猪；埃贝比因，一家家具工厂，一个国境海关港口和一家咖啡馆；米科梅森，木薯产业及其所有衍生品；恩索克—索莫，发展建筑材料，生产符合出口到欧洲、美洲和亚洲市场的国际标准的木门工厂；蒙戈莫，养鱼、制糖业和谷物生产；阿尼索克，香蕉、蕉麻、菠萝和生菜种植业；恩索尔克，生产鳄梨和花生；阿科尼贝，生产水果和果汁；马拉博，家禽养殖和可可生产；卢巴，肉类加工业；安诺本，金枪鱼加工和出口；莫卡，瘤牛肉养殖与生产；里亚巴，制鞋业。在新的吉布劳省，可以设立一个工业园来建设药厂、包装厂、涂料厂、木薯淀粉转化厂、造纸厂等。此外，吉布劳省或奥亚拉市可以成为一个重要的物流中心，作为几个地区（阿尼索克、埃维纳永、蒙戈莫、阿库勒南、涅方、埃贝比因和巴塔）的中转地，如此，将创造大量劳动力需求，吸引人口定居在这个目前空无一人的区域。所有产品都将打上赤道几内亚制造的标签。

融资从何而来？

谁将以何种方式为经济多样化提供资金？有必要通过编制一份待开发的项目和行业清单，估算或确定经济多样化的成本以及基础设施的成本。我们已经指出，赤道几内亚本国人缺乏利用自有资金为工业发展提供资金的手段，因此，无法减少我国对进口的依赖。还应该强调的是，国家银行系统不会为经济提供资金。因此，经济多样化的融资只能有两个来源。第一，赤道几内亚国家向国内私营企业提供优惠条件下，鼓励其提供资金，并为发展渔业、农业、畜牧业、工业转型、运输、营销等方面设立不同的补贴和行业帮扶基金。第二，为外国投资者创造条件，利用其投资发展工业部门。这里我们再次强调，营商环境这一永恒问题应该事先得到解决。

针对什么市场？

由于赤道几内亚是一个人口较少的小国，国内市场较小，因此，可以想象实现规模经济的难度。猪肉、鸡肉、鱼类、蔬菜，糖和马铃薯的工业生产不但应该在次区域一级出口，而且应该扩大至全球市场。为此，我们必须达到产品的健康、安全、卫生和可追溯性标准，以便能够进入非洲、欧洲、亚洲和美洲等外部市场。否则，农民的利益将会受损，他们的香蕉、菠萝和西红柿的生产会因缺乏市场信息和进入外部市场的渠道而受到损害。因此，有必要参加国际博览会，并且每年应组织各行业的国家博览会，以展示当地产品（家具展、农产品展览会等）。

新生产业有哪些保护措施？

赤道几内亚采用进口替代政策的同时，政府还应采取积极措施，保护新生产业免受那些控制世界、区域和国家市场的大型跨国公司和贸易集团的影响。否则，这些新生公司将无法应对在国际层面控制所有生产、分配和商业化渠道的更有经验的大公司的激烈竞争。世界上所有国家都以某种方式采取措施保护其本国公司免受不公平竞争和倾销。倾销是一些企业或国家在销售其产品时惯用的商业伎俩，用低于正常价格甚至低于生产成本的价格销售，唯一目的就是消除市场竞争。确实，关贸总协定中禁止倾销行为；然而，许多国家以非常微妙的方式利用低价销售来损害他国利益。因此，我们应该非常警惕。

遵守质量、分销和营销标准

如果赤道几内亚的未来经济同时拥有满足当地市场需求和出口需求的生

产能力，则必须根据国际法规制定质量、分销和营销标准，以便我们的产品质量可以通过认证服务体系进行认证，并顺利进入国际市场。

考虑到上述背景，我们可以说最近常被人们提起的经济多样化可以有两种类型。第一种将包括现有的“同一行业内的多样化”——或相关的多样化——并将在新旧活动之间创造协同效应。木材行业就是一个很好的例子。我们不像以前那样出口木材，而是可以使用原材料（原木）在当地进行加工，以创造新的商品（家具）和新的服务，如运输、分销和营销，同时创造数千个就业机会。另一个行业是石油工业。众所周知，政府过去曾打算成立炼油厂，以获取燃料、焦油及其他副产品。据我所知，炼油厂拥有原油，可以同邻国合作以获利，但显然，受一些人的经济民族主义影响，到目前为止还没有实现这样的计划。液化天然气一期项目也是如此，若能与邻国进行天然气方面的合作，该项目本应该已经进展到第8阶段。有企业计划在国内建立大型石油储罐，以方便客户。同样，有可能通过赤道几内亚的船舶运输原油，以到岸价格供应给客户。

我们能够而且应该实现本国的经济多样化，另一种方式即创造新的“彼此无关的部门”，这肯定会降低依赖油价波动的总体风险。从这个意义上说，发展农业、畜牧业、渔业、旅游业，以及保险业、国家彩票业、自由贸易区、工业区等服务业将会很适合。

## 二十八、农业

采取什么农业政策？

众所周知，农业部门在其他行业至少创造了四类工作岗位：运输、分配、加工、营销等。赤道几内亚的农业发展问题和解决方案是众所周知的。农业的发展不能听之任之，一切都必须从适当的规划和组织开始，并借鉴其他国家的优秀实践和经验。

当我们谈论农业时，并不是指自古以来我们所熟悉的简易而传统的家庭农业，直到今天，由于技术手段稀缺，农村地区70%以上的人口从事农业活动。这种模式几乎无法确保家庭的自给自足。我们在这里指的是工业化和现代化的农业，只需要5%—10%的农业劳动力，而这一模式下的农业产量不仅能够养活整个国家，剩余产品还可用于出口。我们倡导的并不是“使用大砍刀和锉刀作为劳动工具，以一篮一篮的方式运输产品”的简易农业，而是使用现代生产技术的机械化农业。首先要求政府采取适当的农业政策，其中涉及以下方面：农业部门的发展计划、法律框架、农业地籍、耕地的可用性及其可及性，资金投入和种子问题，农业劳动力培训，农业技术的使用、机械化、灌溉，农业活动的地理分布、对农村人口外流的制约、农业创新和研究，农药和转基因作物的使用、环境治理，跨国公司在农业企业部门的投资，国内小生产者的参与、转型、营销、运输、保护，进入外部市场，可追溯性和卫生，融资，农业项目，公民参与农业活动和妇女的作用。只有制定了明确的农业政策，才能够促进这一行业的发展。

国家农业发展计划

一切都应该从制定国家农业发展计划开始，之后进行研究分析（弱点、威胁、优势和机遇）。在“弱点”方面，我们可以分析：缺乏对农业活动的长期预测，农业部门业务发展不良，没有农业研究中心，农业团体很少参与决策，劳动力资质和熟练度较低。在“威胁”方面：农业部门的投资低，农业部门在贸易平衡中的重要性低，获得技术手段难，农业活动在发展计划中不容易融入。在“优势”方面，我们可以想到：国家对农业部门重要性的认识，国际合作的支持（联合国粮农组织）。最后，关于“机会”，我们拥有：尚待开发的肥沃土地，在国内建立小型农业集团，热带水果和农产品的多样性，区域和次区域市场的可用性等。

像赤道几内亚这样面积较小的国家无法生产它所消费的所有农产品，因此，应该专注于那些具有出口比较优势的产品，尤其是专注于生产传统产品，如木薯、花生、香蕉、芭蕉、菠萝、芒果、玉米、橙子、橘子、柠檬、西红柿、鳄梨、洋葱、土豆、甘蔗、鲜花和各种蔬菜等，以确保食品安全，并减少同类产品的进口，以这种方式改善收支平衡，创造许多直接和间接性的就业岗位。应根据国际标准制订此类计划，并根据其他国家的实践经验来调整和改善计划。

适当的农业法律框架

所有农业的发展都始于制定现代法律框架，以规范农业活动：建立农业地籍，确定适合农业活动的区域，为保护生态而禁止活动的区域（自然保护区、公园），化肥和转基因作物的严格使用，耕地的获得与灌溉，农业帮扶基金的创立，国家补贴的实施机制，农产品保护，可追溯性，农业卫生，农作物生产加工，国际合作和外部市场的准入，等等。

农业地籍

正如上文中所述，我国必须根据各区域的地理、气候、地形情况及其竞争优势，为每个城镇、区、省和市分配一个特定的经济部门。为此，有必要首先确定肥沃和可耕地面积的农业地籍、土壤质量以及必须保留其生态的重要区域，如国家公园和自然保护区。

可耕地的可用性及其可达性

原则上，国内所有可耕地和非耕地都归国家所有，城市所有或私有土地除外。要从事农业活动，必须首先获得这些土地。人们需要通过何种方式获得耕地？假设国内大部分人资金不足，国内企业家怎么能获得农业用地？是否有必要设立帮扶基金或农业补贴，以支持那些希望从事农业生产的人？是政府必须为农业的扩张融资，还是允许外国资本参与农业的发展？虽然有政府决议授予的土地和开发一些废弃农场和农业土地的权利，但其中许多土地并未被其各自所有者开发，无论是因为他们没有融资或仅仅因为缺乏项目。

农业技术

众所周知，为了提高生产率或增加农业产量，必须掌握适用于农业的新知识和新技术。赤道几内亚的农业活动尚不成熟，并采用初级和传统方法维持生计。如果要实现大规模生产以保证国家粮食安全和出口盈余，就必须了解新的生产技术。技术不是通过灌输获得，而是通过培训获得。一位南非农民仅需花费几个小时，在有空调的拖拉机上犁地，使用滴灌系统灌溉，同时享有银行信贷，并配有分析土壤养分的实验室；而几内亚农民使用大砍刀和锉刀作为劳动工具，辛勤耕作所获得的产量还不及南非农民全天产量的5%。因此，如果要提高农业劳动生产力，必须在融资的条件下引入农具机械化和农业技术。

有效的灌溉系统

同样，农业技术的引进有利于利用实验室分析土壤养分，开发对不利环境条件下更具抵抗力的作物物种，了解作物的病虫害防治，并建立一个有效的灌溉系统，保证供水，特别是在旱季的供水。为此，农业发展需要一项全国灌溉计划，以帮助农民应对可能缺水的问题。

农产品的加工

农业的一个重要阶段是加工。正如前文中所述，以木薯为例，这一赤道几内亚所有民族和地区消费的产品可以转化为几种副产品：从木薯粉到淀粉、洗涤剂和柔软剂、酸奶、婴儿食品、糕点、甜品、饼干和身体乳霜。同样，可以将水果加工为各种口味的果汁和果酱；椰子加工为椰油；可可加工为巧克力；花生用于制作意大利面和食用油；鳄梨用于加工奶油和食用油等，上述产品均可用于当地消费和出口，并随之创造大量工作岗位。

营销

如果打算大规模发展农业部门，考虑到我国人口只有1,222,442人，其中1,012,831人是本国居民，209,611人是外籍人士（由于目前的经济危机，其中许多人已经回国），国内市场对任何国内或外国投资者来说都是一个相对较小的市场。为此，我们可以进入区域和国际市场，了解分销网络、外部买家，并消除所有出口障碍。赤道几内亚的农产品必须在质量和价格方面具有竞争力，举个例子，如果我国生产的一公斤番茄比邻国更贵，那么从逻辑上来说，国内外的买家更愿意购买邻国的产品。

可追溯性和农业卫生

国际市场准入门槛很高。如果赤道几内亚打算发展农业部门以实现经济多样化，保证粮食安全，创造新的国家收入来源，增加国家和出口财富，那么对产品可追溯性和卫生条件的控制至关重要。卫生检疫服务必须发挥重要作用，因为所有农产品出口都需要卫生认证才能进入其他国家的市场。

农产品运输

由于生产者无法同时投资运输服务，我国必须建立一个将农产品从生产区运输到国内市场和出口港的高效系统。为此，必须建立专门的陆、海、空运输子公司，以便产品进入国内与国际市场。

储存和保鲜

农产品易腐烂，为延长其保存期限，需建立一个全国性的储存和保鲜系统，包括冷库、恒温卡车和仓库，以便在有利条件下对其进行保存和营销。否则，农业生产将受到损害，造成巨大的经济损失，并可能降低生产者的生产积极性。

融资

在像赤道几内亚这样的国家，国民较为贫穷，私人储蓄很少，银行不为经济融资，政府是为经济增长提供融资的主要来源，因此，发展农业部门应寻找新的融资渠道，鼓励国内民营企业的参与。为此，政府必须设立农业帮扶基金和补贴，以获得耕地，促进农业生产或农业发展。如果没有此类官方的财政支持，几内亚农民将无法与获得政府和欧盟补贴的欧洲同行竞争。

培训熟练的农业劳动力

为了确保从自给农业向现代农业的过渡，我国必须拥有足够数量和质量的农业工程师、农学家、技术人员和农业工人一级的熟练劳动力，这关乎农业现代化生产能否实现。我们不仅要保证粮食安全，减少进口，还要将赤道几内亚转变为出口农产品的国家。除现有的农业培训学校外，还应建立一个高等农业研究所，与世界上最好的农业中心密切合作，研究影响作物的不同病害虫，研究依靠技术进步提高农作物产量等。

很明显，大多数赤道几内亚学生获得的培训与国家需求之间存在明显的不差异和不平衡。大多数学生选择就业范围较广的职业，如工商管理、法律、银行、经济和金融、海关、税收等，但那些国家发展实体经济所需的行业却被忽视了。

公民参与农业生产

一些人认为，在没有外国投资和国内民营企业的情况下，赤道几内亚政府本身应负责投资农业并扩张公共农业，种植玉米、香蕉、木薯、番茄、水果等，用于出口和供应当地市场。然而，众所周知，由于这些农场的工人将被视为公务员，这种企业可能会遇到困难，他们的工作文化和缺勤会使该项目长期效率低下，不可运行。许多国家曾经尝试过，但经验证明这是徒劳的。在20世纪80年代，加蓬政府在三叶胶、糖、棕榈仁和牲畜等部门创建了公共农业企业，最终放弃，因为工人被视为公务员，拥有更多权利而非义务。

因此，公民参与农业生产对于促进自我就业，动员所有城镇和地区的人民至关重要，正如我们已经在另一节中指出的那样，应根据每个地区或省份的气候条件和土壤肥力，指定其开展一项具体的农业生产。在这种情况下，按地理区域建立农业工会和合作社应该是一个优先事项，同时应进行适当的培训，指导年轻人选择在实现国内经济多样化最需要的领域接受培训。让企业家和创新者能够创建自己的公司，而不是等待被雇用；而工会必须能够获得具体化的资金来执行他们的项目。

几内亚妇女在农业中的作用

如果不考虑赤道几内亚妇女在农村地区的农业活动中发挥的重要作用，就不可能在我国发展农业。男人仅限于森林砍伐为土地清表，妇女才是真正致力于农业工作的人：她们播种、收获、运输、在市场销售产品、保持种植园清洁，她们也为家庭精心制作和准备食物。如果没有赤道几内亚妇女的辛勤劳动，农业生产将失去其主要参与者。因此，我国的任何农业政策都必须促进赤道几内亚妇女的解放和赋权，使其成为工业化农业领域的企业家。

克服众多瓶颈

除上述方面外，还存在许多阻碍我国农业发展的瓶颈，例如小型果园和家庭式农场的分散，毫无疑问，这会增加基础设施成本并可能妨碍机械化。由于缺乏合作文化，这些小型生产单元的重组可能是困难且昂贵的。然而，目前非洲大陆已有创新性的解决方案，比如所谓的“垂直整合模式”，它允许农业集团实现机械化，促使他们投资某些特定的农业部门并促进获取某些基本技术。例如，在肯尼亚，与美国非政府组织“国际美慈组织”的合作帮助农民以可承受的价格获得农业耗材（肥料、植物检疫产品、种子），甚至获得此类耗材的贷款，同时提供优化其使用方法的教学内容。

## 二十九、畜牧业

所有赤道几内亚人都对畜牧业有一个初步和基本的概念。在国内的所有乡镇，都有小型饲养场，养殖鸡、鸭、山羊和猪，它们到处寻找草地，没有特定的食物，也无须特殊照顾。为实现粮食自给自足，自古以来我们祖先实行的这种传统畜牧方式必须转变为一个个现代化的牧场，在此方面可参考其他通过重要畜牧业创造国家财富的国家。

在我们的邻国加纳，去超市的消费者可以选择购买最便宜的当地生产的猪肉、鸡肉、瘤牛肉或最昂贵的进口产品。

又如，在西班牙，家禽业有明显的分工。一方面，有些公司专门致力于设计和建造容纳家禽养殖场的厂房。另一方面，其他公司则致力于饲养用于养鸡场育肥或产蛋的小鸡。屠宰场主负责为市场准备产品，而动物饲料的生产者从农民那里获得玉米和大豆。最后，发展一个专门用于包装、运输、营销等工作的辅助行业。欧洲卫生法规要求，在完成45天鸡的饲养和育肥后，一旦将它们交付屠宰场，养殖场必须在开始下一个生产周期之前消毒15天。那些养殖场鸡栏里沾满的禽类粪便，可以用作农民的肥料。

简而言之，并不是仅依靠一家公司同时经营家禽养殖场并生产鸡肉、母鸡或鸡蛋；养小鸡的公司和屠宰场主都是独立的。在鸡肉、母鸡和鸡蛋进入市场之前，相关的各类工作可以由不同的公司来完成。此外，目前家禽养殖场的管理能够实现自动化，很少有人为干预，所有都通过计算机程序运行，甚至安装在手机上，调节照明、通风、温度，包括在农场供应饲料和水，直到30—45天后鸡长大，具体天数取决于你想要获得的鸡的重量。

在西班牙，几乎没有人食用冷冻鸡肉或母鸡，一切都是新鲜的。如果我们真的想要保证食品安全，这就是我们必须学习的畜牧业类型，就像农业和渔业一样，需要培训合格的劳动力，学习生产最终产品和动物饲料的新技术，以及可能影响禽类健康，甚至危害人类健康的疾病或禽流感的知识。

一个国家进口鸡蛋、鸡肉、母鸡等是非常罕见的。产蛋母鸡在大约一年内每天可以产下一个鸡蛋，因此，了解赤道几内亚每年消费的鸡蛋数量，就可以很快估算出所需的产蛋母鸡数量。

以赤道几内亚为例（根据2015年的人口普查，有1,222,442名居民），如果预估每个居民每年适量消费100个鸡蛋，即保守估计每个居民每周最少消费约2个鸡蛋，这意味着全国每年需消费大约122,244,200个鸡蛋（相当于272个40英尺的集装箱）。如果一只母鸡每天最多可以产1个鸡蛋（每年365个），那么每年大约需要334,915只母鸡来满足全国消费所需的1.22亿个鸡蛋。而饲养334,915只母鸡将需要8个容量为40,000只母鸡的农场。

我们所说的鸡蛋生产也适用于鸡肉、羊肉、瘤牛肉和其他牲畜。"地理专业化"也应在畜牧业中发挥重要作用；例如，位于埃维纳永的一个小镇可以专门生产用于另一个地方的玉米；在米科梅森，可以为家禽生产饲料。另一个位于木比尼的小镇将负责饲养小鸡，这些小鸡将最终被运输至巴塔市区的另一个地方，在那里进行养殖和育肥，以便为其在30—45天之后进入屠宰场做好准备，而我们可以在科果区的其他地方设立屠宰场。阿库勒南的一个相邻社区可以从事包装行业（纸箱、鸡蛋托盘等），以包装最终产品，最终产品将由具有物流基地的公司运输，例如在涅方。另一方面，阿科尼贝地区的一个小镇可以使用浸有粪便的木屑作为生产玉米和大豆的肥料，这些玉米和大豆将成为动物饲料的一部分，而营销公司可以位于马拉博。

这就是发展一个国家实体经济的方法，在国家领土的不同区域和城镇之间建立生产和相互依存关系的方式，不一定是基于种族—部落关系，而是基于经济利益。赤道几内亚目前的道路网使这一战略具有可行性。企业的融资机制与发展多样化经济所描述的相同，通过小额信贷系统、行业帮扶基金、软贷款、补贴等来实现。

## 三十、渔业部门

渔业不仅仅是一项活动，它是一门科学。为了发展这一行业，必须进行持续性的规划，逐一消除妨碍其发展的障碍。

在中部非洲经济与货币共同体范围内的渔业部门情况

下表是针对我国渔业部门的简要诊断。赤道几内亚的土地面积为28,051平方公里，是次区域中最小的；然而，从海洋面积来看，它是最大的。我国拥有314,000平方公里的海洋面积和644公里的海岸线，拥有中部非洲经济与货币共同体最大的经济特区，即便不是几内亚湾最大的。我国与尼日利亚、喀麦隆、加蓬、圣多美和普林西比有海上边界，甚至与安哥拉接壤。我们的海域面积比所有邻国都大：加蓬（213,000平方公里），喀麦隆（15,400平方公里）和刚果（布）（约6万平方公里）；乍得湖的水域（干季为46,000平方公里，雨季为93,000平方公里）；在此不考虑不邻海的中非共和国。

**表42　赤道几内亚和中部非洲经济与货币共同体地区的经济特区，生产、需求、赤字和消费（鱼类）**

| 1 | 2 | 3 | 4 | 5 | 6 |
|---|---|---|---|---|---|
| 国　家 | 经济特区（平方千米） | 产量（吨） | 需求（吨） | 赤字（吨） | 鱼类消费（千克/人/年） |
| 喀麦隆 | 15,400 | 176,000 | 400,000 | 224,000 | 29.2 |
| 中非共和国 | 6000 | 15,300 | 40,300 | 25,000 | 37.5 |
| 刚果（布） | 46,000—93,000 | 60,060 | 100,000 | 39,940 | 6.5 |
| 加蓬 | 213,000 | 43,500 | 93,500 | 50,000 | 40 |
| 赤道几内亚 | 314,000 | 3800 | 8000 | 4200—18,800 | 3 |
| 乍得 | | 216,000 | 286,000 | 70,000 | |
| 总　计 | | 514,660 | 927,600 | 412,940 | |
| 中部非洲经济货币共同体平均值（不含中非共和国） | | | | | 23 |
| 非洲平均值 | | | | | 8 |
| 世界平均值 | | | | | 20 |

数据来源：牲畜、肉类和水产品资源经济共同体，联合国粮农组织，渔业和水资源部。

尽管有如此大的潜力，在2014年，赤道几内亚的鱼类产量仅达到3,800吨，是该次区域的最低水平，而喀麦隆则为17.6万吨；中非共和国河流捕捞和养鱼业1.53万吨；刚果（布）6.006万吨；加蓬4.35万吨；乍得鱼类养殖21.6万吨，主要来自乍得湖。我们可以发现，喀麦隆的经济特区比赤道几内亚小20倍，但鱼类的产量是我国的46倍。产量不足是造成全国鱼类市场价格上升的主要原因。尽管如此，中部非洲经济与货币共同体地区的鱼类供应仍存在412,940吨的缺口，因为该次区域的总产量（514,660吨）不能满足需求（927,600吨）。

在消费水平上，赤道几内亚是区域内消费量较少的国家，每人每年3公斤，而喀麦隆为29.2公斤/人/年，中非共和国为37.5公斤/人/年，刚果为6.5公斤/人/年，加蓬为40公斤/人/年。总体而言，中部非洲经济与货币共同体在鱼类消费方面的平均值为23公斤/人/年，而非洲平均值为8公斤/人/年，据粮农组织称，世界平均水平为20公斤/人/年。

根据粮农组织的报告，几内亚湾海域的捕捞量占世界渔业资源的3.9%，约为31.64亿吨。在几内亚湾，喀麦隆、尼日利亚、加纳和科特迪瓦目前正在开发这些渔业资源。在国际贸易层面，加纳每年出口约8.9万吨鱼，而科特迪瓦每年出口约6.3万吨鱼。

赤道几内亚渔业发展迟缓的主要原因

作为渔业和水资源部部长（2016年4月至2018年2月任职），我首先试图了解阻碍我国渔业发展的最深层原因，以便向政府提出一项该部门的起飞计划，虽然实际上我没有足够的时间来执行构想中的计划。

第一，完全忽视现有渔业资源的潜力

每个希望发展渔业部门的国家，首先要做的是对其可用的渔业资源进行评估，编制一份海洋测绘图，详细说明适合捕捞的区域和禁止捕捞的生态保护区域，标明难以进行捕捞活动的岩石区域；同时还必须说明鱼类种群及其数量，渔场、渔业分类等；这样就可以进行有效、合理和可持续的开发。必须遵守禁渔期或禁止捕鱼的时间规定，其目的是允许鱼类休养生息。有关可用渔业资源的科学信息可出售给对该部门感兴趣的国内外投资者。可以想象，如果没有关于可用渔业资源的可靠科学信息，没有人会盲目地投资该行业。

为了找到解决这个问题的方法，在我的任职和监督期间，2017年8月，在赤道几内亚经济特区我们与塞内加尔海洋科考船联合开展了海洋渔业科考与宣传活动，这一活动是在渔业部和粮农组织之间签署的渔业资源评估项目框架内进行的，得到了国防部的协助，以及西班牙海洋学研究所科学家的技术支持，此项活动完全由赤道几内亚政府资助。应该说明的是，我们为获得西班牙海洋科考船以及挪威海洋科考船的参与而做出的努力是徒劳的，因为西班牙和挪威都声称几内亚湾存在不安全因素。

*评估赤道几内亚经济特区内渔业资源的海洋科考与宣传活动成果*

这次海洋科考与宣传活动的最终结果得到粮农组织的认可，详见以下两个表格，结果令人鼓舞，因为它们表明赤道几内亚的生产能力为90,973吨，深海鱼类（居住在海底或深水区域的鱼类，深度约为500米）约有30,673吨，以及浮游物种（居住在海面附近的平均深度的鱼）60,300吨。此外，结果表明了每个物种的海洋位置和数量，以及由于其海洋生态利益而必须宣布禁止和未经授权捕捞的区域。此次活动的结果不包含金枪鱼的生产，因为该鱼种是高度洄游的，只能在一年中的某些时期捕捞。

**表43 按研究区域估算的全球底层鱼类生物量（吨）**

| | 变 量 | 沿海地区 | 比奥科省 | 总计 |
|---|---|---|---|---|
| 1 | 全球捕捞量（千克） | 2,228.5 | 1,098.4 | 3,326.9 |
| 2 | 行驶距离（英里） | 41.29 | 44.08 | 85.37 |
| 3 | 总航行面积（平方英里） | 0.206 | 0.220 | 0.426 |
| 4 | 区域内鱼类密度（平方英里） | 10,818 | 4,993 | 7,905 |

续表

| | 变　量 | 沿海地区 | 比奥科省 | 总计 |
|---|---|---|---|---|
| 5 | 总面积（平方英里） | 2,048 | 1,706 | 3,754 |
| 6 | 生物量（千克） | 22,155,264 | 8,518,058 | 30,673,322 |
| | 生物量（吨） | 22,155 | 8,518 | 30,673 |

数据来源：赤道几内亚渔业资源评估海洋科考与宣传活动，粮农组织，2017年。

**表44　赤道几内亚浮游资源总估计数（吨）**

| | 种　类 | 比奥科省 | 沿海地区 | 安诺本省 | 总计 |
|---|---|---|---|---|---|
| 1 | Maderensis沙丁鱼 | 4,500 | 2,400 | - - - | 6,900 |
| 2 | Aurita沙丁鱼 | 2,300 | 1,500 | - - - | 3,800 |
| 3 | Rouxi沙丁鱼 | 3,800 | 700 | - - - | 4,500 |
| 4 | 鲭鱼 | 4,000 | 3,500 | 100 | 7,600 |
| 5 | 其他浮游鱼类* | 19,300 | 17,300 | 900 | 37,500 |
| | 总计（吨） | 33,900 | 25,400 | 1,000 | 60.300 |

数据来源：赤道几内亚渔业资源评估海洋科考与宣传活动，粮农组织，2017年。

其他浮游鱼类包括：剑鱼、鸽子鱼、猪嘴鱼、鲣鱼、鳕鱼、鱿鱼、阿里欧玛鱼、蜥蜴鱼、大牙鱼、马孔多鱼和河豚鱼。

赤道几内亚公共财政部为海洋科考与宣传活动融资400万欧元，这一有价值的信息不应仅仅保存在档案中，而应由政府（通过渔业部）在国际博览会和论坛上展示，以吸引对该领域的投资。这些信息是一个必须被开发的“蓝色黄金”矿。

制订管理计划

海洋科考与宣传活动的结果应该使渔业部能够制订管理或资源可持续开发的计划，采取符合法律和国际标准的预防、监督、养护和控制捕捞作业的措施。管理计划还必须确定捕捞区域，每个物种的配额，以及有利于鱼类繁殖的休渔期。根据2017年11月通过的新《捕捞法》第9、10、11条（关于国家渔业和水产养殖委员会）和第47、48、49、50、51、52条（关于管理计划），该计划需通过若干部委组成的国家渔业和水产养殖委员会的分析后，提交政府审批。制订渔业管理计划是一项非常具有技术性的工作，需要欧盟预先提供技术援助。

第二，缺乏渔业部门的战略发展计划

任何经济部门的发展都需要由该领域的专家和行家仔细研究计划，而不是基于即兴创作。该计划称为“战略”或“总体规划”，首先根据研究分析（弱势、威胁、优势和机遇），分析该部门的总体状况，分析确定政府的政治愿景，其中包含一张路线图，指明这些资源将如何被利用的明确政治方向。

渔业发展计划首先必须分析阻碍渔业部门发展的“瓶颈”，然后明确其是否打算发展手工渔业、半工业化渔业、现代化渔业、水产养殖或鱼类养殖；还必须建立一个区域或确认应该进行这类发展的区域，在哪个大陆地区（巴塔、木比尼或科果、科里斯科、威尔河）或岛屿部分（马拉博、卢巴、安诺本）。在2020年计划中总体说明了渔业部门的重要性，但没有详细解释如何实施。

在没有计划的情况下，作为渔业部门的部长，在一家专业国际渔业咨询公司——安达卢西亚渔业联合会（西班牙）的技术援助下，我制定了387页的《赤道几内亚渔业资源开发战略计划》（PEPGE）。

《赤道几内亚渔业资源开发战略计划》以非常精准的方式，利用图表详细说明了对渔业的分析与研究，并给出了应该如何以及在哪些区域开发渔业生产的具体线索。这项重要的开发战略计划得到了赤道几内亚政府的充分资助，但尚未实行。

第三，缺乏合格的人力资源

我国的大部分捕捞活动都是以渔民家庭自给自足的基本方式进行的。为了提高产量和生产效率，必须为使用新的技术、鱼类处理和加工知识的渔业生产提供优质的人力资源，达到国际标准要求的卫生检验标准。

自古以来，我们的手工渔民使用非常基础的捕鱼方法和技术来维持家庭生计，没有任何利润。这种模式下的产量无法满足所需，通常会扩展到沿海地区的居民。但是，要使渔业部门成为我们经济增长的引擎，必须利用新的捕捞技术和设备，培训能使渔业部门发生革命性变化的人力资源。为此，经共和国总统批准，我国2016年开始在比蒂卡地区从巴塔港向木比尼区建设渔业学校。这所学校将开设两项课程：深海捕鱼和养鱼领域的理论与实践课程。学校旨在培养机械师、冷藏工程师、船长等；管理必须良好，学校必须是能够自给自足的，因为它可以通过自己的鱼类生产和现场将鱼制成鱼片、咸鱼、烟熏鱼，进行预煮和煮熟出售。然后，这所学校的毕业生将有足够的技术工具来组织工会，并创建自己的生产企业，这将有利于经济的发展。

第四，缺乏适当的渔业法律框架

赤道几内亚的最近一项渔业活动法规还是2003年11月通过的，其实施条例于2004年9月生效。根据渔业立法领域专家的看法，上述法规的内容非常基础，许多方面都与国际法规不符。因此，尽管渔业潜力巨大，法规问题也成为吸引外国资本投资渔业的困难之一。

为了缓解这种情况，在我们的管理期间，在欧洲国际海洋和渔业法专业人员及谈判咨询机构的技术协助下，通过2017年11月20日颁布的第11/2017号法律，针对赤道几内亚共和国境内渔业和水产养殖活动进行了规范。这项法律“更为广泛”，因为它解决了与授予捕捞许可证的新制度相关的问题，从现行制度（按船舶容量）到配额，保护措施，控制中心，捕鱼管理，渔业监督、控制和监视，非法未报告和无管制捕捞的打击，船上检视和观察员，侵权，营销，可追溯性，健康和卫生条件，等等；上述法律几乎涵盖所有方面。

第五，基础设施和捕鱼船队的需求

当前产量的来源

我国市场上因产量不足而无法满足供应需求的鱼类有四个主要来源：传

统的自给性捕鱼，商业手工捕鱼（源于BADEA项目）、国家渔业公司的12艘独木舟，巴塔的5艘半工业化捕鱼船（主要是中国船舶），从马丁兄弟超市、桑迪超市、EGTC超市、Lumeco等企业进口的冷冻鱼。

当地的渔业生产均为边缘化生产，无法满足国内需求，供不应求，因而导致市场上鱼类单价的上涨。当需求超过供应时，价格飙升。为降低每公斤鱼的价格，必须增加供应，扩大鱼类的产量。而这只能通过两种方式实现：第一，拥有自己的国家捕鱼船队；第二，增加从事商业捕鱼，而不仅仅是自给性捕鱼的手工渔民的数量。

世界粮农组织与我国捕鱼和渔业资源部于2016年进行的一项调查显示，约有1250艘专门用于捕鱼的船只（独木舟），其中80%（约1000艘）用于自给性捕鱼，只有20%（250艘）被用于商业手工捕鱼。

塞内加尔有三个渔港，专门用于渔业活动。对于本国的商业港口，除非经过一些调整，否则不具备开展捕捞活动的能力。

第六，缺乏打击非法的未申报和无管制捕捞的计划

为了合理和可持续地开发我们的渔业资源，在我们的管辖范围内向非法捕鱼公开宣战是必须的，因为非法捕鱼激化了不公平竞争，违反了环境保护标准，并减少了国家重要的财政资源。为此，制定了打击非法捕鱼的国家行动计划，该计划说明，为了预防、控制和制止非法捕鱼活动，需要有船只进行海上监视。该计划还必须通过有效的监测系统来实施。

第七，重要举措

由于政府行动具有连续性，若干已经启动的重要项目需要实施，包括：恢复与欧盟的渔业协定；安诺本岛上的金枪鱼工厂项目；由中国信贷（中期和长期）资助的赤道几内亚渔业整体发展项目，赤道几内亚主要鱼类的口袋书出版，以及陆地不同地区的几个养鱼场项目（巴塔、埃维纳永、蒙戈莫和埃贝比因）。

与欧盟重启渔业协定

在针对非洲、加勒比和太平洋国家“蓝色经济”发展的研究持续约一年后，我们发现凡是渔业部门有所发展的国家都与欧盟签署了渔业协议。然而，欧盟与赤道几内亚之间的渔业协定自2001年以来一直处于“搁置”状态。经过16年双方不冷不热的关系后，为了重启该协定，我们决定恢复与欧盟的联系，这令欧洲当局感到惊讶，他们认为我国不希望与欧盟进行任何形式的合作，因为我国拥有重要的化石燃料资源。我曾经并且现在仍然相信，与欧盟在渔业方面的合作是可能的，并且将对我国非常有益。因为欧盟积累了丰富的经验，已与非洲、加勒比和太平洋国家签署了约60份渔业协定。应该说明的是，由于已经开发了数十年的技术，欧盟关于控制、可持续管理和海洋资源保护的标准也是世界上最先进的标准之一。为了重启“搁置”的渔业协定，欧盟建议我们采取一系列初步行动，以达到其他在某种程度上发展了渔业部门的非洲、加勒比和太平洋国家的水平，如塞内加尔、加纳、科特迪瓦、毛里塔尼亚、纳米比亚、莫桑比克、佛得角、毛里求斯、塞舌尔、喀麦隆、加蓬和安哥拉；它们都与欧盟签订了渔业协定。

与欧盟的协定赋予上述国家规范化的形象，并且使它们能够进入欧洲渔业产品市场，在可持续资源管理、海上监管、打击非法捕鱼和海岛斗争方面获得技术转让，实现手工渔民的培训，推进新的捕鱼工具和方法的使用，提高国际市场所要求的质量和卫生标准等。如果没有与欧盟达成协定，欧洲船只不能在我们的水域进行捕捞，也不能合法地将捕捞的鱼类出口到欧洲市场。因此，如果我国要成为渔业部门占有重要地位的非洲国家之一，我们就应该重启该协定。

事实上，上表中列出并在下表中总结的许多活动都是在欧盟的建议下开展的，作为重启捕捞协议议定书的先前步骤；同样，后期需要在方案筹备的框架内，将其提交给国际货币基金组织，作为经济多样化计划的工具。

表45　为恢复与欧盟的渔业协定而商定和执行的活动

| 序号 | 活动/计划名称 | 已执行 | 进行中 | 待研究 | 备注 |
| --- | --- | --- | --- | --- | --- |
| 1 | 赤道几内亚渔业资源开发战略计划 | × | | | |
| 2 | 根据国际规则制定赤道几内亚渔业和水产养殖活动管理法 | | | 适用的规定和其他附件。 | 在议会两院批准并由国家元首签署。 |
| 3 | 在粮农组织的技术援助下（来自塞内加尔的海洋船舶）开展海洋科考活动与宣传 | × | | | 评估经济特区的远洋和底层渔业资源。 |
| 4 | 制定渔业管理计划 | | | × | 海洋运动结果的应用。 |
| 5 | 批准两项国际渔业协定：1）港口国；2）跨区域物种。 | | × | | 由众议院批准，等待宪法法院的意见。 |
| 6 | 打击非法捕鱼的国家计划 | | × | | |
| 7 | 卫星控制和监测系统（船舶监测系统） | × | | | |
| 8 | 经认可的渔业检查员特别部队 | | | × | |
| 9 | 加入区域渔业组织 | | | × | |

数据来源：渔业和水资源部。

针对上述活动，我国与欧盟专家进行了多次讨论。法国和西班牙政府通过其在马拉博的大使表示，他们打算支持赤道几内亚政府在欧洲议会层面上重新启动与欧盟的渔业协定。

该协定将为赤道几内亚政府提供经济补贴，并在人力资源培训领域提供技术支持。只需要负责渔业的部门认真跟进这一重要文件，恢复与欧盟的联系，并开展可能持续超过一年的谈判。

另一方面，法国开发署和非洲开发银行在了解海洋科考活动取得了的良好成效并进行先期研究后，表现出了对渔业部门的银行项目融资的兴趣。

安诺本岛上的金枪鱼育肥和工厂项目

金枪鱼是一种高度洄游的鱼类，根据一年中的不同时间，从大西洋北向南移动，反之亦然。安诺本岛是大西洋金枪鱼最大的产区和海上航线之一，它们在那里产卵，就像乌尔卡是海龟的天堂一样。在金枪鱼游经赤道几内亚的时候，寻找金枪鱼的船只在我国领海进行非法捕鱼活动的频率增加，损害了国家利益。值得一提的是，在几内亚湾设有金枪鱼加工厂的三个国家是：科特迪瓦、塞内加尔和加纳。

为了获得收入，并且由于没有自己的国家捕捞船队，渔业部根据2003年11月赤道几内亚的捕捞活动管理法的申请条例（2004年9月）收集的价格向外国船东发放金枪鱼捕捞许可证。如今，许可证制度已经过时，因为费率是根据“船舶的重量”计算的，而其他邻国使用的是“配额”，因此，它被纳入赤道几内亚渔业和水产养殖活动管理法的改革中，为此，我们有幸在议会两院进行辩护，这使我国受益更多。例如，在一年期间，2015—2016年（国家船东）和2017—2018年（外国船东），向国家船东和两名外国船东发放以下捕捞许可证以满足由政府设立的渔业和水资源部收入底线：

**表46　具有捕捞许可证的船只清单：2015—2016年和2017—2018年**

**I. 国家船东（2015—2016年）**

| | 公司名称 | 船只名称 | 捕捞类型 | 签发日期 | 到期时间 | 长度（米） | 宽度（米） | 总吨位 | 许可证价格（中非法郎） |
|---|---|---|---|---|---|---|---|---|---|
| 1 | 加蓬渔业装备公司 | Le Pecheur | 混合拖网 | 2015年7月31日 | 2016年7月30日 | 19.3 | 7.30 | 49.5 | 2,426,000 |
| | | Eugene-Charles | 混合拖网 | | | 29.50 | 8.84 | 166 | 8,194,000 |
| 2 | Fehayes I | Fehaves | 船尾拖网 | 2015年7月17日 | 2016年7月16日 | 10.75 | 3.50 | 7.62 | 1,882,500 |
| | | Jinli 961 | | | | | | | |
| 3 | Jinli | Jinli 962 | 船尾拖网 | 2015年8月19日 | 2016年8月18日 | 27.7 | 8.6 | 85 | 15,600,000 |
| 4 | Weihai Trading | 888 | 船尾拖网 | 2015年10月12日 | 2016年9月12日 | 36.8 | 6.8 | 219 | 17,520,000 |
| | | 999 | | | | | | | |

续表

| | 公司名称 | 船只名称 | 捕捞类型 | 签发日期 | 到期时间 | 长度（米） | 宽度（米） | 总吨位 | 许可证价格（中非法郎） |
|---|---|---|---|---|---|---|---|---|---|
| 5 | Sopguicam | Yang I | 船尾拖网 | 2015年10月12日 | 2016年9月12日 | 22.50 | 6.90 | 93.36 | 4,740,000 |
| | 为国库贡献的收入总计 | 50,362,500 | | | | | | | |
| 总计：5家公司，8个捕捞许可证，50,362,500中非法郎/年 | | | | | | | | | |

### II. 外国船东：金枪鱼船（2017—2018年）

第一个船东

| | 船只名称 | 签发日期 | 到期时间 | 长度（米） | 宽度（米） | 总吨位 | 许可证价格（中非法郎） | 许可证价格（欧元） |
|---|---|---|---|---|---|---|---|---|
| 1 | GURIA | 2017年3月 | 2018年2月 | 82.00 | 14.00 | 1249.47 | 25,989,400 | 39 617.98 |
| 2 | ALBACORA NUEVE | 2017年3月 | 2018年2月 | 76.75 | 13.50 | 1281.31 | 26,626,200 | 40 588.71 |
| 3 | MONTEFRISANUEVE | 2017年3月 | 2018年2月 | 76.75 | 13.50 | 1377.79 | 28,555,800 | 43 530.18 |
| 4 | MONTECELO | 2017年3月 | 2018年2月 | 76.65 | 13.50 | 1381.98 | 28,639,600 | 43 657.92 |
| 5 | GALERNA | 2017年3月 | 2018年2月 | 82.25 | 13.50 | 1386.48 | 28,729,600 | 43 795.12 |
| 6 | ALBACORA CARIBE | 2017年3月 | 2018年2月 | 77.30 | 13.60 | 1447.00 | 29,940,000 | 45 640.24 |
| 7 | MONTELAPE | 2017年3月 | 2018年2月 | 78.10 | 12.88 | 1095.26 | 22,905,200 | 34 916.46 |
| 8 | CAPECORAL | 2017年3月 | 2018年2月 | 80.98 | 13.65 | 1426.67 | 29,533,400 | 45 020.42 |
| 9 | SANT YAGO UNO | 2017年3月 | 2018年2月 | 79.80 | 13.50 | 1547.75 | 31,955,000 | 48 711.89 |
| 10 | SANT YAGO TRES | 2017年3月 | 2018年2月 | 79.80 | 13.50 | 1547.75 | 31,955,000 | 48 711.89 |
| 11 | MONTEALEGRE | 2017年3月 | 2018年2月 | 82.83 | 12.88 | 1095.00 | 22,900,000 | 34 908.53 |

续表

| | 船只名称 | 签发日期 | 到期时间 | 长度（米） | 宽度（米） | 总吨位 | 许可证价格（中非法郎） | 许可证价格（欧元） |
|---|---|---|---|---|---|---|---|---|
| 12 | PACIFIC STAR | 2017年3月 | 2018年2月 | 92.11 | 16.80 | 1249.47 | 53,800,000 | 82 082.19 |
| | 年度总额（公共财政收入） | | | | | | 361,529,200 | 551 111.55 |
| | 每月付款（第十二部分） | | | | | | 30,127,450 | 45 925.96 |

数据来源：渔业和水资源部。汇率：1欧元＝656中非法郎。

**第二个船东**

| | 船只名称 | 签发日期 | 到期时间 | 长度（米） | 宽度（米） | 总吨位 | 许可证价格（中非法郎） | 许可证价格（欧元） |
|---|---|---|---|---|---|---|---|---|
| 1 | PLAYA DE AZKORRI | 2017年3月 | 2018年2月 | 74.98 | 14.20 | 1781.80 | 33,636,000 | 55,847.56 |
| 2 | TXORI BERRI | 2017年3月 | 2018年2月 | 81.00 | 14.40 | 1707.69 | 35,153.800 | 53,588.10 |
| 3 | EGALABUR | 2017年3月 | 2018年2月 | 76.60 | 14.70 | 1919.00 | 39,380,000 | 60,030.48 |
| | 年度总额（公共财政收入） | | | | | | 111,169,800 | 169,466.16 |
| | 每月付款（第十二部分） | | | | | | 9,264,150 | 14,122.18 |

数据来源：渔业和水资源部。汇率：1欧元=656中非法郎。

该许可证的价格以2003年11月赤道几内亚的捕捞活动管理法的申请条例（2004年9月）为依据，按照下列公式计算：

许可证费用或权利=R×J×P，其中：

R=基本费用，根据船只的国籍而变化。对于外国船只为20,000中非法郎，国内船只10,000中非法郎。

J=总吨位，即船只的总重量。

P=变量系数取决于捕捞类型和鱼种。在这种情况下，对于金枪鱼捕捞，系数为1。

举一个例子，我们从第一个船东列表里找到第一艘船GURIA，船长82米，宽度14米，总重1,249.47吨。因此，使用以下公式计算该外国金枪鱼捕捞许可证的年度价格：

20000中非法郎 ×1249.47吨 ×1=25,989,400中非法郎（等于39,617.98欧元），这代表每月价格为2,165,784中非法郎（约3,301.49欧元），不多不少。

因此，2017年3月至2018年2月，12个月期间授予第一位船东的13份许可证（每艘船一份）的年度价格为361,529,200中非法郎（相当于551,111.55欧元），即每月约30,127,450中非法郎（45,925.96欧元）。同样，同期授予第二位船东的3份许可证的年度价格为111,169,800中非法郎（相当于169,466.16欧元），约为9,264,150中非法郎（14,122.18欧元）。

两个外国船东一年（2017—2018）获得的特许的16份金枪鱼许可证的财政收入总额为472,699,000中非法郎（720,577.71欧元），相当于每月39,391,583中非法郎（60,048.14欧元），远远超过财政部向渔业和水资源部分配的每月35,000,000中非法郎的收入上限。

捕捞法并不要求船东在我国卸下捕获物。该制度不会在我国创造就业或财富。大多数金枪鱼船东在加纳、塞内加尔和科特迪瓦卸下产品，因为那里有渔业部门专用的基础设施（专门用于捕鱼船的码头、船只修理厂、船上观察员和国际认可的渔业检查员、物资和许多服务），由韩国和美国公司主导的金枪鱼保存和加工工厂进行生产。这三个西非国家被视为卸货和产品加工中心，创造了附加值、就业和更高的收入。

因此，在我任职期间，安诺本金枪鱼工厂的项目是在由赤道几内亚作为成员国的中部非洲国家开发银行提供融资后提交给政府的，希望能够像大多数船东都在塞内加尔、加纳和科特迪瓦卸下捕捞的金枪鱼一样，实现捕捞后在本地卸载捕获物。赤道几内亚的一家或几家金枪鱼工厂将把这些捕获物在当地包装和/或制作成鱼片，以便以后出口，从而为国家带来新的收入和许多直接、间接的就业岗位。

我们认为目前授予捕捞许可证的制度已经过时，因为它的固定价格仅基于船舶的总重量，而基于配额的许可证制度在新的《赤道几内亚共和国渔业和水产养殖活动管理法》中有所规定，这无疑对我国更有利，因为随着捕捞量的增加，价格也逐步上涨。这一新的捕捞许可证制度的实施需要负责渔业的部级部门采用新捕捞法的适用条款和规定。

赤道几内亚综合渔业发展项目

为了弥补基础设施和捕捞船队的缺口，以及缺少全国性的鱼类分销渠道的问题，我国建立赤道几内亚综合渔业发展项目，以获得可能的外部融资，融资的授权是在部际委员会监督下，通过公开招标进行的，该委员会由九名政府成员组成的部级特设委员会构成。上述项目分为两个部分：巴塔和卢巴，包括以下部分：两个渔墩、渔船队、捕鱼物资和设备、物流、所有地区的冷藏室、人力资源培训、技术援助、管理和维护。

若实施这一综合大型项目，则应为赤道几内亚提供所有必要的基础设施，以便在短时间内，该部门开始在渔业资源的开发中发挥重要作用，创建数千个工作岗位，为经济创造新的收入。

综上所述，我完全相信，通过适当的规划和上述所有行动的实施，渔业部门可以在2—3年内发生180° 转变。实施这些不同的举措需要一个积极主动、团结一致的团队。

## 三十一、旅游业发展

世界旅游组织（UNWTO）的数据显示，2018年有6,700万游客到访了非洲大陆，比2017年增加了7%。其中到访北非的游客增幅最大，为10%，埃及、突尼斯和摩洛哥为主要目的地；撒哈拉以南非洲地区增长6%，其中南非、肯尼亚、坦桑尼亚、塞内加尔和科特迪瓦是游客的主要选择。世界旅游组织估计，到2030年，访问非洲大陆的游客人数将翻一番。

我国可以从不断涌入陆地区域的游客中受益。赤道几内亚是如此美丽，甚至我们自己都没有意识到。许多寻求宁静和爱好自然的游客都喜欢欣赏我国美丽的风景。我们拥有一流的海滩，从巴塔延伸至科果，并穿过木比尼区。科里斯科郁郁葱葱的海滩拥有银白色的沙滩和清澈的海水，有着无与伦比的美丽。比科奥岛和安诺本岛的火山沙滩及其各自的火山湖和湖泊具有诗意的美。有些游客只需要花费一笔钱就可以攀登遍布我国各地的分散山脉，包括巴西莱峰，他们也喜欢乘坐渡轮和机动独木舟，探索我们河流的内部，如坎普河、乌东德河、艾谷谷河、木比尼（威尔）河和广阔的木尼河。甚至有游客喜欢进入丛林，以便于观赏巨大的热带树木、枝头的雾芽，看自然状态下的动物，听黑夜里鸟儿和蜻蜓的歌声。对于我们这些出生并生活在这种生态和自然美景中的赤道几内亚人来说，也许不会被美景打动，但来自森林已被毁掉的沙漠、干旱国家的游客会很开心地到我国旅游和消费，从而为国民经济创造就业机会和重要收入。我们甚至不去海滩或参观我们自己建造的酒店。我们也不知道如何享受生活，因为我们忙于解决大家庭的问题。旅游不是我们班图文化的一部分。

其他国家的游客喜欢在我国的海滩、河流和溪流上钓鱼。还有人喜欢参观我们的沿海和内陆村庄，了解我们的艺术和文化，以及参观我们在西波波和吉布劳（奥亚拉）建造的新城市，结交新朋友并感受来自赤道几内亚的慷慨和热情。有些游客会成团出行，成对出行或个人出行，每个人都在寻找他们的激情。为了接待上述游客，我们已经在马拉博、巴塔、蒙戈梅因、科里斯科和安诺本设有机场，这些机场的建设花费了巨额资金。我们还需要酒店和旅馆，而在政府和民营企业的共同努力和投资下，酒店已经建设完成。吉布劳大酒店拥有绿色空间、健身房和休闲室，既美丽又奢华，毫不夸张地说，世界上这类酒店并不多，即使在发达国家也是如此。

游客需要吃饭，乘坐汽车、船只或飞机前往不同的地方，以及购买纪念礼品，这就需要设置几内亚工艺品和纪念品商店。当然，一些游客会爱上几内亚的男人或女人，并建立持久的家庭关系。其他人有可能会出于对我国的热爱，而决定将在我国居住或投资赤道几内亚。游客需要导游，他们也会在生病时使用我们的医疗服务，因此如果我们想发展旅游业，就必须提高卫生质量。所有这些活动都将带来大量资金并产生数千个直接和间接的工作岗位。

政府在建设基础设施（道路、旅馆、机场等）方面做了大量的工作为旅游业铺垫，因此，旅游业的发展只是决定和意愿的问题。当然，旅游业也会带来某些挑战。首先，我们必须保证游客的人身安全，这样他们才不会成为我国日益增长的犯罪的受害者，而且，必须防止带有不良意图的游客渗透到我们国家，威胁到其他游客或破坏我们的国家。这些问题需要通过与游客所属国家合作解决，以最大限度地降低与该行业相关的风险。发展旅游业的国家几乎每天都必须面对这一现实。

如果不解决旅游签证特许权制度的问题就无法讨论旅游业的发展问题，必须有效和透明地促进游客流动，尊重其特许权期限。在这方面，事先提出的要求必须明确。

旅游业还有其他优势。首先，访问我国的外国人将是最好的大使，因为他们将在他们的国家讲述赤道几内亚人民的和平、慷慨和热情的性格，否认一些外国媒体和社交网络针对我国散布的虚假新闻。其次，旅游可以起到安抚和调和的作用，因为许多赤道几内亚侨民希望能够与他们的朋友和家人一起返回祖国并开展经济活动，从而缓解目前我们内部和外部之间的紧张气氛。很多时候，一些侨民在国外会面临困难的局面，多次被边缘化，十分沮丧，但由于赤道几内亚没有经济前景，他们并不能返回祖国。最后，旅游业可以开拓视野，每年会接收来自其他国家和文化的数千名游客。通过这种方式，我们将更加接近全球化。

国家旅游促进局的建立可以成为与其他国家旅行社进行谈判的有效工具，并通过国内和国际的推广和宣传活动引导游客进入赤道几内亚。

的确，国际恐怖主义现象毫无疑问是旅游行业发展的一个令人生畏的因素，特别是在赤道几内亚这样的国家，非常接近在几内亚湾和尼日尔三角洲开展恐怖主义集团活动的国家，比如博科圣地。此外，也必须考虑到美国在石油领域的重要投资。我们可能不得不学习其他恐怖袭击受害国的经验，因为它们虽然是恐怖袭击的受害者，但也是世界上最大的旅游目的地，如法国、美国、西班牙、意大利、以色列、埃及、印度尼西亚、马来西亚、肯尼亚、南非、塞内加尔以及喀麦隆（在较小程度上）。这些国家如何打击恐怖主义，同时又促进旅游业？当然，任何国家都不能单独打击恐怖主义；要做到这一点，就必须与其他国家的情报部门合作，交换有效情报，以防止并击退可能吓跑游客并威胁国家利益的恐怖袭击。

根据喀麦隆政府提供的数据，2016年约有50万游客到访了我们这一邻国，该国人口为2,340万；相比之下，这相当于赤道几内亚每年接待约26,000名游客，因为赤道几内亚人口约为120万。游客数量并不算太多，但这些游客为喀麦隆的财政贡献了约5,600亿中非法郎的收入，喀麦隆旅游业接收了大约3,500亿中非法郎的外国投资，占总额的9%。

对于2019年，喀麦隆的目标是将前往该国的游客数量增加到100万，旅游业占国内生产总值的比例略高于30%；喀麦隆约有800个注册的旅游景点，其中两个是联合国教科文组织认定的世界遗产。我提供这些数据，以证明可以促进旅游业，同时与其他国家合作打击恐怖主义。

毫不夸张地说，赤道几内亚已经投资建设旅游基础设施、道路、酒店，并拥有公园和自然保护区，天堂般的海滩等，这对游客来说有着非凡的吸引力。

## 三十二、采矿业

赤道几内亚拥有巨大的采矿潜力，这可以追溯到殖民时代的“地质探索”以及最近开展的“空中地质研究”。这些研究已经确定了可能含有多种可创造商业利益的矿物的潜在区域，如钻石、黄金、铝土矿、铁、钶钽铁矿、钛等。

钻石可能位于与加蓬接壤的阿库勒南地区，但仍需要进一步研究以确定其体积和质量。几十年来，在涅方、阿科尼贝甚至埃维纳永地区，黄金的开采始终以人工的方式进行；采矿业的工业化生产需要更多投资。

铝土矿是常用的红色土壤或红土（砾石），几乎遍布大陆的所有地区。需要进一步的研究来了解其所含的二氧化硅和氧化铝的比例；后者是生产铝的原料，铝在世界范围内用于制造管道、容器、器具和厨房用具，如锅、勺子、叉子、刀具等。

在与喀麦隆接壤的大陆北部地区（巴塔、米科梅森和埃贝比因）发现了铁矿。银灰色，质地坚硬；它很少在自然状态下被发现，因其总是构成其他矿物质的一部分；铁矿具有广泛的用途。当铁合金中的碳含量低于2.1%，它被认为是钢。但是，如果碳的百分比大于2.1%，则铁变成铸铁。钢用于制造车辆、船舶，在建筑行业中用于建造各类钢结构。铸铁是一种“液态铁”，其在高温的高炉中产出并且具有许多工业用途。

钶钽铁矿，也被称为“蓝金”或“泥油”，据说蕴藏在阿科尼贝区，它是世界上最昂贵的矿物之一，其价格可达到每吨40万美元；它是黑色不透明的，由铌铁矿和钽铁矿组成，可用于制造电子元件、移动电话、智能手机、电视和计算机。刚果民主共和国（RDC）是世界领先的钶钽铁矿生产国，拥有世界80%的储量，其次是澳大利亚（10%）、巴西（5%）和泰国（5%）。

由于其极高的商业价值，钶钽铁矿是刚果民主共和国战争冲突的主要原因，因为跨国公司希望控制这种矿物的生产和供应，从中获利。

据估计，钛矿位于木比尼地区。该矿物为灰色，硬度高，重量轻；具有很强的耐海水和氯腐蚀性。因此，它应用于铝合金中，用来制造飞机、直升机、装甲车、导弹和战舰。

为了像其他行业一样发展采矿业，有必要建立一个适用的现代法律框架，来规范采矿活动，这不仅能够保障外国私人投资，而且能够保护国家利益。据估计，自2006年起实行的采矿法将由新的法律取代。另一方面，采矿业发展计划详细说明了为实现这一重要部门的发展而开展的活动。

2019年2月，矿业和化石燃料部门在马拉博组织了一次采矿业的国际招标，以吸引外国资本投资，用于勘探以及后续在赤道几内亚的开采。该部门可以通过公平的方式为创造国家财富和就业机会做出贡献，避免其他国家犯下的错误，并衡量其对环境的影响。

## 三十三、国家出口促进局（ANAPE）的创建

自从谈到经济多样化以来，部分赤道几内亚人参与了农业生产；当地产品的产量有所增加，如香蕉、芭蕉、木薯、西红柿、木瓜、芒果、菠萝、鳄梨等。但出于以下几个原因，部分生产受到损害：市场狭窄，缺乏保护农产品的基础设施，缺乏农业工会来规避相互影响的风险，以及缺乏对外部市场运行机制的了解，很难进入外部市场。

为了改善这种情况，激励和鼓励更多的公民从事农业生产，有必要建立国家出口促进局，其任务是确定外部市场，对外出口剩余的农业产品，并根

据全球标准为国内生产者提供有关储存、商品化、营销、卫生措施、质量控制和产品可追溯性的建议。国际市场竞争激烈；这一机构不仅服务于生产，而且必须掌控展示、包装、标签等方面的数据。该机构还将针对鼓励农业食品生产与加工而采取的措施提出建议。

## 三十四、赤道几内亚艺术、文化和时尚的发展

在我国，能够创造经济活动和财富，拥有巨大潜力的行业是艺术、文化、体育和时尚业。前往赤道几内亚的外国人必须了解植根在我国领土内的不同民族的文学、音乐、舞蹈、绘画和手工艺中所表达的文化。此外，还有很多艺术和音乐天才。像泰迪·巴拉、阿杰克·埃宁、安吉尔·格拉穆尔、毕璐奇，还有其他一些年轻人，他们在没有正式学过音乐的情况下，可以创作出真正有民族特色的歌曲。有必要建立一所音乐学校，以便年轻人可以学习现代乐器，民族、国际还有当代音乐。

赤道几内亚美术学院

同样地，可以建立一所美术学院，设立以下七个学科：雕塑、绘画、音乐、舞蹈、文学、建筑和电影。这些科目都将促进想象力的发展，民族艺术美的展现，传统戏剧和传统建筑的现代化等。在我们国家，有很多未被挖掘的人才。

赤道几内亚时装学校

成立赤道几内亚时装学校也很有必要。随着过去15年的经济繁荣，赤道几内亚女性变得精致、迷人、优雅，她们会将服装的颜色与鞋子、包包、太阳镜和发型相搭配。在婚礼、洗礼和第一次圣餐仪式上，甚至在生日派对上都可以发现这种美丽。赤道几内亚男士也非常关心自己，去健身房、跑步、塑造良好的外形，并通过搭配西装、衬衫、鞋子和领带的颜色，展示男性气

质与优雅。在周末，无论男女都很乐意穿出古驰、LV、卡罗琳娜·埃莱拉时装或是鳄鱼的运动装。赤道几内亚社会在时尚方面有所发展。为了满足他们对优雅的渴望，有经济能力的赤道几内亚女性和男性经常到国外旅行，特别是在打折期间到西班牙去购物。赤道几内亚时装学校应与米兰、巴黎、马德里、伦敦、纽约和约翰内斯堡的时装学校合作，让有天赋的年轻人学习现代剪裁和缝纫技术，设计时装模型来展示赤道几内亚女性的美，并将产品出口到其他国家。赤道几内亚可以参加每年在世界各地举办的活动，特别是在非洲大陆举办的活动，例如非洲国际时尚节日（FIMA）。马拉博可能成为中部非洲经济与货币共同体的时尚之都，所有邻国都会来这里购物。

## 三十五、投资数字经济和人工智能

在不久的将来，欠发达国家中不知道如何使用互联网、人工智能或新的信息和通信技术的人将被视为文盲，因为这些技术将推动未来的经济发展。目前，许多国家正在投资“数字经济”，也称为“互联网经济”或“新经济”，提供数字网络和通信基础设施、处理器服务，以及一个用户平台，实现人、公司、机构和政府之间的互动。为了发展数字经济，赤道几内亚政府首先应继续投资电信基础设施建设；其次，促进信息和通信技术行业的安装，用于开发软件（计算机程序）和硬件（计算机系统或硬件部分）；再次，通过使用高速互联网，促进经济和社会活动。赤道几内亚政府正在投资数字基础设施建设，通过海底电缆安装光纤，该电缆穿过大西洋沿岸、比奥科岛、大陆地区，连接至科里斯科和安诺本岛的国际线路。这项投资应改善宽带网络，以便为用户提供大容量传输信息的高速互联网。还有必要投资电子商务，允许在国内建立信息和通信技术公司，以便通过在线平台或计算机应用程序进行发展。最后，发展电子商业，以促进商品和服务的销售以及互联网支付。

要做到这一点，我们必须为劳动者和人民提供学习相关技能和经验的机会，以便在这个全球竞争的世界中发挥作用。这个世界的信息以数字方式存在并以光速处理，几乎进入量子空间。

数字经济是横向的，因为它涉及所有经济部门；它将给我国带来的一个益处是中间商在商业交易中的消失。通过数字经济，赤道几内亚的商品和服务生产商可以通过他们网页上的推广和广告，直接接触国内和国外的客户。例如，阿尼索克区的香蕉生产商将能够通过他的网站与卢巴的买家或葡萄牙的潜在进口商实时沟通，而无须通过中介或发送需要数天才能到达的信件。此外，新经济将促进创新，因为商品和服务的生产者将不断更新产品，改变设计和营销，以满足消费者的期望。整个过程将通过创建新兴公司来改变经济，并将在全国范围内创造数千个就业机会。

以卢旺达为例，该国于2018年10月31日与中国大型电子商务公司阿里巴巴签署协议，推出全球首个非洲电子商务平台——世界贸易平台（e-WTP），成为非洲第一个数字经济体。这个雄心勃勃的项目有三个目标：促进卢旺达生产的产品商业化；通过阿里巴巴网络消除中间商，促进卢旺达旅游业在中国发展；定期培训卢旺达大学生、决策者和卢旺达数字经济公司。值得注意的是，阿里巴巴是全球领先的电子商务公司之一，业务遍及200多个国家；它拥有18家子公司，致力于电子商务、零售、互联网、人工智能和技术。该公司由马云先生和彭蕾女士等人于1999年创立。通过消费者对消费者、企业对消费者以及企业对企业的模式提供服务。同样，它也从事电子支付服务以及在线搜索购买。2018年年底，该公司预计获得398.98亿美元的收入和1,143.26亿美元的资产，员工人数为66,421人。阿里巴巴是全球最大的零售公司，也是最大的互联网和人工智能公司之一。在2018年11月11日，它达到了在线销售的世界纪录：在24小时内订单总额达到308亿美元。

与此同时，为了应对未来的挑战，许多国家，包括一些非洲国家，正在投资人工智能，以实现机器执行以前认为只有人类可以做的任务，例如“学习”和“解决日常生活中的问题”。开发的技术应用于不同领域，例如，一般工业、医学、采矿、警察侦破、视频游戏、汽车、机器人等。目前在次区域各国，如喀麦隆、塞内加尔和加纳，已经组织学校开展学生制造机器人比赛。大学在人工智能的发展中发挥着重要作用，这将影响未来的经济。因此，赤道几内亚对人工智能的投资应该从最基础的小学、中学、大学和专业级开始。

## 三十六、成立国家经济委员会（CEN）和经济顾问委员会（CAE）

最新的宪法批准建立若干机构，包括经济与社会委员会（CES），这是一个咨询机构，负责就社会经济、劳工甚至文化利益问题向政府提出建议。与其他国家一样，赤道几内亚的经济与社会委员会应该针对影响社会和经济问题的法律草案发表意见。此外，它将应政府的要求或主动编写有关就业、税收、营商环境、劳资关系、经济、社会事务、经济多样化、银行业、渔业、畜牧业、农业、旅游业、采矿业、化石燃料业、工业、区域一体化、国际合作等事项的研究报告。

经济与社会委员会应该由来自不同社会行业的人组成，例如工人、公司代表、生产部门（农业、渔业、牲畜、旅游业等）代表、消费者以及经济和社会问题专家。简而言之，经济与社会委员会将助力政府采取有利于促进经济生产活动的适当措施。

在每年年底，经济与社会委员会向政府提交一份关于经济和社会状况的报告，以跟踪政府政策。在意图摆脱危机并走向经济发展的时候，这个机构是必要的。

然而，目前的危机以及在不久的将来，赤道几内亚经济崛起的发展议程，需要建立新的经济机构，带领我国实现真正的发展，学习已经达到我们渴望的发展水平的国家的经验。在我国，任何人都可以发表意见并反驳合理的经济方案，有时，关于需要事先严格分析的经济问题，我们会听到一些不理智和不连贯的观点。因此，除了赤道几内亚经济与社会委员会，我还建议效仿美国的模式，成立国家经济委员会，以及经济顾问委员会。

美国国家经济委员会主要为美国总统服务，负责讨论经济政策问题。美国国家经济委员会由比尔·克林顿总统于2013年创建，就全球经济政策问题向白宫提供建议，并有四个主要任务：协调在国内和国际问题上采用经济政策的过程，协调总统的经济建议，确保政治决策和计划符合总统制定的经济目标，并监督总统经济政策议程的实施。总统有时会发布命令，但由于缺乏有效的监督，事实上并未实现。国家经济委员会由政府内部的几个政府机构和政府办事处组成，其管辖权对国民经济有影响。国家经济委员会负责人与这些成员密切合作，协调和实施总统经济政策的目标。国家经济委员会主任得到了农业、商业、能源、金融市场、财政政策、卫生、劳工和社会保障等领域的多位专家的支持。其他国家，如英国、以色列、孟加拉国和马来西亚也设有国家经济委员会。

与此同时，美国经济顾问委员会在白宫有35名成员。它创建于1946年，是美国一个政府机构，负责为制定国家和国际经济政策提供客观的建议。经济顾问委员会的建议和分析基于经济研究和经验，利用现有的最佳统计数据支持总统制定国家经济政策。经济顾问委员会每年为美国总统编写年度经济报告。

## 三十七、中小企业创建计划

世界上没有一个国家的自由市场经济能在没有中小企业参与的情况下发展，中小企业占全球商业结构的95%，是就业岗位的主要创造者之一。虽然中小企业的定义因国家而异，但它一般指的是雇员人数少且收入适中的公司。在一些国家，公司的规模取决于员工人数或年销售额。但作为一般规则，中小企业按员工数量和从事行业分类：对于工业部门，一家微型企业有0—10名员工，小型企业有11—50名员工，中型公司有51—250名员工，大型公司拥有超过250名员工。赤道几内亚的民营企业一般面临各种困难：由于缺乏商业银行所要求的担保而无法获得贷款，无法进行大规模的项目；会计上存在不足和疑问；缺乏对于消费者的预见性，所以如果不投资广告，中小企业可能会被一般公众所忽视；缺乏获得公共合同的渠道，因为公共合同一般由拥有良好渠道的大公司所主导。为了改善这种情况，在其他国家，根据其具体特点，中小企业通常从政府获得保护性的、带有特殊或优惠条件的融资，免费咨询和税收优惠，以求生存并与大公司竞争。

在美国，中小企业约占国内生产总值的50%，占就业人数的60%以上。千禧一代或在1980年至2000年出生的美国年轻人不断向市场推出新产品，他们被认为是创业的主力军和领导者。欧洲统计局经济研究所（IEE）发表的一份报告使用了2015年的数据，报告显示，拥有超过250名雇员的大型西班牙企业仅占该国就业人口的27.2%，而中小企业则创造了70%的就业机会。欧洲的平均水平约为33%：在英国，大公司仅创造了46.5%的就业机会，法国为38.6%，德国为37.1%，罗马尼亚为34.5%，芬兰为34.4%，荷兰为34.3%。以上数据清楚表明，越是发达经济体，中小企业提供的就业机会越多。

正如我们已经看到的情况，如果发达国家依靠中小企业创造就业机会，那么问题在于：我们如何创造新的长期就业机会并让赤道几内亚摆脱当前经济危机呢？

试想一下，“新思路”在赤道几内亚找到了一片沃土，政府决定建立大型企业家学校，这些学校同美国、法国和西班牙最好的商贸中心密切合作，将来自各地、各区、各个民族、不同性别的赤道几内亚年轻人培养成未来的企业家，然而，为什么不同时也为有意转而经商的老年人提供培训机会呢？这所企业家学校提供有关企业管理、会计、商业法律、计算机应用、客户服务、市场营销、库存管理、税务、社会保障、人力资源管理、薪酬制度、贸易往来（区域贸易和国际贸易）等领域的新技术和基础知识。其目标不应是培养年轻人作为公务员进入公共服务部门，而是将他们转变成为培训结束后渴望创业的企业家，不论是独自创业还是与他人合伙创业。我们希望，每年有百名年轻人从这所企业家学校毕业，怀抱着创造新世界的雄心和灵感，创立各种融资项目。

同样试想一下，如果政府设计一个中小企业发展计划，旨在每年建立100至200家中小企业，那么在未来五年内将在各个实体经济的不同领域建立500到1000家中小企业，遍布农业、畜牧业、渔业、旅游业、木材、木材加工、机械、电力、供水、烹饪、保险、交通、旅行社、市场营销、设计、制衣剪裁、时尚、艺术与文化、商品运输服务、包装、农产品加工、税务和法律咨询等各个领域。

此外，鉴于国家商业银行提供的贷款利率过高，再试想一下，如果政府设立一个赤道几内亚中小企业帮扶基金，每年由国家预算投入1亿至2亿美元（约合500亿至1000亿中非法郎），为孵化中的中小企业项目融资提供优惠融资条件（2%优惠利率），同时为年轻企业家和新进企业家提供免费的法律咨询和指导服务，为公司成立和公证登记提供免费的便利条件。

最后再想象一个新兴的赤道几内亚，“新思路”在这里找到了沃土并大受欢迎，政府考虑为其希望发展的经济活动部门建设专业学校。例如，巴塔（Bata）正在建造的渔业学校，致力于为渔业部门的发展培养必要的人力资源：船长、机械师、水手、专业渔民、有资质的鱼片加工和制作人员、熏鱼师、腌鱼师、预煮师等；再如，如果想要培养畜牧业人力资源则建设畜牧业学校：发展饲养畜牧、生产饲料、动物健康、兽医服务、繁育保育、罐头加工业等。

同样，如果我们想建立制鞋厂，我们将建设制鞋学校，教授皮革的设计、使用和处理等。如果想要发展家具行业，则建设家具学校，教授如何制造不同类型的家具，包括餐厅家具、厨房家具、卫生间家具、露台家具、传统家具和现代家具等，举办国际家具展览会等。所有这些设想都需要通过人力资源培训来进行，而不是填鸭式教学。

想象一下在这个新兴的赤道几内亚，来自各个地区、不同民族、不同性别、不同年龄段的赤道几内亚商人从企业家学校毕业，在不同经济部门领导着各自的中小企业，享受着中小企业帮扶基金和国家为此设立的专项补贴资金提供的融资财务支持以及政府免费提供的咨询服务，生产、加工、运输、销售、出口（次区域贸易出口或国际贸易出口）优质的赤道几内亚制品，赚取大量利润，创造成百上千的就业机会，缴纳税款，并召开赤道几内亚企业家联合会来保护自己和国家的利益。这是必将成为繁荣、充满活力、对外开放和全球化的赤道几内亚的梦想，在这样梦想中的赤道几内亚，中小企业创造了大部分的就业机会。

伊戈尔·切洛蒂（Igor Celotti）中小企业创建计划

为了使专业团体能够转变为中小企业，应为他们提供成为国家采购合同承包商或分包商的机会，因为国家仍然是本国的主要投资者和消费者。因此，伊戈尔项目值得分析一番。

在2005—2006年，General Work建筑公司经理、意大利人伊戈尔·切洛蒂（2007年6月在一次超轻型飞机失事中在大陆地区去世，同时遇难的还有西班牙人胡安·克鲁斯·曼萨诺）和我着手制定在建筑行业中创建赤道几内亚中小企业的计划。不幸的是，由于这位商人的突然离世，该项目无法实施，他是该计划最好的交流人。该计划在某种程度上受到意大利创建中小企业经验的启发。根据伊戈尔提供的信息，在赤道几内亚基础设施建设之初，即2000年年初，几内亚工人都缺乏相当的资质。但是到了2000年年中设想该计划时，伊戈尔先生认为工人们已经获得了足够的经验，如木工、机械工、电工、水管工、铁匠、机械师、卡车司机等，而且他们可以根据生产部门的不同，组建不同行业组织，而不是继续简单地做建筑公司的员工，如木工、电工和机械师等中小企业，甚至幸运地进入诸如General Work的承包商公司工作，他们可以通过承包商—分包商类合同（而不是雇主—员工类合同）分包工程给其他各中小企业。这也就意味着，不同于挣取员工工资，这些新建的赤道几内亚中小企业将就分包工作向承包商开具发票。为此，分包商应当首先成为正式的中小型企业，其次应接受政府对其管理、会计财务、人力资源、税务等方面的企业家培训。我的任务就是将伊戈尔·切洛蒂这位企业家的好主意付诸计划，并在合适情况下交由政府研究和审批。事实上，该项目已经提交给政府，但不幸的是伊戈尔先生的突然离世中断了我们关于该项目的交流。这可能是我们在建筑行业创立赤道几内亚公司的开始。多么遗憾！

## 三十八、国家基础设施维护和保养计划

已经证明，在我们分析近15年间（2004—2018年），赤道几内亚政府总支出金额已达到294,464.37亿中非法郎（约合448.91亿欧元），其中219,198.51亿中非法郎（74.43%，约合334.16亿欧元）为各种基础设施融资支出的投资费用（公路、人行道、港口、桥梁、机场、海滨道路、海外使馆采购、电气化改造、社会性住房、公共建筑、电信设施、供水设施等），其余75,265.86亿中非法郎（25.57%，约合114.74亿欧元）用于公共管理支出及当前各类补贴和转移支付。

石油收入带来的巨额资金，约22万亿中非法郎（约合334亿欧元）在近15年来投入基础设施建设中，外国援助是无法达到这个数额的。其中许多基础设施均符合国际标准，并成为本国主要权益和资产。显然，现代社会已将

基础设施网络水平作为其特点。但基础设施的维护同其建设一样重要。道路、运河及港口工程师建议每年分配约5%的预算用于基础设施维护。相反，基础设施的不良保养和维护不到位将会减少其使用寿命。所有基础设施都有一定的使用寿命或有效期限。例如，专家将医院或桥梁的使用寿命定为100年，而普通建筑则为50年。如果对基础设施进行适当的定期维护并对其结构进行维修，其使用寿命可以无限期延长。在国内气候较好的地区，因破坏因素较少，维护可仅限于定期检查。但在气候或环境更加恶劣的地区，因其结构可能建在海上或近海区域（如港口或海滨道路），检查应更加频繁，因为其预期使用寿命可能因海水侵蚀而减少25—30年。另一方面，从长远来看，一些基础设施周边环境不卫生也会降低其价值，例如业主不清扫楼梯、公共区域和绿地的社会性住房（价值会降低）。

因此，作为国家权益和真实经济资产的代表，为了保养和维护所有已建基础设施并延长其使用寿命，必须制订一项国家基础设施维护和保养计划，每年分配原工程约5%的预算用于其维护。

## 三十九、国际合作

### 与西班牙的恶劣关系

在全球化世界中，每个国家都应同各方发展友好、战略和利益关系。但是，历史上，赤道几内亚就像一个独子、孤儿，在充满艰辛困苦的生活中必须自理；说他是独子，因为我们是非洲唯一说西班牙语的国家，周边被法语国家、英语国家、葡萄牙语国家和阿拉伯语国家包围；说他是孤儿，因为历经沟沟坎坎我们终于在1968年10月12日独立，直到现在半个世纪的时间内，我们同殖民时期的宗主国西班牙仍然维持着恶劣关系，而周边国家已与旧殖民时期的宗主国保持着经济、政治、文化、体育甚至或多或少可接受范围内的军事往来和人员流动。在弗朗西斯科·马西亚斯（Francisco Macías，1968—1979年）独裁统治的11年间，西班牙放弃了赤道几内亚的命运，甚至采取了著名的"沉默法案"，使赤道几内亚问题无法在西班牙得到公开解决。似乎西班牙喜欢看着它唯一的前殖民地崩溃并逐渐陷入混乱。对于新生的赤道几内亚来说，弗朗西斯科·马西亚斯独裁统治的11年非常残酷而致命；经济崩盘、社会崩溃，赤道几内亚人民遭受的暴力使人们丧失了人性，也打破了诞生在这片土地上的不同民族作为同一个国家而和平共处的裂缝。而西班牙却没有动过一个手指头帮助危险中的人们。就像是对我们宣布独立的报复。显然西班牙内政不允许他们伸出援手。

在1979年8月3日发动推翻弗朗西斯科·马西亚斯政权的自由政变后，在人民内部以及几内亚新统治阶层中出现了许多期望恢复与西班牙正常关系的声音。政变之后，新成立的赤道几内亚最高军事委员会政府向西班牙请求帮助，主要是寻求西班牙比塞塔（西班牙旧货币单位）对当地不可兑换货币埃奎勒的支持，以便同外国进行经济贸易交换；保障国家安全的军事支持，以及重建薄弱国民经济的经济援助。在1993年与前首相阿道夫·苏亚雷斯·冈萨雷斯（Adolfo Suárez González）在马德里的私人办公室进行的一次对话中，他除了对此表达遗憾之外，还向我吐露了当时西班牙拒绝赤道几内亚新当局要求的理由。第一，在1979年，当弗朗西斯科·马西亚斯被推翻时，西班牙内政受到冲击，在面对反佛朗哥运动民主要求的威胁中，西班牙更加专注于寻求自身稳定。其证据在于，1981年2月23日，西班牙发生了一场名为23-F的未遂政变，此次政变由国民警卫队的一组军事指挥官发动，并由安东尼奥·泰耶罗（Antonio Tejero）中校领导，当时正值民主中间派联盟（UCD）政府首相候选人莱奥波尔多·卡尔沃-索泰洛（Leopoldo Calvo-Sotelo）就职期间。第二，当时西班牙经济状况同第三世界国家相当，该国经济经历了一段困难时期甚至寻求国际社会的帮助，且一直寻求加入欧盟以便在金融方面从中受益（例如融合基金）；因此，西班牙没有足够资源来协助赤道几内亚的国家重建计划。第三，如果同意马博拉新当局要求派遣一支国民警卫队到赤道几内亚，这将遭到西班牙政治力量的强烈反对，他们认为国民警卫队是佛朗哥的压迫机器，因此（西班牙）必须先进行改革。

遗憾的是，我们发现西班牙历届政府，从费利佩·冈萨雷斯（Felipe González）（PSOE，西班牙工人社会党）、何塞·玛丽亚·阿斯纳尔（José María Aznar）（PP，人民党）、何塞·路易斯·罗德里格斯·萨帕特罗（José Luis Rodríguez Zapatero）（PSOE，西班牙工人社会党）、马里亚诺·拉霍伊（Mariano Rajoy）（PP，人民党），到佩德罗·桑切斯（Pedro Sánchez）（PSOE，西班牙工人社会党），都没有制定任何明确的有关赤道几内亚的国家政策。我们赤道几内亚人对西班牙政治产生的印象，同法国、英国与其前殖民地的印象大不相同，我们认为西班牙政治力量因内部选举的原因而不断遭到消耗、打击和摧毁。该国（西班牙）没有任何政策或愿景提及与赤道几内亚或赤道几内亚人民维持何种关系。当社会主义者（指西班牙工人社会党）上台执政并想要拉近与赤道几内亚的关系时，就会遭受民众无情的攻击，反之（人民党执政时）情况也一样。事实上，与法国的情况截然相反，在西班牙任何大选中都听不到任何一个候选人提及赤道几内亚。然而在法国的所有总统选举中，与非洲前殖民地的关系如何成了候选人议程的重要组成部分。这表明西班牙对赤道几内亚没有多少兴趣，而对拉丁美洲（可能因为同是白人）和欧盟却有偏爱。甚至不可理解的是，赤道几内亚被禁止参与伊比利亚美洲首脑会议，而其中委内瑞拉和古巴是其成员国，且这两个国家同西班牙的关系更加紧张。从这个意义上说，赤道几内亚是世界上最特别的非洲前殖民地国家，它是唯一未被纳入前宗主国牵头建立的组织的国家，而这个组织汇聚了所有说着共同语言的国家。讽刺的是，法国和葡萄牙非常乐于将赤道几内亚纳入法语国家和葡萄牙语国家共同体（CPLP），在该机构内能够毫无保留地解决各种政治、社会经济、文化和科学问题。甚至津巴布韦，即使在军事政府统治的艰难时期该国总统罗伯特·穆加贝（Robert Mugabe）与尼日利亚关系动荡，他们也同样是英联邦成员。在赤道几内亚独立后的50年中，西班牙对待赤道几内亚和赤道几内亚人民是十分不公平的。在法国、葡萄牙和英国，经常能看到来自前非洲殖民地的人们在专业领域中表现出色，如体育、音乐、艺术、文化、电视、商业，甚至能看到他们担任政治职务。最引人注目的是安哥拉这样的国家，它与葡萄牙曾发生过血腥的独立战争，现在却同原宗主国维持着良好关系。在西班牙生活的赤道几内亚人得不到任何优惠待遇，也没有机会融入西班牙社会，而在巴黎、伦敦或里斯本的非洲人却不一样，例如法国，尽管受到批评，法国仍有一项有关法国—非洲的非洲政策。

2018年12月19日，西班牙政府通过其外交、欧盟与合作部大臣约瑟普·博雷尔（Josep Borrell）向国会提交了第三份非洲计划，该计划确定了一项重大的外交攻势，并将撒哈拉以南非洲地区列为外交政策中的优先事项之一，其中特别关注以下三个国家：南非、尼日利亚和埃塞俄比亚，这三国因其高增长率而被视为各自次区域发展的“领导者和带动人”。经济“蓬勃发展”的第二批7个国家是：肯尼亚、坦桑尼亚、安哥拉、莫桑比克、加纳、科特迪瓦和塞内加尔。值得注意的是，西班牙与塞内加尔保持着密切的关系，并将塞内加尔作为这一新外交阶段的“试点”。上述西班牙非洲计划最大限度地降低了赤道几内亚的经济重要性，与上述10个国家相比，它认为赤道几内亚没有什么“变革潜力”。西班牙对赤道几内亚的关注仅限于“民主、人权、繁荣与和平”问题，同时却忘记了尼日利亚长久面临着博科哈拉姆（Boko Haram）和尼日尔三角洲（delta de Níger）的恐怖主义威胁，成千上万的平民因此丧生，和平岌岌可危；而在莫桑比克，因莫桑比克全国抵抗运动（RENAMO，莫第二大政党，简称“莫抵运”）和莫桑比克解放阵线党（FRELIMO）以及该国穆斯林派别的长期权利冲突而存在内部叛乱；在塞内加尔，永恒的卡萨曼扎问题依旧存在；在科特迪瓦，自2011年大选后冲突以来，内部不稳定因素仍未消除；另一方面，也不能认为安哥拉的政治制度优于赤道几内亚。西班牙政府的非洲计划忘记了赤道几内亚是非洲大陆西班牙语的捍卫者，以及赤道几内亚成为西班牙产品和公司进入中部非洲经济与货币共同体的“门户”的可能性，中部非洲经济与货币共同体由六个国家（喀麦隆、加蓬、刚果（布）、乍得、中非共和国和赤道几内亚）组成，拥有5000万消费者，是中非法郎区最富裕的地区。此外，在所有这些国家中，赤道几内亚的人均收入最高。这份非洲计划简单复制了其他旧时期宗主国（法国、葡萄牙和英国）的“尾巴主义政策”战略，这种政策始终希望保持和加强与其前殖民地的关系，而西班牙证实了其自殖民时代以来“抛弃、遗忘、漠视”撒哈拉以南非洲唯一一块前殖民地的传统。就法国而言，尽管它在历史影响范围之外拓展外交关系，但无论发生什么，它都始终与前殖民地保持紧密联系。这进一步证明赤道几内亚必须自行采用新思路和新战略来摆脱当前危机，寻求生存和发展。

为了实现赤道几内亚追求的新兴经济，我国应不仅与其他非洲国家建立新的富有成效的合作关系，还要与世界其他国家建立这种关系。显然，理想的情况可能是同西班牙建立正常关系，该国在语言上和历史上都与我国有着联系，可以在卫生、教育、技术、贸易和/或商业领域建立合作。当然，我们赤道几内亚必须明白现在的西班牙已非昨日，新一代的西班牙人不了解非洲的现实，他们从普遍的欧洲主义价值观来看世界，即国际关系中没有朋友只有利益。因西班牙同赤道几内亚两国在官方层面剥离，普通赤道几内亚和西班牙民众也普遍存在分歧误解。必须以实用主义和相互尊重的方式实现两国的重聚。过去漫长的50年中我们失去了发展牢固友谊和合作的良好机会。

同美国的合作

另一方面，正如波斯湾石油酋长国在商业、大学教育、卫生、技术和科研领域所做的一样，赤道几内亚同世界第一超级大国——美国在包括石油在内的多个领域发展（合作）关系。与其他国家一样，赤道几内亚可同美国政府谈判，未来将奥亚拉大学变成美式奥亚拉大学，就像美式马德里大学、巴黎大学、开罗大学、贝鲁特大学、尼加拉瓜大学、马耳他大学或萨摩亚大学一样。赤道几内亚作为一个发展中国家，要借助于美国公司数百万美元的投资，但是目前我们还没有从这类合作中获得最大收益。

与欧盟的关系

2000年，78个非洲国家在贝宁科托努签署了贸易和援助协定，其中包括48个撒哈拉以南非洲国家、加勒比海国家和太平洋地区国家（ACP，简称“非加太国家”）以及欧盟（UE），该协定被称为“科托努协定”，并取代了1975—2000年的“洛美公约”（“洛美公约”取代了1963—1975年的“雅温得公约”）。2005年和2010年对“科托努协定”进行了两次修订。该协定的主要目标是减少贫困，并从长远上消除贫困，同时促进非加太国家逐步融入世界经济。其三大依据支柱为：发展、经贸合作以及政治层面合作。需要指出的是，赤道几内亚没有签署“科托努协定”。该协定将于2020年2月到期。

目前，非加太国家和欧盟正在准备未来协议，一旦目前协议到期便可使用，同样，这将奠定非洲、加勒比和太平洋三区域伙伴关系协作的基础。预计未来协议将涵盖以下六个领域：民主与人权、消除贫困、经济增长与投资、移民与人员流动、和平与安全以及气候变化。

分析欧盟同非洲国家的经济伙伴关系协定的现状也同样重要。2014年7月，西非国家经济共同体（CEDEAO）和西非经济和货币联盟（UEMOA）16个成员国同欧盟达成了协议，只差签署。2014年10月，欧盟与东非共同体（肯尼亚、卢旺达、布隆迪、乌干达和坦桑尼亚）结束了谈判。2016年6月10

日，轮到了南部非洲发展共同体国家。中部非洲，只有喀麦隆（2009年1月15日）与欧盟签署了经济伙伴关系协定。

对于赤道几内亚，我们需要深入且绝对客观地分析签署未来协定以取代现行科托努协定的官方立场，以及对欧盟和中部非洲达成的经济伙伴关系协定的立场。

与中国的合作

自伟大领袖毛泽东时代以来，中华人民共和国就同赤道几内亚一直保持着良好关系，那时中国一直被认为是第三世界国家，却多次为我们提供了各种帮助，特别是在健康和教育领域，同时还不图回报。目前，中国作为继美国之后的世界第二大经济体在各个领域的实力不容小觑，我国同这个亚洲巨人的合作可以扩展到包括基础设施建设融资在内的更多领域，如采矿业、旅游业、渔业、农业、航空业以及技术领域，为一些转型工业向我国转移创造可能，例如以木材为原材料的家具行业、建设经济特区为出口提供便利，等等。我们还可以与中国建立港口合作，在建设国家港口的过程中吸收巨额投资并从中获利。赤道几内亚位于非洲大陆的脐带中心，可作为非洲南北国家之间贸易的枢纽与平台。

显然，美国同中国之间爆发了“贸易战”，这次“贸易战”是由美国总统唐纳德·特朗普政府发起的，这无疑将迫使中国寻求新的投资目的地。正如我们所知，由于中美之间的“贸易战”，2019年1月，在瑞士达沃斯举行的世界经济论坛（FEM，英文WEF）上，国际货币基金组织已经下调了2019年世界经济增长预期，而这肯定会对其他国家产生影响。预计贸易冲突将对中国的经济增长产生负面影响，其经济增长率将从2018年的6.6%下降到2019年的6.2%。总体来说，非洲大陆，尤其是赤道几内亚可以从新的世界经济秩序中受益。我们记得中国拥有世界上最大的投资基金之一，如中国投资有限责任公司（中投公司），其资产达到8137.6亿欧元；中国国家外汇管理局，资产达6000亿欧元；香港金融管理局，4997.26亿欧元；以及全国社保基金，3178.5亿欧元。

正如其他章节所述，扩大与中国的贸易有多种可能：从建立自由贸易区、建立出口加工区、免税区、工业园区、自由港等经济特区，到联合管理我国八个贸易港口。旅游、采矿、空运和海运部门的发展也存在可能。中国是世界上最大的家具制造商，我们可以要求与中国合作开发不同种类的国产木材，而不是像现在这样将原木出口到中国。通过这种合作，赤道几内亚可以成为中国商品在大西洋沿岸和中非的物流和储存中心，赤道几内亚位于南北交汇处，这将带来无数经济活动并创造成千上万个直接或间接的就业机会。同样，借助于中国公司积累的经验，我们可以发展渔业、农业、畜牧业，以确保粮食自给自足和出口。为了协调所有这些活动，可以以上海和马拉博为总部建立中国—赤道几内亚商会。最终，赤道几内亚公司可能会在上海证券交易所上市从而吸引中国的投资者。

与法国的关系

赤道几内亚应当关注与法国的关系，法国是欧洲乃至世界一流的外交、经济和军事大国。法国也是世界第六大经济体，仅次于美国、中国、日本、德国和英国，而西班牙排名第13；法国是联合国安理会常任理事国，拥有否决权；法国在维持与非洲大陆的关系方面拥有丰富经验，并且已经填补了西班牙自殖民时代以来在赤道几内亚留下的空白。在法国的帮助下，我国成为中非法郎区的一部分并分享可兑换货币欧元的优势。我国与法国在金融、海关、军事和教育领域的合作经验非常宝贵。当赤道几内亚在参与伊比利亚—美洲首脑会议方面遭遇西班牙设置的障碍时，尽管我国不是法国曾经的殖民地，法国依然接受了我们并将我国纳入法语区国家，使我国不至完全陷于孤立。诸如法国宝嘉建筑公司、法国布依格建筑公司、法国道达尔公司（石油及天然气）、法国兴业银行、法国航空公司等法国公司为赤道几内亚的经济增长做出了巨大贡献。法国文化中心促进了两国之间的文化交流。基于诸多原因，赤道几内亚应关注、维护和加强与法国的关系，并尽一切可能将其扩展到大学教育、商业、技术和科研等其他领域。

与阿拉伯世界的合作

2016年11月17—23日，在赤道几内亚西波约市举行了非洲联盟和阿拉伯世界第四次峰会（也是最后一次峰会），这是撒哈拉以南非洲地区40年来组织的唯一一次峰会，这之后我国也可能与波斯湾石油酋长国展开经济合作。这些国家，包括阿拉伯联合酋长国（迪拜）、沙特阿拉伯、科威特、卡塔尔、巴林，他们拥有世界上最大的主权财富基金。要从这种合作中获利，我们必须了解这些国家的运作和商业文化。

## 四十、建立赤道几内亚国家彩票（LONAGE）

鉴于难以在赤道几内亚灌输纳税文化，我建议在1763年西班牙发行原始彩票和西班牙国家彩票（也称为“现代彩票”）的基础上发行赤道几内亚国家彩票，西班牙国家彩票始于两个世纪前的1811年，旨在解决西班牙对拿破仑的独立战争期间（1808—1814年）的公共财政困难。赤道几内亚国家彩票使财政部可以通过公众参与彩票博弈收取新税。人们在奖金激励下参与游戏，以此为幌子，从这个意义上说，彩票将成为一种秘密税收。我们可设立多种抽奖活动和奖金，鼓励公众积极参与，并确定获奖品的税费。

比如说，在西班牙，国家彩票和博彩中心隶属于财政经济部。国家彩票券如同政府债券一样。近60%的彩票销售收入用作奖金发放，40%用于支付销售点的佣金和广告、销售及人员支出等管理费用；奖金超过2500欧元的获奖者须支付20%的税费给公共财政部门。另外，还会以慈善为目的分配给红十字会或抗击癌症协会等社会慈善机构。国家彩票和国家博彩协会是西班牙最赚钱的上市公司之一，国家彩票、原始彩票、欧洲乐透和抽奖是公共财政的重要收入来源。

2017年，美国北美州级和省级彩票协会将800亿美元彩票销售收入中的63%用于支付奖金。剩余资金（37%）分配给了州政府和地方政府用于教育支出（21%）、社会项目支出（1.62%）、其他政府项目支出（2.12%），约1%的资金作为彩票零售商的佣金，另外1%用于支付管理费用和广告费用。

在从其他国家的经验中汲取灵感的同时，还需要通过一项法律，在不损害或触犯纳税人利益的情况下，建立和规范赤道几内亚国家彩票的运作，作为财政部下属机构，确立彩票销售收入的使用和目的，建立不同的抽奖方式，确定奖金分配以及适用于奖金的税费制度。还需要对彩票管理局雇用的人力资源进行培训，这应该在全国范围内推广，且可能创造数千个就业机会。

许多非洲国家都有国家彩票，如喀麦隆国家彩票（Loterie.cm），支持大约17个国家的彩民在线支付购买彩票，包括：贝宁、中非共和国、乍得、刚果（金）、加蓬、几内亚—科纳克里，科特迪瓦、马里、尼日尔、刚果（布）、卢旺达、塞内加尔、多哥、尼日利亚、肯尼亚、加纳、南非和安哥拉。还有多哥国家彩票；南非国家彩票；布尔吉纳彩票；几内亚国家彩票；尼日尔国家彩票；贝宁国家彩票以及其他追求丰厚利润、用于慈善和财政的彩票。2017年，超过80,000人参与了科特迪瓦国家彩票的产品投注，其中15,000人参与了赌马并产生了770亿中非法郎的销售额；预计科特迪瓦国家彩票2018年的销售额将达到900亿中非法郎。同样，2016年塞内加尔国家彩票的销售额达到了510亿中非法郎。在加纳，每天有超过800,000人参与国家彩票投注。我们列出这些数据是为了说明，只要有一点儿想象力和创新力就可以为国家带来新的收入，并削弱当前经济危机的影响。

另外还有非洲彩票协会，几乎涵盖了包括摩洛哥在内的法语国家的20种国家彩票，还包括了赌马。非洲彩票协会是非洲一体化进程中的一个环节，在这个框架内可进行彩票管理南—南合作的经验交流。赤道几内亚是该次区域内唯一没有国家彩票公司的国家，虽然在私人游戏室设有供赌博爱好者赌钱的机器，但这对公共财政的影响不大。

## 四十一、建立财经信息电视频道：赤道几内亚财经频道（GE Business TV）

为了激发人们心理变化，激励民众、特别是年轻人参与到商业和企业活动当中，我建议建立报道财经信息的电视频道—赤道几内亚财经频道，专门致力于24小时滚动转播有关商业活动，初创公司或新公司建立，基础设施项目，农业，渔业畜牧业，采矿业，旅游业，林业，非正规经济，商业气候变化，国家、区域（中部非洲经济与货币共同体）和国际经济会议与研讨会，经济运营者，工业活动，银行业，保险业，酒店业，进出口，环境，创造就业，投资，经济多样化，大学活动和专业培训，全球技术创新，数字经济的发展，医院管理，石油活动，等等。赤道几内亚财经频道将模仿科特迪瓦财经频道24（Business 24），该频道在学术界、专家和经济运营者的参与中讨论该国及该次区域的经济活动和经济发展。这种倡议激励青年人创业，创造项目，在促进自主就业中组织专业行会。还可以发现有想法的年轻企业家。为了成为一个新兴国家，赤道几内亚必须创造企业文化，了解世界上数字经济带来的新技术进步、人工智能甚至智能经济。赤道几内亚财经频道可建在马拉博非洲24号楼中。

## 四十二、建立赤道几内亚当代民族博物馆

喀麦隆记者兼法国国际广播电台《非洲历史》节目主持人阿兰·福卡说

“没有历史的民族就如同没有灵魂的身体”。居住在赤道几内亚的民族都是口传历史，随着时间的推移，传统难以保存。但是，我们的民族和人类一样古老。缺少民族志或民族学信息使我们的民族似乎历史贫乏。在农村地区保留口口相传的传统可能比较容易，但是在城市中心却并非如此，在城市，电视和互联网传播外国文化，受此影响，传统联系变得越来越弱。

另一方面，赤道几内亚的当代历史并非始于西班牙殖民统治时期或始于民族独立。在西班牙人到来之前，葡萄牙人已经在此，而且荷兰人和英国人也到过这里。在几内亚湾贩卖黑人时期，特别是在现在称为几内亚国家的领土上贩卖黑人时，这三个国家发挥的作用均有重要历史文献记载。我们需要收集所有这些历史资料，了解西方国家与土著居民之间相互作用的影响，直至我们建立了主权国家。第一批葡萄牙探险家的探险队最终“发现”了安诺本岛、比奥科岛、科里斯科岛及其周边岛屿，占领现在我国领土的西班牙人也“发现”了这些地方；圣伊尔德丰索协定（1777年）、埃尔帕尔多协定（1778年）、关于分割非洲殖民地的柏林会议以及1900年西班牙和法国的巴黎协定确定了赤道几内亚目前的地理边界；西班牙航海家曼努埃尔·埃拉迪耶（Manuel Iradier）的探险；所有殖民文献和立法都必须作为国家遗产保留下来。

正因如此，必须建立赤道几内亚当代民族博物馆，旨在珍藏赤道几内亚不同民族从起源到现代各时期文化融合的证据。其工作重点在于科学研究，实地收集民族志和考古资料以及国内外历史文献，特别是西班牙、葡萄牙和英国的历史文献。为此，必须培养考古学家、人类学家、民族学家和艺术史学家以及博物馆管理人员。这所博物馆也将接待游客和赤道几内亚民众，让人们了解我们国家的历史，这也将为国家创造就业和收入。赤道几内亚政府可以与西班牙、葡萄牙、英国以及荷兰政府商讨归还或取回（如有）其博物馆保存的奴隶贸易时期的艺术遗产和历史文献。该博物馆不会使赤道几内亚文化中心的活动陷入停滞，而会成为该文化中心的补充和支持。

## 四十三、一个多学科技术专家团队

如果没有首先组建一支由专业人员和技术专家团组成的多学科团队，我们提出的重振经济以摆脱当前危机的“新思路”就无法正确实施。必须利用这个多学科团队的能力、经验、道德操守以及有关企业管理、公共财政和经济规划的通用知识的优势，团队的项目研究与分析、高新信息与通信技术以及统计的运用的优势，以及其与国际组织和外交组织的关系的优势，以实现摆脱危机的“新思路”。我们建议为该团队制定路线图计划，并且制定实现目的和目标的进度表，以及达成目标的时间。同样，还需建立评估期来确定该团队是否完成了委托任务。这个团队（还应包括移居在外的赤道几内亚人以及拥有可靠经验的反对派人士）的主要任务在于建立多样化经济和创造就业机会（尤其是为年轻人创造就业）、提高社会指标（健康和教育）以及为消除贫困而斗争。团队中效率低下且犯下严重错误的人员将被毫不迟疑地剔除。

# 第五章
## 结束语

赤道几内亚的经济体系起源悠久，经历了多个阶段。在欧洲人到达今天称为赤道几内亚共和国领土之前以及起源阶段，我们的祖先由多个不同民族构成，一直与自然和谐共处。当时并没有像赤道几内亚国家这种概念，它是西方，特别是西班牙创造出来的概念。这条发展之路漫长、曲折又充满艰辛：从1471年葡萄牙探险家“发现”无人居住的安诺本岛（以及1472年“发现”的比奥科岛）开始同西方接触，我们就进入了前殖民社会，直至1777/1778年根据《圣伊尔德丰索协约》和《埃尔帕尔多协约》，这片土地成了西班牙领土。之后，1885年西班牙宣称为我们的保护国；法国—西班牙的《巴黎协定》确定了现在的地理边界，这之后的1900年我国成为西班牙开发的殖民地，1964年宣布自治，1968年成为独立国家直至今日。

赤道几内亚的宗主国在几个世纪以来都没有真正实现内政稳定。即使在1968年赤道几内亚独立时，西班牙也并不具备欧洲或世界一流的经济或政治体系，同诸如英国、法国或美国等其他西方国家相比，它只是一个经济落后的孤立国家。荒谬的是，在1968年赤道几内亚先于西班牙举行了第一次多元化自由选举。这可能是西班牙内部势力决定破坏已独立的赤道几内亚进行改革的原因，它不想让全世界看到它的前殖民地国家在政治上更为进步。因此，可以将西班牙视为赤道几内亚在马西亚斯独裁统治期间所遭受苦难的帮凶。过去和现在的经济状况是我们遗传基因的一部分，毫无疑问这也将决定我们国家的未来，并成为我们留给今世后代的遗产。

白人和当地土著居民之间的相互影响非常小，相对于持续了超过四个世纪的奴隶贸易而言（确切说是415年），西班牙本身有效的殖民统治也相对较短（1900—1968年）。自1471年发现安诺本岛后葡萄牙人便在荷兰人、英国人、西班牙人和法国人的积极参与下开始了奴隶贸易，直至1886年西班牙领土及其殖民地最终废除奴隶制度（69年前，即1817年西班牙向英国的承诺）。英国于1807年成为第一个废除奴隶制的国家，1815年维也纳会议期间其他欧洲国家纷纷效仿。我们成千上万的祖先在违背自身意愿的情况下被当做奴隶贩卖到了新世界：古巴、多米尼加共和国、巴西以及其他地方，（我们）整个村庄惨遭清空。

西班牙殖民统治的影响不仅肤浅、不够深入且具有偶然性，而且只允许土著居民模仿“消费模式”，但不普及资本主义制度的“生产技术”，从而将殖民地领土仅仅变为其“外围经济”和原材料出口国（主要原材料有可可、咖啡和木材）以及消费品进口国（用出口所得外汇进行采购）。殖民时期有限的工业活动几乎全部控制在定居殖民者手中。这是一种巨大的“殖民遗产”，并成为赤道几内亚目前经济危机的主要原因之一，其特点是石油产业产生的收入大量外流，为本国货物和服务进口提供资金，而在这50年中，我们都没有学会如何生产。如果我们不能摆脱这种殖民遗产，再次经济繁荣将导致另一场经济危机。

另一方面，在弗朗西斯科·马西亚斯独裁统治下的第一共和国的11年间（1968—1979年），定居殖民者带着他们的公司、资金和技术离开了，新独立国家的经济也随之崩溃。对自由市场经济体制运作的完全无知，再加上试图拙劣地模仿马克思主义—共产主义的计划经济，使得国民经济陷入困境，导致人民各种贫穷和困苦。

1979年8月3日发动的自由政变继承了一个国库空虚的破败经济。从那时起，赤道几内亚的经济经历了几个阶段：困难时期、石油发现时期、经济繁荣时期以及当前的经济危机时期。

得益于经济繁荣时期，赤道几内亚经历了重大基础设施的巨大转变期（道路、桥梁、港口、机场、社会性住房、电气化改造等）；这一时期可视为我国独立半个世纪以来巨大繁荣和增长阶段。这些价值数百万的基础设施构成了一项重要资产，并成为包容性经济发展的基础。此外，这一时期数以千计曾因经济原因流落在外的赤道几内亚人返回家乡，还有大量移民涌入，这些人都被（经济）繁荣、社会进步和新的就业机会所吸引；而且赤道几内亚也成为了人均收入最高的非洲国家。

伴随着国际石油市场的价格下跌，2014年经济危机开始，减缓了经济发展动力，导致国家收入减少、经济萎缩、企业关闭潮、数以千计的直接或间接失业、还有贫困。

为了摆脱当前经济危机，首先必须了解促进经济发展的主要原因，无论是内在原因还是外在原因，这种原因分析必须客观、理性，不能盲目乐观，以便能够采取适当且切实可行的措施，必须基于对可靠经验数据的严格分析，而不能依靠想象、自我发挥或绞尽脑汁地冥想苦思。

为了重振经济、恢复增长、共同繁荣以及创造丰富的直接和间接就业机会，需要采用“新思路”来促使经济向多样化和工业化方向发展，改善营商环境（不仅是一站式窗口服务）以吸引外资投资。此外，还需要进行结构性改革，创建（更多）中小企业、促进就业地理分布、提高基础设施盈利能力、发展数字经济、人工智能、进行人力资源培训、提高公共医疗卫生服务质量等，不同于其他人所想，我们要向全世界和我们自己展示一种“新经济体系”：石油是“恩赐而不是诅咒”，还要证明赤道几内亚是规则中的例外。

赤道几内亚政府在过去15年中做的令人印象深刻的工作就是，在建设符合国际标准的重要基础设施时（尽管有些设施降低了标准），展示出一个国家在提出计划后能在短时间内达到目标的能力。没有时间可以浪费了。让我们着手开始工作吧！

带着同样的干劲，为了实现促进经济多样化和工业化发展的质的飞跃、恢复经济包容性增长、创造新的丰富的就业机会，我们需要新的政治视角，采取战略计划来应对。因此，在国际货币基金组织达成的方案之外，我们在本书中提出了43项措施和“新主张”以摆脱危机。

需要指出的是，为了确保我国社会和未来的稳定，我们必须牢记，现在我们面前站着新一代年轻人，这是我们自己的孩子；超过60%的年轻人不满25岁；他们看待事物的方式不同于我们，他们和世界其他地方的年轻人一样有志向；他们有野心、有要求、受过教育。让他们实现梦想最安全的方式就是给他们提供一份有着无限期合同、充满生活理想和未来愿景的工作。否则，他们的愿望可能会遇挫，而长期来看这将成为社会冲突和代际冲突的根源，将会带来不可预见的后果。

其他国家在危机时期会听取杰出学者和专家的意见，他们提出恢复增长的前进方向。然而，我感觉我们的社会正无情地走向混乱，不论什么阶层，人们相互对立，群体相互对峙；无名氏是无名氏，人人平等；激进分子和平庸之辈都变成了绅士；人们看重的品质无用武之地。每个人都可以发表评论，甚至是对他不了解的领域。没有了模范人物也没有了英雄；除了金钱人们不看重任何东西。社交网络、Whatsapp、Facebook、Instagram和Twitter带着他们的假新闻和诽谤消息也加入传播危害、混乱和羞耻的大派对当中。没有人可以独善其身。它让正直的人、激情的工作者、努力用功的人同玩世不恭的人、伪君子混在一起；所有人都遭受诋毁。还有人无耻地践踏他人的工作成果和创意，用诡计和卑鄙手段获取一点认可。谣言遍地。在这样的社会，人们丢失了最重要的东西：人们只看中外表、传播谣言。

当然，我不同意那些认为赤道几内亚已没落的人的“几内亚—悲观主义”看法。这不是赤道几内亚的重点。我们不是唯一一个陷入危机的国家，邻国也因多重原因陷入危机。本书试图摆脱这种谬论和混乱，传递一些新的具体的想法，我坚信这些想法可以将国家从深陷的经济危机中解救出来，我也乐意接受大家的批评指正。从这本书开始，我想开启一场关于经济模式的社会辩论，我们必须为我们的将来和我们的后代做出选择。需要指出的是赤道几内亚具有巨大的尚未开发的潜力，甚至我们自己都没有察觉。

危机往往是回顾历史、开启新征程和重塑未来的难得机会。

此时也经常会出现假预言家，他们会许诺一个连自己都无法到达的不存在的天堂。

我绝对坚信，如果我们采取适当且切实可行的措施，用社会变革的心态拥抱现代化和全球化，赤道几内亚的经济就可以从已深陷多年的危机中走出来。本书的目的就是试图指出这条道路。

# 参考文献


ALI A. MAZRUI,《非洲人，三重遗产》（1986）。

Adam SMITH（亚当 斯密）,《国富论》（1776）。

Jan S. HOHGENDORN,《经济发展》（1987）。

Ricardo DE LA CIERVA,《西班牙通史：从阿尔塔米拉人到胡安卡洛斯国王》（2010）。

Manuel IRADIER-BULFY,《科里斯科地区探险旅行日记节选》（1878）。

Mariano DE CASTRO，Donato NDONG,《西班牙在几内亚分歧的建立：1778—1968》（1998）。

María del Pilar QUERALT DEL HIERRO,《西班牙历史插图集》。

Paul KRUGMAN,《现在就结束危机!》（2014）。

Timothy F. GEITHNER,《压力测试，对金融危机的思考》（2014）。

Jaime DE PINIES Y RUBIO,《联合国内西班牙非殖民化进展》（2001）。

Jesús SÉRVULO GONZÁLEZ，国家报《财政部不会赦免的最常见的税务小陷阱》（2015年4月）。

Joaquín LÓPEZ-DORIGA OSTOLAZA，经济学家报《墨西哥患上荷兰病的风险》（2014年9月）。

Karina DONAIRE，先驱报（洪都拉斯）《免税特权》（2018年12月）。

先锋报,《公私合作意味着什么?》（2015年10月）。

世界银行集团,《什么是公私合作伙伴关系》（2018年2月）。

维基文库，赤道几内亚历史。

Kevon SHILLINGTON,《非洲历史：第二版》纽约（2005）。

Julia MORENO GARCÍA，历史资料,《柏林会议》。

Sabrina MARTÍN，泛美邮报,《委内瑞拉恶性通货膨胀：史上最严重事件之一》（2018年10月）。

哥伦比亚时报,《合作部门，发展的因素》1992。

Nicolás LITVINOFF，民族报,《资本外逃：资本外逃是什么及其影响》（2018年6月）。

Bienvenido THEN,《国际移民的女性化趋势：性别、劳动力市场和发展》。

经济微博,《什么是移民汇款?》（2009年4月）。

技术数据表,《国际货币基金组织和世界银行》（2016年3月）。

Michael PAURON，«非洲法郎贬值：1994年阴影»，*Jeune Afrique*（2016年11月）。

时代报,《木薯产业化，农民的另一种选择》（1992年6月）。

Camacho y PÉREZ GALDÓS，Guillermo,《大加那利省甘蔗种植和制糖业》（1961）。

Omer MBADI，«在非洲，蔗糖巨人们谈论冲突»，*Agroalimentaire*，*Jeune Afrique*（2014年12月）。

Bela BALASSA; Gerardo M. BUENO; Pedro-Pablo KUCZYNSKI; Mario Henrique SIMONSEN,《拉美经济增长振兴》（1986）。

José María AZNAR,《西班牙可以摆脱危机》（2009）。

Josep OLIVER ALONSO,《西班牙经济危机》（2017）。

José Antonio de YTURRIAGA BARBERÁN,《赤道几内亚：独立五十年》。

Don TAPSCOTT,《数字经济：网络智能时代的承诺和危险》（*The Digital Economy: promise and peril in the age of networked intelligence*）（1977）。

Carlos CALVO, 收集所有拉丁美洲国家在墨西哥湾和合恩角之间的条约、公约、投降、停战和其他外交文件（1862）。

Julián CASANOVA RUIZ, Carlos Gil ANDRÉS, Borja DE RIQUER, José-Carlos

MAINER, Ignacio MARTÍNEZ DE PISÓN, Enrique MORADIELLOS, Mary NASH, Paul PRESTON, Agustín SÁNCHEZ VIDAL, Ángel VIÑAS,《弗朗哥四十年》(2015)。

Carlos OCAÑA ORBIS, Juan JUNQUERA TEMPRANO, Fernando SAN MARTÍN YAGÜE y José Ignacio CONDE-RUIZ,《经济的数字化转型》(2017)。

Rosendo ELA NSUE MIBUI,《赤道几内亚历史，前殖民时期》。

Pedro EKONG ANDEME,《赤道几内亚非殖民化进程》(2010)。

赤道几内亚国家统计研究所（INEGE),《赤道几内亚统计年鉴》(2017)。

世界银行,《营商环境（Doing Business)》2009, 2010, 2011, 2012, 2013, 2014, 2015, 2016, 2017, 2018年度报告。

赤道几内亚, 人口与健康调查（EDSGE-I)(2011)。

赤道几内亚一般国家预算2000, 2001, 2002, 2003, 2004, 2005, 2006, 2007,2008, 2009, 2010, 2011, 2012, 2013, 2014, 2015, 2016, 2017, 2018。

赤道几内亚渔业和水资源部，赤道几内亚，赤道几内亚渔业发展战略计划（PEPGE）2016—2020。

世界货币基金组织，第四条款框架下的各种报告。

John WAKEMAN-LINN, Rafael PORTILLO, Plamen LOSSIFOV et Dimitre MILKOV,《国际金融危机和全球衰退：对CEMAC地区的影响和战略考虑》，Fond Monétaire International（FMI)(2009年7月)。

中非银行（BEAC），年度报告。

*JEUNE AFRIQUE*杂志，各期刊物。

赤道几内亚民主党（PDGE），大会各项决议。

国家信贷理事会，赤道几内亚，年度报告 2009, 2010, 2011, 2012, 2013, 2014, 2015, 2016。

图字：01-2020-3739号


**图书在版编目（CIP）数据**

赤道几内亚：如何走出当前的经济危机：19项原因和43项旨在摆脱危机的新主张 /（赤几）爱斯坦尼斯劳·唐·马拉沃著；新丝路译.—北京：世界知识出版社，2020.9

ISBN 978-7-5012-6281-6

Ⅰ. ①赤… Ⅱ. ①爱… ②新… Ⅲ. ①经济危机—研究—赤道几内亚 Ⅳ. ①F143.944

中国版本图书馆CIP数据核字（2020）第140442号

| | |
|---|---|
| 书　　名 | 赤道几内亚　如何走出当前的经济危机<br>Chidaojineiya　Ruhe Zouchu Dangqian De Jingji Weiji |
| 作　　者 | 〔赤几〕爱斯坦尼斯劳·唐·马拉沃 |
| 译　　者 | 新丝路 |
| 责任编辑 | 车胜春 |
| 责任出版 | 王勇刚 |
| 责任校对 | 陈可望 |
| 出版发行 | 世界知识出版社 |
| 地址邮编 | 北京市东城区干面胡同51号（100010） |
| 网　　址 | www.ishizhi.cn |
| 电　　话 | 010-65265923（发行）　010-85119023（邮购） |
| 经　　销 | 新华书店 |
| 印　　刷 | 北京九州迅驰传媒文化有限公司 |
| 开本印张 | 710×1000毫米　1/16　17印张 |
| 字　　数 | 260千字 |
| 版次印次 | 2020年9月第1版　2020年9月第1次印刷 |
| 标准书号 | ISBN 978-7-5012-6281-6 |
| 定　　价 | 65.00元 |